LE FABULEUX PÉRIPLE D'UNE AVENTURIÈRE INTUITIVE

HEIDI SPÜHLER

LE FABULEUX PÉRIPLE
d'une aventurière intuitive

VOLUME 1 - NOUVELLE VIE

Facilitateur : Marc-André Rivard
Illustration et graphisme : Annie Baribeau
Révision et correction : Dominique Jeanneret
Photo de l'auteure : Franck Billaud
Photo de la silhouette page couverture : Paule Caron

ISBN : 978-2-9819480-0-7
Dépôt légal : 2e trimestre 2021
Bibliothèque et Archives nationales du Québec
Bibliothèque et Archives Canada

HEIDi aventures

16-4970, Avenue Saint-Kevin
Montréal (QC)
Canada
H3W 1P4

AVERTISSEMENT

Ce récit est basé sur des faits réels, vécus de février 2017 à juillet 2018. J'ai pris soin de changer le nom des personnes rencontrées et évoquées au fil de mon périple, afin de protéger leur identité. Dans le même souci, j'ai aussi modifié certains détails des contextes et des événements. Mais le cœur, l'esprit, les relations et les échanges sont rigoureusement authentiques, de la première à la dernière page.

Chère lectrice, cher lecteur,
ce livre s'adresse à votre cœur intuitif.
Puisse-t-il vous guider vers votre vraie nature,
en harmonie avec tout votre être.

TABLE DES MATIERES

REMERCIEMENTS

Ce récit n'aurait pas vu le jour sans vous, humains formidables qui m'avez ouvert votre porte tout au long du périple. Vous m'avez accordé votre confiance, souvent sans me connaître ni d'Ève, ni d'Adam. MERCI d'avoir contribué à mon mouvement « Du bonheur au suivant! ». Vous êtes gravés dans mon cœur à jamais.

Un immense MERCI aux nombreux anges sur mon chemin, vous qui m'avez accompagnée avant le départ, durant tout le trajet et lors du retour et du passage vers ma nouvelle étape de vie. Votre chaleur, vos coups de pouces magiques et votre générosité m'ont aidée à garder le moral et à arriver à bon port, soir après soir. C'est grâce à vous que ce pèlerinage a pu se réaliser. Vous allez vous reconnaître.

MERCI à tous mes amis et à ma communauté Facebook. Souvent, sans que je puisse vous le dire directement, vos messages m'ont portée et réconfortée quand j'en avais le plus besoin.

MERCI à la plume magique et à l'accompagnement généreux de Marc-André. Sans toi, je n'aurais jamais osé m'afficher au grand jour avec ce récit.

Un grand MERCI à mon comité de lecture, Ginette, Sylvain, Charlotte, Marc-André et Patrick, pour vos commentaires précieux. Grâce à vous, ce récit a commencé à prendre vie.

MERCI aux personnes qui ont douté de ma raison (eh oui!) et de la faisabilité du projet. Vous m'avez ramenée sur le plancher des vaches et vous avez renforcé mon engagement et ma motivation.

Un grand MERCI à mon fils Philippe-André, pour m'avoir encouragée dans ce projet, sans jamais douter. Ton soutien inconditionnel m'a fait le plus grand bien.

Et finalement MERCI à la vie de m'avoir soufflé l'idée de ce périple. Et MERCI à moi d'avoir eu le courage, la foi et l'audace de suivre ce chemin, en toute sécurité, vers l'inconnu et la joie.

CHAPITRE 1
L'ÉMERGENCE DU RÊVE

Écoute, écoute la petite voix en toi avant de t'engager sur ton chemin... Et le jour où tu entendras cette petite voix, suis-la aveuglément... Ne laisse personne décider pour toi. N'aie jamais peur de revendiquer ce qui te tient à cœur.
Katherine Pancol

Alors pourquoi dois-je écouter mon cœur? -Parce que tu n'arriveras jamais à le faire taire. Et même si tu feins de ne pas entendre ce qu'il te dit, il sera là, dans ta poitrine, et ne cessera de répéter ce qu'il pense de la vie et du monde.
Paulo Coelho

10 février 2017

J'ai soixante ans. Tu parles d'une affaire! Je n'arrive pas à y croire. C'est un âge pour les vieux, pas pour moi. Il doit y avoir erreur. Le cœur de l'enfant, la fougue et la rébellion de l'adolescence m'habitent toujours et je veux que ça reste comme ça. Il m'arrive de rencontrer des têtes blanches et de réaliser qu'elles sont à peu près de mon âge. Le choc! Suis-je vraiment arrivée à cette étape?

Ma tête s'emballe. Elle aurait voulu que je sois ailleurs. Tant de choses semblent inachevées. Soyons enfin raisonnables et mettons les yeux en face des trous! Dans le bilan qu'elle me met sous le nez, cette chère tête me pointe l'écart entre ce à quoi j'aspire – la liberté totale et une vie en conscience – et ce qui est ma réalité. Elle me pointe du doigt et me parle d'argent. « Il commence à se faire tard pour ajuster le tir, qu'elle me lance. Des chances, tu en as eues et regarde ce que tu en as fait. Pire, tu allais dans le sens contraire de mes directives. Une vraie catastrophe! »

Ma tête a l'habitude de me parler sur ce ton matérialiste et, lorsque j'ai assez de ses récriminations, je coupe le volume et passe à autre chose.

Dans mon cœur, je suis une optimiste. Je crois qu'il est possible de réaliser ce qui me tient réellement à cœur. Lorsqu'un projet m'allume, rien ne peut m'arrêter. La motivation ne vient pas de la tête, elle vient du cœur et mon cœur ne comprend pas les questions d'argent. A-t-il une malformation pour autant?

Ce n'est pas que l'insécurité m'indiffère. Au contraire. L'anxiété me réveille parfois à trois heures du matin, le pouls en cavale, et je me demande comment y arriver. Pourquoi suis-je incapable d'entrer dans les rangs et de fonctionner comme tout le monde? Si je l'avais fait depuis le début, je jouirais maintenant d'une certaine sécurité financière mais mon besoin de liberté, de temps et d'aventures avait priorité.

Mes réactions à certaines circonstances ont fait que j'ai recommencé à zéro plusieurs fois. Contre toute attente, et malgré les commentaires des prophètes de malheur, j'y suis toujours arrivée. Sur la peau des fesses mais arrivée quand même. Avec un petit *challenge* en extra et l'usure qui vient avec. Et des récompenses étonnantes!

Tracer mon chemin sans être esclave de la surconsommation m'est très cher. Il est possible de manifester ses besoins matériels autrement, je l'ai déjà expérimenté. Le seul hic, c'est que je n'arrive pas à garantir les résultats. Trop de fluctuations émotionnelles. Pourtant, dès que mes peurs et mon égo s'effacent un tant soit peu, la vie me fait de si beaux cadeaux! Les choses viennent alors à moi par des sentiers insoupçonnés, ce qui émerveille l'enfant en moi et remplit de gratitude la femme que je suis.

Les yeux mi-clos, je laisse défiler les moments les plus heureux des derniers temps et les savoure. Une belle brochette et, comme à chaque fois que je me les remémore, ma vibration et ma joie augmentent. Mon cœur se gorge de gratitude à la vitesse d'un éclair et je retrouve ma foi en la bonté de la vie.

Je crois avoir trouvé le fil rouge qui relie tous ces moments qui me procurent tant de bonheur. C'est l'intuition. Elle joue pour moi le rôle de messager entre les aspirations de mon cœur et leur réalisation dans le monde matériel. J'adore la sentir. Quand je suis ses indications, je me sens délicieusement vivante, créative, enthousiasmée et alignée. Elle me garde dans le moment présent, reléguant à l'arrière-plan les pensées redondantes du passé et les anxiétés du futur. Les contractions dans mon corps se relâchent et je me sens énergisée. Des coïncidences se manifestent et j'ai la certitude que tout ira bien même dans la tempête.

En contrepartie, dans chaque situation qui s'est avérée difficile, voire destructrice, j'ai reçu des avertissements qui se manifestaient par une petite voix ou un mauvais pressentiment. Si je les avais écoutés, ma vie aurait pris une autre tournure et j'aurais pu m'éviter beaucoup de souffrance. Outrepasser ces avertissements m'a coûté cher en stress.

Ces expériences font maintenant partie de ma palette. Elles l'ont même élargie et ont façonné la personne que je suis aujourd'hui. Rien ne se perd, rien ne se crée, tout se transforme. Ai-je vraiment appris quelque chose? Je l'espère. Un peu d'humilité, de conscience, un brin de sagesse.

Et si je me consacrais à mon intuition, dorénavant? Et si elle me guidait pour la suite de ma mission sur terre?

****

Comme une grande fille, je suis maintenant capable de m'occuper de mon bien-être sans attendre après personne. Dans ce cas-ci, sans attendre après un homme ou des amis. C'est un sentiment très agréable, surtout après avoir fait toutes sortes de courbettes pour plaire tout au long de ma vie. On ne meurt pas à s'occuper de ses besoins, au contraire et, avantage considérable, il n'y a pas de conflits.

Cependant, depuis un an ou deux, je commence à en avoir sérieusement marre de mon côté ermite. Ne pas avoir de compte à rendre à personne offre aussi des avantages. Je pars faire mes randonnées quand ça me plaît, à sept heures du matin ou à dix-sept heures, et je peux changer d'idée à la dernière minute sans que ça ne dérange personne. C'est bien beau la liberté, il n'en reste pas moins que le goût du partage et de la communion avec d'autres humains se fait de plus en plus pressant. C'est en se frottant aux autres qu'on chemine. C'est grâce à leurs commentaires et leurs différences qu'on grandit et qu'on sort de son angle mort. C'est grâce à eux qu'on sait où on en est.

C'est décidé, je m'ouvre davantage aux partages pour contribuer à un nouveau monde avec ma famille choisie, avec des amis, avec un amoureux. Je veux nourrir mes connexions avec les personnes et avec la nature. Professionnellement, j'y goûte régulièrement dans mes rencontres de coaching lorsqu'une nouvelle porte s'ouvre. Quand la lutte intérieure fait place à une paix apaisante et un nouveau monde rempli de possibilités.

Ce sont des moments magiques de connexion et j'y suis accro. Une vraie droguée!

****

Mon bilan m'invite à de nouvelles actions. Pour marier intuition et nouvelles relations, je crée un atelier d'une journée que je baptise « Intuition Expansion ». Inspirée du modèle des rencontres *Tupperware,* une personne intéressée rassemblera autour d'elle quelques ami(e)s. Pendant toute une journée, nous expérimenterons ensemble les manifestations d'intuition et lui ouvrirons grand les portes, question de lui donner davantage de place dans nos vies. Je m'imagine amener l'atelier dans les plus belles régions de la province. Peut-être même suivi d'une nuitée ou deux. Hummm, alléchant!

Deux petits détails m'ont échappé. Primo, il est difficile de réunir des personnes toutes très occupées. Secundo, c'est un nouveau service qui s'adresse à une clientèle de particuliers. J'ai donc besoin de le faire connaître.

Le développement de marché est ma bête noire depuis que je suis à mon compte. Vendre les idées des autres est nettement plus facile que de vendre les miennes. Il n'est pas étonnant que mes services restent un secret trop bien gardé. J'ai cru naïvement qu'après un certain temps, mon entreprise roulerait toute seule, que le bouche-à-oreille ferait son œuvre. Dans les faits, elle a besoin que je mette de l'eau à son moulin pour la garder vivante et rentable. J'ai investi beaucoup de temps et d'argent pour la nourrir mais je la trouve bien gourmande. On dirait qu'elle n'en a jamais assez alors que c'est elle qui devrait me nourrir. C'est ainsi qu'au fil du temps, mon bel enthousiasme de départ et ma force de rayonnement ont pâli. Heureusement que certains projets réussissent à les raviver.

Quel nom pourrais-je choisir pour m'afficher sur Facebook avec cette nouvelle activité? Je m'arrête à « L'aventurière intuitive ». Même si me présenter avec une étiquette me gêne un peu, elle me décrit bien. Tout en me faisant sourire, elle m'offre une cachette confortable et intrigante. Ce personnage m'aidera peut-être à dépasser mes réserves.

Belle surprise : une amie forme un premier groupe pour l'atelier. Ah, si seulement ça pouvait toujours se passer comme ça! Une belle tribu se rassemble autour d'elle avec une synergie déjà présente. C'est l'avantage de cette formule.

Capter son intuition n'est pas un exercice spectaculaire. Ça se fait tout en nuances, en écoute intérieure et en présence attentive. Un regard dans l'angle mort. Une des meilleures façons est de scruter ses moments intuitifs du passé car, heureusement, nous en avons tous déjà fait l'expérience. Comment ai-je perçu l'intuition? Quels indices-clés ont confirmé le guidage intuitif? Un ressenti, un mot, une image ou un amalgame de tout ça? Ça donne une référence précieuse pour continuer l'exploration. Pour ma part, je dois sentir une vibration assez forte au niveau du plexus solaire pour que ça fasse *GO!* en moi.

Certaines personnes ne la perçoivent pas tout de suite et peuvent être déçues. Nous sommes tellement habitués au bruit dans notre tête et dans notre environnement que le petit murmure passe inaperçu. Notre égo se bat contre cette voix. Il la perçoit comme une menace et fait un peu plus de bruit pour l'évincer. Souvent, il réussit à garder son emprise.

Dans le film *L'homme qui murmurait à l'oreille des chevaux*, Robert Redford incarne un dresseur de chevaux, spécialiste du dressage par la douceur. Dans l'histoire, il guérit un cheval de sa peur, traumatisme causé par un grave accident, en murmurant à son oreille. La même méthode finit par fonctionner avec la fillette impliquée dans l'accident et devenue handicapée. Et, bien sûr, ça se termine par une histoire d'amour entre la mère de la fillette et le beau Robert.

Le cheval = notre monde émotionnel avec ses blessures et Robert Redford = notre intuition, notre guide, pour retrouver notre être entier. N'importe quand, Robert, si tu veux venir chuchoter à mon oreille!

Avril 2017

Nos cousins français, c'est bien connu, trippent[1] sur la culture amérindienne. Le hasard fait bien les choses. Une amie de Paris annonce sa visite. Nous nous sommes rencontrées à la Maison amérindienne à Mont-St-Hilaire, il y a un an ou deux. Je déniche une activité qui saura l'interpeler, j'en suis certaine. Il s'agit de la projection du documentaire *De Compostelle à Kuujjuak*, traitant du périple du Dr Stanley Vollant, le premier chirurgien autochtone du Québec.

Le documentaire relate sa grande marche de six mille kilomètres qui l'a mené à la rencontre des communautés des Premières nations du Québec, de l'Ontario et du Labrador pendant cinq ans. Stanley est sur place avec les artisans du film et l'équipe de production. Même des marcheurs qui l'ont accompagné ont fait le déplacement ainsi que des représentants des communautés des Premières nations.

Max Gros-Louis, le grand chef retraité des Hurons-Wendats, est parmi eux et nous avons un échange très instructif avec lui. Il affirme que les Européens, par leur expérience des deux guerres mondiales, comprennent davantage les enjeux des peuples des Premières Nations. Effectivement, mon amie brille par ses connaissances très poussées de leur réalité.

Mon amie jubile de participer à l'événement. Pour ma part, je suis touchée et émerveillée par l'impact de la marche d'une seule

[1] Tripper, au Québec : s'éclater

personne auprès d'une communauté. Étant moi-même une marcheuse, j'ai déjà exprimé le goût de « partir faire le tour du monde à pied », de « pèleriner », surtout dans des moments de lassitude. Avec la différence que Stanley, lui, l'a fait et dans les conditions hivernales très exigeantes du Grand Nord. Il a créé un mouvement d'inspiration[2] pour dire aux jeunes rencontrés en chemin qu'il est possible de réaliser ses rêves. Wow! Marcher, connecter et inspirer, quel beau credo!

L'échange qui suit la projection m'interpelle. Stanley témoigne de son expérience avec authenticité et humilité, sans embellir sa réalité qui a connu des turbulences. Ce n'est pas le médecin spécialiste qui parle, c'est l'humain qui a eu son lot d'épreuves et d'échecs.

Je me joins aux volontaires intéressés à participer à un rituel autour du bâton de pèlerin sculpté dans le bois par son grand-père. Nous sommes nombreux à couvrir le bâton de nos mains et à lui imprimer nos rêves, comme l'ont fait deux mille personnes avant nous, dans une atmosphère de recueillement sacré

Petit nuage au firmament. Sur le coup, aucun rêve ne me vient en tête. Je veux dire un vrai rêve, qui sort de mon cœur et qui met des étoiles dans mes yeux. Pas une fabulation mentale ou une idée sortie de mon égo. C'est le choc. Depuis l'an deux mille, j'aide les gens à connecter avec leurs aspirations, leur mission de vie et leurs rêves mais le puits est à sec chez moi! Aoutch, ça fait mal!

J'ignore encore ce qui se trame pour moi.

---

[2] Innu Meshkenu, le chemin humain

Juillet 2017

Quelle mouche m'a piquée ce matin? On est mercredi. À huit heures, je suis tranquillement en train de suspendre la lessive sur la corde à linge. Oui, ça se fait encore, suspendre du linge sur une corde. Bien plus sexy de nos jours que d'utiliser une sécheuse.

À huit heures trente pile, après avoir visionné une vidéo sur une expérience de pardon qui me bouleverse, je sens la fameuse vibration au niveau de mon plexus solaire. Sans penser plus loin, je prends la décision de partir pour Paris.

À partir de ce vendredi, il s'y déroule l'événement de l'AZ[3]. Le « hasard » veut que, jusque-là, je n'aie aucun intérêt mais les auteurs de la vidéo y seront et je veux absolument parler à l'un d'eux. Mon deuxième but – allons-y à fond –, est de contribuer à cet événement à grand déploiement en tant que bénévole. Une conviction profonde m'habite : je vais trouver un moyen d'y aller à bas prix.

Mon plan est de me présenter demain à l'aéroport et de trouver LA compagnie aérienne qui va me transporter à Paris à petits frais. Il y en aura une, j'en ai la certitude. On est mercredi mais, même si je n'ai ni billets ni hébergement ni rien, je commence déjà à me préparer. Tout d'abord, je lance un appel dans le but d'obtenir un billet pour l'événement. Il y en a toujours qui ont des contretemps. Ensuite, je libère mon agenda. C'est avec un petit pincement au cœur que j'annule un rendez-vous avec un président d'une PME que j'attends depuis des mois. Je lui glisse un détaché « Je suis à Paris pour affaires » sur son répondeur et j'adore le *feeling* que ces mots me procurent.

---

[3] AZ – Académie Zérolimite – Organisme de développement de l'entrepreneuriat en ligne

Avec qui pourrais-je bien partager ma décision et mon excitation sans provoquer des « si » et des « mais »? Ah... bien sûr! Un petit message à Jessica, la fille la plus folle de mon groupe de co-développement, elle-même déjà organisée pour assister à l'événement. Avec elle, ça clenche[4]! Elle me répond promptement comme si c'était la chose la plus naturelle au monde. Une heure plus tard, sans que j'en connaisse les circonstances, je suis en possession d'un billet d'avion à prix minuscule avec une date de départ pour AUJOURD'HUI.

Oh, c'est fort, ça, mieux encore que ce que j'osais imaginer! Entretemps, je reçois un message d'une personne qui me cède son billet d'entrée. Voilà une autre affaire de réglée. J'en avise l'administration. La journée est intense en préparation et en excitation. Tout baigne et le soir, je rejoins un groupe de filles toutes énervées à l'aéroport. Paris, prépare-toi, on arrive!

Pour l'hébergement, je ne me casse pas encore la tête. Une étape à la fois. Je ne peux pas croire que, dans une métropole comme Paris, il n'y ait pas une place pour moi quelque part!

Arrivée dans la Ville lumière le lendemain matin, je lance un message sur Facebook aux participants à l'événement et demande un partage de chambre. Eh oui, ça aussi ça marche! À défaut de loger dans un cinq étoiles, je me retrouve dans le salon d'une maison de banlieue où d'autres participants de l'événement sont déjà hébergés. Même la propriétaire en fait partie. Merci pour la référence, Éric! Non, ce n'est pas une secte, c'est une formation pour développer une pratique professionnelle rentable sur le Web. Quoique… certains parmi les formateurs se donnent des allures de gourous ou de rock stars…

---

[4] Clencher, au Québec : aller vite

Avant de me rendre sur les lieux de l'événement, j'en profite pour déambuler nonchalamment sur les Champs-Élysées. J'attrape du Wi-Fi à l'entrée de McDo (Paris, t'es en retard en termes d'accès!) et je suis surprise par un message voulant que mon inscription à l'évènement ne soit pas valide, qu'on ne me connaît pas. Qu'est-ce qui se passe? Peu importe, il n'est pas question que je renonce. Je réaliserai plus tard que le problème était causé par mon adresse courriel qui différait de celle dans leur banque de données. Cet incident fâcheux ne fait que raffermir ma décision de participer. Que quelqu'un essaie de m'arrêter!

En m'approchant du lieu, une foule commence déjà à se masser devant la porte. À côté de moi, un homme seul et un peu en retrait, dans la trentaine timide. Je lui demande s'il a un invité avec lui car chaque personne de la cohorte de cette année a le droit de venir accompagnée. Il me répond par la négative. « Tu accepterais de me présenter comme ton invitée? », que je lui demande, avec mon plus beau sourire. C'est oui. Youpi! Rendue à l'accueil, je suis entourée de deux personnes, dont le jeune homme, et les deux sont prêtes à me parrainer comme invitée. À femme décidée, rien ne résiste! J'ai le sourire fendu jusqu'aux oreilles.

Une seule déception, c'est que l'équipe de bénévoles est déjà complète. Me voici dans la cohue en attendant l'ouverture de la salle. Du coin de l'œil, j'observe les bénévoles courir comme des poules sans tête. Je poursuis mon échange avec une dame d'un pays africain jusqu'à ce que France, une des responsables qui a fait le voyage avec moi, me fasse signe et m'interpelle à travers la foule : « Heidi, veux-tu faire du bénévolat? ». Quelle question, bien sûr que oui! Ça jubile à l'intérieur de moi pendant que je me fraie un chemin à travers les gens massés devant les guérites. Cinq minutes plus tard, j'ai le chandail des bénévoles sur le dos. Mon sourire n'est pas prêt de me quitter.

Tout se réalise à merveille durant ce voyage surprise de cinq jours, couronné par la montée de la tour Eiffel. Les sept cent vingt premières marches à pied, en évitant de regarder entre les marches, et la suite en ascenseur. Lors de mon premier voyage à Paris, à vingt-et-un ans, j'avais visité cette fameuse tour et je ne me rappelle de rien d'autre que de mon vertige. Cette fois, sous un soleil radieux, j'ose regarder avec plaisir le panorama, spectaculaire, en compagnie d'Éric qui surmonte, lui aussi, son vertige.

Quant à la personne que je voulais initialement rencontrer, je la croise à la grande finale de l'événement, dans les coulisses. Le monsieur inscrit gentiment son courriel dans mon iPhone car je suis trop énervée pour le faire moi-même. Je n'aurai jamais de réponse à mes courriels mais j'accepterai ce fait de bonne grâce. Je me suis nourrie de mille et une façons, entre autres avec un moment de connexion spirituelle particulièrement magique avec un autre participant. Il n'y avait peut-être pas de « raison raisonnable » pour ce voyage, autre que celle de suivre mon élan. J'ai reçu plein de cadeaux et je les ai accueillis avec gratitude.

Quelle belle énergie ce voyage m'a donnée! Quelle confiance en la vie, et tout ça pour une idée folle sortie de mon cœur un mercredi matin!

****

Depuis quatre ou cinq ans, j'ai acheté assez de formations en ligne pour financer un beau tour du monde ou pour me faire plusieurs beaux implants dentaires.

Ces formations vendent toutes le même rêve, à quelques détails près, et je tombe dans le piège, encore et encore. Parce que, justement, je juge ma situation financière précaire, j'investis… pour, au final, enrichir les vendeurs de ces formations qui se vantent ensuite de leur chiffre d'affaires en or généré grâce à des rêveurs et d'autres naïfs comme moi. Combien de leurs élèves réussissent vraiment à créer une activité rentable sur le Web comme ils le promettent? Un, deux ou cinq pourcent? Ça reste un secret bien gardé mais, visiblement, je n'en fais pas partie. Et ça m'enrage!

Discours d'envieuse? Certainement! Je voudrais avoir une pratique lucrative sur le Web, qui roule toute seule et me permettrait de me balader librement sur cette planète! Voilà, c'est dit.

Ok, cette vision idéalisée ne correspond certainement pas à leur réalité. Il y a certainement un travail très sérieux derrière tout ça. Un travail qu'ils présentent d'ailleurs dans leurs formations.

Ça a pris toutes ces années et tous ces investissements, jumelés à une bonne allergie au discours de marketing à l'américaine, avant d'écouter mon instinct et de me poser les bonnes questions. Je suis la preuve vivante que leur marketing marche à grands coups d'émotions puisque je suis tombée et retombée dedans. Je suis la preuve tout aussi vivante que, lorsqu'on ne réussit pas à générer les résultats promis et attendus, la frustration, le doute et un sentiment d'échec se mettent de la partie de façon très contreproductive. Alors que cette façon de procéder n'était tout simplement pas ma tasse de thé.

Je me console d'avoir rencontré des personnes, dans ces formations, dont certaines sont encore dans ma vie aujourd'hui même si j'ai pris mes distances de ces cercles.

Il n'y a pas de photo sans contraste, comme nous avons besoin de la nuit pour nous reposer de la lumière du jour. Ma colère est très saine car elle me permet de sortir de l'illusion et devient le moteur d'un nouvel élan plus authentique, plus vrai. Je suis tout à fait consciente que ça n'a rien à voir avec ces formateurs, leur approche ou leur contenu certainement très valables, dans la plupart des cas, destiné à une clientèle ciblée dont je ne fais pas partie.

Soyons honnêtes. Je me suis fait des accroires avec ma tête remplie de peurs et de manques. J'ai oublié mes richesses intérieures. L'intuition, du moins la mienne, ne se laisse pas emprisonner dans une recette du mental. Elle est libre comme le vent. Elle se manifeste lorsque j'ai l'esprit ouvert, reconnaissant et confiant. Et seulement là.

Ouf... ça me fait du bien de me l'avouer. Que de temps perdu! En apparence…

Août 2017

Dans quelques jours seulement, je vais donner une petite conférence sur mon thème de prédilection, l'intuition. Comment me préparer pour l'honorer? Ai-je VRAIMENT à me préparer ou suffit-il de me présenter devant le groupe et faire confiance à ce qui va sortir intuitivement? J'attends une idée porteuse, une certitude intérieure.

Catherine, une ancienne cliente devenue amie, me remémore un exercice que je lui avais proposé à la fin de sa démarche de coaching. Pour la sortir de sa tendance au perfectionnisme et pour l'amener dans son cerveau créateur, j'avais placé des couleurs de gouache et une grande feuille blanche devant elle avec la consigne de se laisser aller à peindre librement, directement et uniquement avec sa main gauche et l'interdiction de faire « du joli ».

Elle m'avait regardé d'abord avec de gros yeux ronds. Elle se positionnait ensuite. Je la voyais entrer dans l'exercice, debout, accotée sur la table devant la feuille, dos droit et tête penchée. On aurait dit qu'elle faisait corps avec sa feuille. J'étais touchée par la puissance qui se dégageait d'elle à ce moment-là.

Elle se souviens encore de l'expérience, des années plus tard. Alors que moi, je l'ai complètement oubliée.

Tout d'un coup, j'allume. C'est ÇA que je ferai pendant ma conférence! Je sais tout de suite, par mes sensations corporelles, que c'est la bonne idée. Audacieuse, créative, excitante… Il y a vingt ans, je me suis éclatée dans un cours de peinture libre à *l'Atelier du geste*. J'aimais leur méthode basée sur l'enseignement du frère Jérôme[5]. Il me reste encore des dizaines d'œuvres enroulées au fond d'un placard que j'utilise parfois comme papier d'emballage. J'ai eu dernièrement le désir de renouer avec cette forme d'expression. Dans un sous-sol d'église, j'ai déniché de grandes images déjà encadrées avec l'intention de les couvrir et les repeindre avec fougue et liberté en utilisant cette approche résolument organique.

Un de mes fantasmes, c'est mon amie Lucie qui est en train de le vivre. Elle dispose d'un grand atelier dans lequel elle a protégé tout un mur et le plancher avec du plastique. Elle peint à pieds nus dans une liberté totale. La connaissant, elle doit chanter aussi. Ses peintures commencent à se vendre comme des petits pains chauds! Je n'ai pas son talent mais je me vois lancer de la peinture sur le mur, peindre avec mon corps, avec des objets… ah... juste à y penser, je jubile.

Quelle belle opportunité que de réaliser ce fantasme! C'est juste que ma conférence est demain et que je rentre très tard ce soir. Je choisis donc une photo en noir et blanc de l'Acropole

---

[5] Enseignant et peintre québécois du 20e siècle

montée sur un grand cadre que je couvre sommairement de gouache blanche.

J'ai une longue route à parcourir pour aller livrer ma prestation. À défaut d'un tissu de circonstance, je ramasse un morceau de plastique dans mon coffre de voiture, qui a servi pour mes pneus. Pas très élégant mais utile pour couvrir le cadre et garder le mystère. Je le place sur une chaise, en retrait de la scène, avec mes pots de couleurs prêts à être utilisés et cachés dans un petit sac.

Ma nuit a été agitée et j'ai tourné dans le lit. Comment réussir à faire une peinture en quelques minutes? Je reste sans réponse. Ce n'est pas dans les scénarios, le contrôle ou la planification que se cache la voie de l'intuition. Courage, va jusqu'au bout, Heidi!

Je donne des conférences, de façon occasionnelle, depuis des années. Sans être une pro, je suis habituellement à l'aise devant un groupe. Cette fois, tout est différent. C'est différent parce que, pour la première fois, je suis authentiquement moi. Maniant l'humour et l'autodérision, j'établis un contact formidable avec le public composé d'une cinquantaine de personnes. Je n'ai jamais généré autant de réactions. Je suis fluide, je me sens nourrie, connectée et totalement en confiance.

Arrivée à l'étape de la peinture en direct, la foule est en délire. Bon, j'exagère un peu. En quelques minutes, de ma main gauche, naît ma peinture sous les yeux de tous, incluant les miens, pendant que l'exposé se poursuit. J'en suis ébahie. La foule m'acclame et je suis émerveillée du résultat, autant de la connexion avec l'assistance que de la peinture. Je la trouve vraiment belle. Tout mon corps vibre à un niveau supérieur.

Je viens de vivre un moment magique. Un de ces moments qui va me porter encore longtemps.

Septembre 2017

Bernard, un spécialiste des vidéos et des médias sociaux, offre généreusement son aide pour faire avancer les travailleurs autonomes comme moi. Il me suggère de faire une série de vidéos *live* sur Facebook, une nouvelle fonctionnalité qui vient de sortir. Pendant trois semaines, du lundi au vendredi, toujours à la même heure, je vais diffuser en direct de courtes capsules de cinq à dix minutes. Selon lui, ça m'aidera à créer une communauté. En ajoutant une proposition de coaching à la fin, je devrais générer de nouveaux contrats.

Peu importe ce qu'on pense des médias sociaux, il n'empêche qu'ils permettent d'entrer en contact instantanément avec la terre entière, sans limites géographiques et sans frais. De plus, les vidéos *live* permettent d'échanger en direct avec les gens présents. L'échange continue après la diffusion et les absents pourront écouter et commenter plus tard en *replay*. Avec la fonction de partage, il est possible de multiplier l'audience. De ce point de vue, c'est mieux qu'une conférence en personne!

Le seul hic, c'est que les adeptes des médias sociaux sont volatiles et sollicités de toutes parts. Le contenu doit être irrésistible et le messager doit avoir du charisme. Jusqu'à présent, mes essais de vidéos traditionnelles, seule en face de la caméra avec son œil mort intransigeant, ne sont pas très concluants. Il me manque le naturel, le charisme, cette capacité qu'ont certains communicateurs de faire sentir les gens si bien et si uniques au monde. Suspendus à leurs lèvres, ils en redemandent. Je les vois, les spécialistes de ce marketing appelé relationnel, mais j'ai du mal à m'approprier cette façon de faire que ce soit en vidéo ou à l'écrit. Ça ressemble drôlement au développement de marché. Une gêne, une pudeur ou un habile saboteur freine mes élans même si je sais que ça marche.

Je suis loin d'être arrivée là. Une fois devant la caméra, toute seule chez moi, je fige et me prends la tête. J'ai des tics, je bloque, je juge mon accent, ma voix, mon *look,* ce que je veux communiquer. Je me décourage, je recommence parfois jusqu'à vingt fois pour finalement produire une vidéo pas plus que potable.

Mais je n'ai pas trop le temps de penser à tout ça. Il est temps d'agir. Grâce à mon thème de prédilection, l'intuition, ça devrait être facile, n'est-ce pas? C'est parti pour ma première expérience en direct!

La première est planifiée pour le vingt-six septembre. Pas évident de trouver un coin dans mon appartement pour produire ces vidéos. Il faut penser à la lumière, au cadrage, à un environnement assez neutre et invitant. Au final, l'important est de commencer quelque part, sans chercher la perfection. La glace est cassée et, jour après jour, je fais ma capsule. Je constate que le direct change mon rapport à la caméra. Je ne suis plus toute seule à parler dans le vide. Grâce à la minuscule caméra dans mon cellulaire[6], une nouvelle connexion s'installe avec les auditeurs et la possibilité d'interagir en temps réel avec l'auditoire. Je trouve ainsi beaucoup plus facile de suivre le fil de mon intuition. Petit bémol toutefois, le nombre d'auditeurs décevant pendant la diffusion mais pas question d'arrêter ou de me laisser décourager.

Tout se passe bien jusqu'à la deuxième semaine où je fais un mauvais pas en me dirigeant vers ma cuisine à cause de ma fâcheuse habitude d'enfiler mes sandales à la va-vite. Mon pied se renverse et j'entends un « clac » très sec. Sur le coup, je suis sonnée. Pas besoin d'être médecin pour savoir ce qui vient de se passer. Je viens de me casser le pied.

---

[6] Cellulaire, au Québec : Téléphone mobile

Ça ne pouvait pas plus mal tomber!

Les minutes qui suivent sont d'une importance capitale, j'en ai une conscience très aiguë d'autant plus que mon cerveau est sous le choc, comme sorti de la boîte crânienne. Mes pensées et mon jugement sont suspendus et j'attends consciemment une idée porteuse. Rien. J'attends encore, j'attends, j'attends, j'attends. Elle m'apparaît soudain et je sais que c'est elle que je cherche. Cet événement sera une OPPORTUNITÉ, c'est avec cette intention que je veux le vivre. Opportunité de quoi, je n'en ai aucune idée. Choisir cette intention me suffit pour rester du côté du soleil plutôt que sombrer dans le malheur. En fermant la porte de la pièce nommée « catastrophe », je reste dans l'espace des possibilités lumineuses. Je m'agrippe à ce mince filet de soleil et ne le lâcherai pas.

S'ensuit la visite à la clinique où je me rends en conduisant moi-même, la douleur étant encore engourdie par le choc. J'ai quand même pensé apporter les béquilles qui dormaient au fond d'une armoire, vestiges d'un accident de mon fils. Encore dans le déni de ce qui vient de se passer, je clopine vers la clinique. Voyant mon état, un gentil monsieur m'offre d'aller chercher les béquilles dans ma voiture. Je poursuis mon chemin, le pied de plus en plus enflé et douloureux, pour passer à la radiologie avant de retourner à la maison.

Là, je sais que les déplacements en voiture sont terminés pour six semaines. Adieu l'autonomie! L'organisation du quotidien commence. Grâce à mon intention, je reste positive et, comme par magie, il y a toujours une personne prête à m'aider lorsque j'en ai besoin. Pour l'épicerie, pour acheter le matériel orthopédique nécessaire ou pour un rendez-vous médical. Qu'à cela ne tienne, je me promène rapidement avec ma botte d'astronaute, comme j'appelle l'appareillage qui remplace maintenant les plâtres. D'abord avec les béquilles, ensuite sans elles, pour aller jusqu'en ville, en autobus et en métro. L'épicerie du coin est à un bon kilomètre. Jour après jour, je passe à travers les défis et je continue à faire mes capsules vidéo, debout « sur une patte », en intégrant mon handicap. Je me sens même un peu plus vivante qu'avant l'accident!

Le fait d'honorer l'engagement jusqu'au bout me rend très fière, et j'apprécie mon expérience et ma nouvelle aisance devant la caméra.

Je constate avec étonnement que ma légendaire impatience ne s'est pas manifestée durant toutes ces semaines. Miracle! L'intention de vivre l'événement comme une opportunité fait visiblement toute la différence. Je suis remplie de gratitude pour toutes les fées autour de moi. Merci Élise, Claudine, Catherine, Maryse, Sylvain.

Lorsque, des semaines plus tard, je reprendrai place derrière le volant de ma voiture après cette période d'abstinence, ce sera un pur délice. « Que la vie est belle! Quel privilège d'avoir ce support pour me déplacer rapidement et confortablement! Que ma voiture (en réalité petite et modeste) est magnifique! Que la vie est facile! Vive l'autonomie! Merci, merci, merci mon corps et vive la VIE! »

Novembre 2017

Ce qui se passe aujourd'hui est loin de m'enthousiasmer. J'arrive avec une bonne heure de retard, ma botte d'astronaute toujours au pied. Je me déplace laborieusement en transport en commun. Le trajet me demande plusieurs changements de bus et l'appartement se trouve au troisième étage. Qu'est-ce que je suis venue faire ici? Est-ce par lâcheté que je suis encore dans ce groupe de co-développement? Je ne m'y sens plus à l'aise et j'ai le sentiment désagréable de perdre mon temps. Si j'en avais eu le courage, je me serais retirée à temps et ne me serais pas obligée à faire acte de présence, à mon corps défendant.

Je me promets que ça sera la dernière fois.

Durant toute la journée, à tour de rôle, nous nous faisons « secouer les puces » pour laisser aller nos résistances et profiter des idées et de l'expérience de chacun. Le but visé : se positionner, clarifier et faire avancer nos projets concrètement. C'est un couple invité de France, Sara et Jeff, qui nous guide à travers le processus. Nous sommes tous à notre compte ou aspirons l'être. Je suis la mamie du groupe, les autres étant dans la trentaine ou la quarantaine.

Qu'est-ce qui a bien pu se passer pour que l'air soit si lourd à mon arrivée? Je m'assois et me mets sur le neutre. Avec ma mauvaise humeur et mon impression de perdre mon temps, je fais mieux de m'abstenir de commentaires pour le bien de tous.

Arrive mon tour. Je suis sur la défensive. Je n'ai ni le goût ni l'intention de m'ouvrir. L'animateur essaie de me convaincre du fait que j'ai un impact là où j'arrive. Est-ce une allusion à ma mauvaise humeur? Je ne vois pas l'utilité de ses propos. Il me flatte ou il m'insulte? Et puis, qui est-il pour vouloir me faire avancer? Je résiste! Arrive un moment charnière où une question, bien connue en coaching, ouvre une porte. « Si tu n'avais aucune restriction, que ferais-tu? » Ça y est, je mords à l'hameçon et ça sort tout seul. « Eh bien, c'est simple. Je partirais faire un pèlerinage. » Voilà, c'est dit. Je me surprends moi-même.

Tout d'un coup, les idées déboulent. Le projet se précise. Partir à pied, de chez-moi, en sac à dos, me faire héberger chez les gens, contribuer au bonheur des gens… Pascale, assise à côté de moi, parle avec une grande émotion. Elle capte mon projet et voit même plus loin que moi. Elle me voit voyager léger, me défaire de mes biens matériels, de mon appartement. Oh là, pas trop vite! Je n'ai pas d'affinités avec cette fille mais, à ce moment bien précis, je sais que je dois l'écouter et mettre mon orgueil de côté.

Je partirais à pied, je rencontrerais des personnes et j'aurais des échanges significatifs avec elles. Je mettrais à leur disposition mes mains, mon savoir-être d'humaine et de porteuse de bonheur, et mon savoir-faire de coach. Je serais dans un partage de cœur avec les gens qui m'hébergeraient. Wow, ça vibre fort en moi!

Je fixe déjà une date de départ, pressée par Pascale de m'engager. Ça sera le 10 janvier 2018. Parce que j'aime l'hiver et que ça s'en vient rapidement, et avant que je ne change d'idée. Et la durée? Spontanément, je m'arrête à trois mois.

N'est-ce pas cocasse? Décider d'entreprendre un périple à pied alors que j'ai une fracture à un pied. Voilà que se manifeste l'opportunité à laquelle j'ai fait appel lorsque l'accident s'est produit, le mois dernier. Fait intéressant, le projet émerge neuf mois après mon bilan de changement de décennie, soit le temps d'une gestation. J'aime cette symbolique.

Je n'ai plus de temps à perdre. Un bébé vient de naître et demande mon attention.

Décembre 2017

Ma façon de fonctionner change. Il s'agit maintenant de donner des jambes à mon rêve, au propre comme au figuré. Ce n'est plus le temps de me regarder le nombril mais bien de me préparer. Après tout, je ne suis pas Pèlerin de paix[7]. Cette dame

---

[7]Pèlerin de paix, son livre est disponible gratuitement sur le web, en français

courageuse est partie traverser l'Amérique pendant des années avec juste un peigne, une brosse à dents et de la pâte à dents dans la petite poche de son tablier, dans le noble but de répandre la paix. Même avec la simplicité volontaire et ma nonchalance légendaire, j'ai besoin d'une préparation minimale mais bien pensée.

Quand le feu intérieur s'allume, les défis et obstacles n'ont d'autre choix que de fondre. Même une amie proche, à qui je brûle d'envie de partager ma découverte et qui essaie de m'en dissuader, ne réussit pas à me décourager. Au contraire, une fois la première déception de sa réaction passée, mon projet flotte moins dans les airs. Il est devenu plus terre à terre, il s'est enraciné davantage. Un merci à cette personne qui a joué à l'éteignoir!

Des proches qui réagissent mal lorsqu'on leur parle d'un rêve qu'on s'apprête à réaliser est un volet à prévoir. Ils veulent notre bien mais ne font souvent que projeter leurs propres peurs sur nous. À moins que ce soit de l'envie, une autre réaction bien humaine. Voir des proches réaliser leurs rêves est confrontant pour les personnes qui ne se le permettent pas.

La date de départ s'avère rapidement irréaliste. Ce projet demande une préparation plus longue. Marcher l'hiver, même si j'aime le froid, complique trop les choses. Je n'ai pas envie de me faire ensevelir sous les bancs de neige. Sans oublier mon pied qui a besoin de guérir complètement avant de me lancer dans l'aventure. La date est donc repoussée d'un mois à l'autre, pour se fixer définitivement sur le 31 mars, date de l'anniversaire de mon fils. Mon Dieu, il aura 35 ans ! Il est temps de donner congé à la mère poule!

Janvier 2018

Mon projet a pris vie grâce à trois éléments. Un rêve : faire un pèlerinage. Un besoin ou désir : sortir de mon ermitage pour partager et communier avec des gens. Une contrainte : la quasi-absence de moyens financiers. J'adore la simplicité de cette trinité. Je suis d'avis que toutes les méthodes ne devraient pas dépasser trois étapes. C'est simple à mémoriser. Et si ma formule toute limpide pouvait s'utiliser de façon plus générale? Haha! C'est la fille allergique aux recettes qui parle mais cette formule mérite d'autres essais.

J'avoue que je suis très étonnée du rôle puissant joué par la contrainte. Alors qu'elle aurait pu tuer le projet dans l'œuf, elle a apporté beaucoup de stimulation créative et de motivation. Le projet prend forme grâce à elle, en quelque sorte. Sans elle, je ne garantis pas la suite.

Si seulement... Si seulement j'étais capable de l'appliquer pour stimuler le chiffre d'affaires de mon entreprise. Particulièrement maintenant alors que je veux bâtir un coussin financier avant le départ. Je retombe malheureusement dans ma façon habituelle de fonctionner pour générer de nouveaux contrats de coaching, avec des résultats tout aussi habituels.

Mon rapport à l'argent n'est pas simple et il s'est VRAIMENT compliqué depuis que je travaille à mon compte. Bien sûr, j'ai déjà suivi plus d'une formation sur le thème, fait des exercices, et tout et tout, mais la dynamique n'a pas vraiment changé. Elle me suit comme une ombre. La rebelle, toujours prête à attraper une balle au bond, me lance toutes sortes d'arguments pour donner raison au conflit. Une fois partie, elle en a long à dire.

Pourtant, comme bien des gens, j'aspire à une relation harmonieuse avec l'argent. Ce qui est fascinant, c'est qu'à certains moments de ma vie, l'argent est arrivé comme par magie. Habituellement dans des moments de joie, de gratitude, d'amour. Dans ces moments, je ne pensais aucunement aux finances, je faisais simplement confiance à la vie. Des objets matériels tels que voiture et maison se sont ainsi déjà manifestés.

Voici un exemple encore tout chaud. J'ai parlé avec enthousiasme de mon pèlerinage à une amie en Suisse. Elle décide spontanément de me soutenir avec un don de mille dollars. Quelle belle confirmation!

Gratitude, joie, amour - comment pouvais-je « oublier » cette formule magique? Ah... Les forces de l'ombre qui se mettent à l'œuvre dès que j'ai le dos tourné ou que « j'oublie » de les reconnaître. N'est-ce pas, chère saboteuse?

Février 2018

Sous-louer mon appartement s'avère plus difficile que prévu. Les dates ne coïncident pas, on veut juste louer une chambre ou pour un court laps de temps, ou les personnes intéressées ne m'inspirent pas confiance. Je me vois mal partir préoccupée par ce qui va se passer pendant mon absence. Cette responsabilité me donne l'effet d'un élastique attaché dans le dos qui me retient et m'empêche de partir l'esprit libre. Il n'en est pas question!

C'est là que mûrit la décision de quitter le logement. Depuis des années, je sens que ce n'est plus ma place mais toutes sortes de peurs me retiennent. Peur de ne pas trouver l'équivalent ailleurs, de regretter mon bord de l'eau, d'avoir de mauvaises surprises, de ne pas savoir où aller. Chaque printemps depuis quinze ans, je me promets de déménager mais, en l'absence d'une nouvelle direction claire, ma promesse est restée lettre morte. J'ai laissé mon bail se renouveler automatiquement et ai choisi de rester dans les pantoufles de mon malaise.

Les gens autour de moi ne comprennent pas que je veuille quitter un si bel appart. Je finis par me résigner et leur donner raison. « De quoi tu te plains au juste? Combien de personnes seraient heureuses d'être à ta place? Arrête de te plaindre! »

C'est ainsi que je n'ai pas suivi mon intuition.

Aujourd'hui, l'opportunité se présente à nouveau. Cette fois, je la saisis. Je fais le saut et décide de quitter mon appartement. Je suis prête pour le grand dépouillement, étourdissant mais nécessaire. Je prends un virage de vie et je ne veux pas manquer la courbe! Qui l'eût cru, en novembre dernier, alors que Pascale me l'avait annoncé dans sa vision de mon projet et que je m'y objectais vigoureusement! Le temps a fait son œuvre.

Voyager léger peut avoir des avantages considérables et c'est sur eux que je mise pour me lancer dans mon aventure de dépouillement. J'ai deux passeports de deux pays très convoités à l'international, une profession qui peut se pratiquer à distance et pas de changements familiaux en vue. Mon corps est encore en forme. Ma tête est encore pleine d'idées folles. Pas de petits-enfants en vue. Une telle fenêtre de possibilités est rare dans une vie, saisissons-la avant de devenir frileuse et risquer le retrait.

Je suis libre comme l'air. Une liberté comme à mes vingt ans, où, habitée par la certitude que le monde m'appartenait, que tout était possible, j'étais partie explorer le monde. Bon, entretemps mes rêves ont pris quelques rides mais rien qui mérite d'arrêter mon élan.

Il serait très pratique de me cacher derrière mon manque de moyens financiers mais j'opte pour l'optimisme. Le projet est trop important et j'entretiens la croyance que les moyens se présenteront au fur et à mesure. Qu'ai-je à perdre?

Mars 2018

Opération grand dépouillement. Je trie, je classe, je vends, je donne. Même mes livres partent, eux qui m'ont sauvé la vie et qui ont toujours eu une place de première importance. Le détachement a commencé depuis quelque temps déjà, alors que je remarquais ma perte d'intérêt pour les livres en général. C'était une grande surprise pour la lectrice assidue que j'ai toujours été, allant jusqu'à lire sous la couette pendant mon adolescence. Les temps ont changé et me voilà en mode jachère. Dorénavant, j'écris ma propre histoire, j'invente mes propres recettes et j'affiche ma souveraineté. J'ai l'âge de la (dé)raison et je m'engage à investir dans le désapprentissage de tous les concepts, principes et croyances d'autrui qui ont desservi mon épanouissement. Rien de moins.

S'alléger et se libérer s'avère un exercice formidable, une fois la décision prise et assumée. Les meubles partent. Mon amie Élise m'accompagne, son aide est tellement précieuse. Sans compter ses heures, elle m'assiste dans la liquidation de mon ménage. Être accompagnée dans cette entreprise émotionnelle me procure un soutien précieux. Même si elle ne comprend pas ma démarche et me répète encore et encore : « Comment fais-tu pour tout laisser aller? » Devine quoi? Moi non plus. Je le fais, c'est tout, parce que ça dit en moi de le faire.

J'ai parfois le vertige. Ma sœur me met en garde face à mon projet. « Pour moi, tu n'as pas réfléchi » et elle a raison. Je n'ai pas réfléchi, j'ai ressenti. Je n'ai pas consulté ma tête, j'ai écouté mon cœur et là, il bat fort, ce cœur. Je suis fébrile. Je me réveille la nuit. Les gens n'en croient pas leurs oreilles quand je leur parle de mon départ imminent alors que la société met beaucoup de pression pour ramasser le maximum de biens et d'argent, pour en avoir pour les vieux jours qui ne tarderont pas à arriver. Me voilà partie en sens contraire. Que fais-tu là, Heidi?

Dans le brouhaha de la liquidation et des préparatifs, je réussis à présenter mon projet de pèlerinage dans une vidéo sur la page Facebook de l'Aventurière intuitive. Elle trouve un vif intérêt et plusieurs personnes offrent déjà de m'héberger lorsque je passerai dans leur région. Ça commence vraiment bien. Les messages reçus mettent du baume sur mes relents d'anxiété et embuent mes yeux.

> NG : Je te souhaite une superbe aventure et beaucoup de bonheur dans ton petit baluchon et ton grand cœur! Tu peux arrêter chez moi à ton retour vers Montréal, si le cœur t'en dit puisque je n'habite pas très loin… Rive-Sud de Montréal. Bisous et câlins, belle aventurière que tu es! XOXO

> PC : Que cette aventure te ressemble, Heidi. Partir vers l'inconnu, légère, libre, ouverte et généreuse. Que les êtres qui vont croiser ton chemin sont privilégiés! Bonne route. Bonne vague!

> DJ : Heidi Spühler part pour trois mois avec son sac à dos à travers le Québec pour déclencher une vague de bonheur! Si vous avez envie de la suivre, vous pourrez le faire sur sa page Facebook ; vous pouvez aussi lui ouvrir la porte sur son chemin, car elle va s'arrêter chez qui voudra bien l'accueillir! Une belle initiative joyeuse à partager! Bravo Heidi, quel beau courage de sortir ainsi de ta zone de confort. J'espère que tu auras chaque soir un lit dans une maison chaleureuse où tu pourras partager joyeusement ton chemin :) xxx

Pour faciliter le départ, j'organise les cinq premières haltes du pèlerinage, majoritairement chez des amis, à partir de Montréal.

Même si la tension monte, la certitude d'aller dans la bonne direction persiste. Le choix de ma destination, ici au Québec, présente peu de risques et je n'ai pas peur en voyage. Mon plan B? Si l'aventure ne me convient pas, je reviens, tout simplement. Tant pis pour le ménage liquidé, je trouverai d'autres meubles et une nouvelle place où habiter. Je sais par expérience qu'on peut s'équiper à peu de frais. Vive la légèreté de la simplicité volontaire. Il y a moyen de bien vivre avec peu. Ça fait longtemps que je ne suis plus une grande consommatrice et que je vis frugalement. Le système économique capitaliste s'écroulerait si tout le monde agissait comme moi.

Un sentiment d'urgence m'habite : je dois me consacrer à ce qui compte vraiment. Peu importe ce que disent les autres, la société, mon portefeuille.

Plus tard, c'est le plus souvent jamais. Quitte à passer pour naïve, innocente, fleur bleue, je préfère me jeter corps et âme dans ce projet que d'avoir des regrets plus tard. J'ai tout à gagner.

Le rythme s'accélère.

La vente d'articles me permet de me procurer mon équipement et de régler mes factures. Je n'ai pas de bas de laine bien garni mais pas de dettes non plus. Dans mon monde idéal, je maîtrise l'art de manifester selon mes besoins et désirs, au fur et à mesure, sans accumuler des biens et de l'argent qu'il faut ensuite gérer. J'aimerais vraiment me rapprocher de cet idéal. Loi d'attraction, prend possession de ce corps!

Des boîtes se remplissent d'habits, d'articles de cuisine et de bureau, et de quelques articles personnels. Je les entrepose chez des amies, un peu à gauche et à droite, et me fais une liste pour pouvoir les retracer. Je lance un appel pour entreposer ma voiture. Maude m'offre un stationnement au pied de son condo. Quand elle a vu que j'étais en train de liquider mon ménage, elle a décidé d'arrêter ce qui était à ses yeux une saignée. Dorénavant, elle gardera un œil vaillant sur ma voiture. Chère bagnole, tu n'auras pas à te plaindre, tu seras entre bonnes mains!

Mon amie Maryse me propose le gîte au retour, dans son atelier d'artiste avec divan-lit, situé dans la belle nature de

Lanaudière. Elle a l'habitude de recevoir des personnes en transition et ce, même pendant plusieurs mois. Cette perspective d'atterrissage au retour est très rassurante et j'ai beaucoup de gratitude pour son ouverture et sa générosité. Je n'aurai pas à me casser la tête durant mon périple sachant que ma guitare m'attend en lieu sûr car elle est déjà installée dans ma future chambre.

Maryse a été ma première amie quand je suis arrivée au Québec en 1983. Elle a connu mes parents et se souvient de détails oubliés de ma famille. Avec elle, je partage plein de souvenirs de nos virées spontanées de jeunes femmes et de fêtes avec nos enfants encore petits. Depuis un peu plus d'un an, à mon retour d'un long séjour en Suisse, nous nous sommes tranquillement retrouvées, à ma plus grande joie, après une longue pause de douze ans. Accepter qu'il y ait de la mouvance dans nos amitiés fait partie de la vie. Je sais que je vais toujours aimer et admirer Maryse qu'on soit en contact ou non.

Difficile à croire mais l'appartement sera vidé dans moins d'une semaine. Les articles sortent l'un après l'autre. Tout un exercice de détachement, de dépouillement, de laisser aller et de lâcher prise. Oui, j'ai des peurs et je me réveille la nuit. En même temps, la conviction que je fais ce qui est bon pour moi continue à m'habiter. C'est mon fil rouge qui me tient alignée vers mon but. Je ne connais pas mon futur mais qui le connait réellement? Il se dévoilera au fil des pas.

J'ai appris à demander. Toute seule, je ne serais pas capable de suivre cet élan du cœur. Il y a des anges autour de moi qui me donnent des ailes, certains visibles, d'autres non. C'est magique!

****

Le jour J où je finis de vider mon appartement est arrivé. Mon voisin Yves passera après son travail avec son *pick-up* pour que je puisse apporter les derniers articles à un organisme de charité tout près. En vidant pièce après pièce, tout le salon se trouve rempli, moi qui croyais naïvement que la boîte de *pick-up* suffirait. C'est plutôt un déménagement que je dois organiser! J'ai un moment de découragement.

C'est sans compter sur Élise qui, en parlant avec mon autre voisin Sylvain, leur découvre des origines gaspésiennes communes. Ça réunit! Et voilà qu'Élise me montre, l'air triomphant, Sylvain en train de manœuvrer sa remorque vers mon entrée. Quelle belle surprise! À trois, nous la chargeons à ras bord.

Je n'ai pas le temps de pleurer sur mon premier meuble que j'ai décapé avec amour ici au Québec, ni sur la peinture que j'ai faite au mois d'août lors de la conférence, ni sur tous les autres objets qui disparaissent dans le ventre de la remorque, chacun avec son histoire. C'est le temps de couper, de laisser aller. Nous arrivons au centre de collecte des dons et ils acceptent tout, tout, tout.

Donner fait du bien. Ça me console, sachant qu'il y aura des personnes heureuses de faire de belles trouvailles, comme j'ai pu l'expérimenter moi-même à maintes reprises.

Pour boucler les préparatifs, Élise m'a invitée à passer les derniers jours chez elle. Je suis heureuse et soulagée de pouvoir vivre cette transition chez elle. Un mot de bienvenue et du chocolat suisse me réchauffent le cœur à mon arrivée. C'est le dernier arrêt avant le grand départ. Ça augure bien.

Contrairement à moi, Élise est très prévoyante et structurée et ne comprend pas ma façon « dernière minute » de fonctionner.

J'ai acheté un sac à dos usagé, parce qu'il est exactement de la même couleur que mon coupe-vent, ce que j'ai pris pour un signe, même si j'ai vu ses traces d'usure. Est-ce un bon critère de choix? Pas vraiment et, là, j'hésite à le mettre à l'essai, au grand étonnement d'Élise. Comment tout mon équipement, étalé sur le plancher du salon, va-t-il rentrer dans un sac de trente-trois ou trente-quatre litres? On verra demain! Trop tard? Mais non, *just in time*! Élise soupire.

30 mars

Veille du départ. L'égo me fait de beaux coucous. Il me reste encore une tonne de choses à régler. Ça ne va pas comme je veux. Le sac à dos a peut-être la même couleur que mon coupe-vent mais il est paqueté à un point tel que ses coutures risquent d'éclater. Ainsi arrondi, il est inconfortable sur mon dos. De plus, je n'ai pas pris le temps de m'entraîner avec lui. Tout ce que j'ai à mon compteur sont mes marches habituelles de six kilomètres dans le parc, quelques fois par semaine, sur le plat et sans bagages.

C'est devenu clair que plusieurs dossiers ne se fermeront qu'en cours de route. L'achat d'un cellulaire[8] neuf et l'entraînement en font partie. Je ris en pensant à mon intention de prendre quelques jours de vacances AVANT de partir pour ma grande marche. Quelle illusion!

Aujourd'hui, après seulement un kilomètre de marche, sans sac, j'ai eu mal au pied. « Qu'est-ce que c'est que ce projet de fou? » La résistance est là, forte, et je la laisse être. Je n'ai ni l'énergie ni le temps de changer quelque chose.

---

[8] Cellulaire, au Québec : téléphone mobile

Un sentiment d'irréalité m'habite depuis hier. Ai-je vraiment quitté mon appartement? N'ai-je vraiment plus de cuisine, plus de lit, plus de chez-moi? Je commence à mesurer la réelle portée de mon choix, celle de ne plus avoir de domicile. Ouf... Ça grince!

Des bobos dans mon corps. Je vais vivre avec. C'est mon genou droit douloureux qui m'inquiète le plus. À cela se sont ajoutés des problèmes dentaires qui demandent des implants et des investissements majeurs. Ce dossier me dépasse complètement. Je vais avoir besoin d'un miracle. Je me croise les doigts et demande à mon corps de faire équipe avec moi. Ça m'a toujours bien réussi. Parfois, ça prend un peu d'inconscience pour passer le seuil et se lancer.

Prête pour le saut de l'ange!

CHAPITRE 2
DÉPART VERS L'INCONNU

> *Partir, ce n'est pas chercher, c'est tout quitter : proches, voisins, habitudes, désirs, opinions, soi-même. Partir n'a d'autre but que de se livrer à l'inconnu, à l'imprévu, à l'infini des possibles, voire à l'impossible. Partir consiste à perdre ses repères, la maîtrise, l'illusion de savoir et à creuser en soi une disposition hospitalière qui permet à l'exceptionnel de surgir.*
> Éric-Emmanuel Schmitt

31 mars 2018 – Le grand jour

Il fait un froid cristallin et le ciel est clair. Mon cœur se réveille avec le sourire. Un temps pour conquérir le monde, à commencer par celui qui est là, juste devant moi. Aujourd'hui, je passe officiellement le seuil. La porte d'Élise est la dernière à se fermer derrière moi. Le projet devient enfin réalité. La fébrilité danse avec un calme intérieur étonnant. Une dernière photo prise devant chez-elle et nous voilà parties en direction du métro Berri-UQAM. C'est là que j'ai donné rendez-vous à des amis et des proches dans un resto.

Élise et moi avons beaucoup marché ensemble car nos pas se synchronisent naturellement. Même si les flammèches pétillent parfois entre nous de par nos façons opposées de fonctionner, nous partageons une base commune, celle d'avoir défroqué de notre profession d'infirmière et d'aimer nous balader dans la nature. Aujourd'hui, je m'engage à m'ouvrir aux événements qui se présenteront au fil de mes pas. Dans le moment, tout paraît encore « normal » comme lorsque nous partons pour nos petites expéditions sauf que je suis la seule à porter un sac à dos.

En prévision de ma traversée du fleuve après le déjeuner[9], nous nous arrêtons à l'entrée du pont Jacques-Cartier. Il n'ouvre officiellement que demain sa voie réservée aux piétons et aux cyclistes et je veux m'organiser une permission spéciale. Nous jouons de tout notre charme pour convaincre le gardien de sécurité de me laisser passer. Sans succès. La piste ouvre seulement demain, un point c'est tout, sinon c'est la police. Wow, des menaces! Mais il ne réussira pas à gâcher ma bonne humeur.

J'ai quand-même un petit pincement au cœur. Commencer mon périple en traversant le fleuve tout en hauteur et faire des *bye bye* à la ville aurait été si majestueux! À part une interruption banlieusarde de quatorze ans, j'habite cette métropole depuis mon arrivée au pays il y a trente-cinq ans. Je me promets de me reprendre au retour. Pour aujourd'hui je dois me contenter de la voie souterraine, le métro. Grrr!

Arrivée au resto, je dépose mon sac dans un coin par terre. Avec mes bottines[10] il forme ma fidèle équipe d'accompagnateurs mais, avouons-le, ce n'est pas l'amour fou entre lui et moi. Se doute-t-il que, dans quelques jours, il sera remplacé par un beau grand neuf? Qu'il sera abandonné dans un comptoir familial, à attendre un nouveau propriétaire?

Les amis arrivent. Je suis tellement heureuse de la présence de chacun! Heureuse de voir mon fils rayonnant de son plus beau visage d'anniversaire. Depuis le début, il me soutient sans réserve dans mon projet et je lui en suis très reconnaissante. Il le fait à la manière d'un gars de sa génération, on s'entend. Sa désapprobation n'aurait pas changé mes plans mais la famille

---

[9] Déjeuner, au Québec : le petit déjeuner

[10] Bottines, au Québec : bottes de randonnées légères

qui nous soutient, ça vaut de l'or. D'autant plus que je ne me rappelle pas avoir joui de ce privilège bien souvent dans ma vie. Au contraire : on a plus souvent tenté de m'arrêter que de m'encourager à foncer mais la rebelle en moi n'a fait qu'à sa tête.

Carl s'est proposé pour prendre des photos. Jeanne et Pierre-Luc m'ont offert ma première halte officielle du périple et seront aussi présent. Leur geste me rassure et me fait chaud au cœur. Jeanne en rajoute : elle m'accompagnera dans ma première marche jusque chez elle. Jessica, de son côté, insiste pour venir me chercher en cas de pépins, où que je sois et même à trois heures du matin. Ces derniers mots me font monter mes larmes aux yeux.

Je me sens immensément choyée. Je savoure chaque seconde et chaque minute de leur précieuse présence. Même si je suis à l'aise de partir seule, cette injection d'amour collectif me donne une provision de soutien, de courage et un immense réconfort.

Nous quittons le resto et plusieurs m'accompagnent en direction du métro. Carl me passe spontanément en entrevue pendant que les autres s'arrêtent devant moi. Cette mise en lumière au milieu de la rue Saint-Denis me surprend et je n'ai aucun souvenir de mes réponses. S'ensuivent les derniers adieux avant de plonger avec Jeanne dans le ventre du métro.

C'est au tour des bottines d'entrer en service!

Mon pèlerinage commence par une distance de marche très modeste, juste parfaite pour ma forme actuelle. Dans le passé, je carburais au dépassement mais, au fil du temps, et heureusement, mon caractère compétitif a fait place à une approche plus zen et plus respectueuse de mon corps. Finies les performances pour impressionner la galerie ou pour me prouver que je suis bonne et que je suis capable. Si je veux tenir au minimum trois mois, j'ai avantage à rester dans la zone du

« dépassement dans le plaisir ». Ah... La sagesse qui arrive comme par magie quand les articulations commencent à faire crac-crac-crac et ouille-ouille-ouille!

Le goût du dépassement de soi peut rebondir au tournant du chemin, c'est plus fort que moi. Cette persévérance m'a toujours permise d'atteindre le deuxième, voire le troisième souffle, au lieu d'abandonner au milieu d'un projet. Cette fois-ci ne fera pas exception, du moins je l'espère.

Chez Jeanne et Pierre-Luc, je me trouve en terrain connu. En apparence seulement car j'apprends un nouveau métier, celui de pèlerine porteuse du mouvement « Du bonheur au suivant! » qui change mon rapport aux gens. Je les connais tous les deux professionnellement depuis plusieurs années et nous sommes devenus des amis. Ce qui m'impressionne chez eux est leur remarquable courbe de bonheur ascendante. Après quinze ans de vie commune et une belle fille de treize ans, ils se marieront l'été prochain. C'est le genre d'histoire touchante que j'adore et qui m'émeut. Ils offrent l'exemple d'un couple en évolution qui a su relever les défis d'une famille recomposée à travers vents et marées. Tout un exploit dans la réalité du prêt-à-jeter d'aujourd'hui.

Avec eux, j'apprivoise ma nouvelle mission d'accueillir l'hospitalité et de connecter tout en bienveillance avec leur famille. Je m'engage à me concentrer sur tout ce qui est bon et beau en eux et autour d'eux. En mode observation, je veux capter les éléments porteurs de bonheur et je suis bien servie! À la fin du séjour, je leur partagerai mes observations et leur poserai deux questions[11]. C'est le but. On prend rarement le temps de souligner le positif sans raison apparente dans le quotidien.

[11] Question 1 : pour toi, le bonheur, en un mot, c'est...? Question 2 : Quelle est la plus belle histoire de ta vie?

Cette pratique pourtant simple augmente immédiatement le baromètre de notre bonheur.

À partir d'aujourd'hui, je suis en mission pour faire grandir le bonheur, le mien en même temps que celui des autres.

Grands-parents, parents, enfants de tous âges incluant Adam le bébé et Leila la chienne bougent autour de la table familiale. Tous se trouvent, à un moment ou un autre, sous la table, à jouer avec Adam ou Leila ou les deux. Une fluidité harmonieuse se dégage de ce rassemblement familial simple, cordial et chaleureux.

En aidant Jeanne à préparer le souper, je lui lâche un « Je ne peux pas croire que je n'ai plus de cuisine! ». Sa réponse vient du tac au tac. « Maintenant toutes les cuisines du Québec sont à toi! » Sa réponse me ravit et normalise ma situation. La voir sous cet angle au bout de cette première journée émotive et mouvementée me fait un bien fou. Vive ma nouvelle normalité!

Couchée sur un matelas dans le bureau de Pierre-Luc, je m'adonne au *glamping*[12], ce camping de luxe dans leur intérieur très chaleureux. Le plancher me rapproche immédiatement de l'énergie de la terre. Alors que, lors du repas, mon genou douloureux m'a empêchée de m'accroupir pour jouer par terre, il me suit maintenant sans grincer.

Ma halte chez eux me donne une belle provision d'amour et de chaleur humaine. C'est bien parti!

1er avril

La journée commence par une séance de mise en forme avec Jeanne et une marche de réchauffement avec Pierre-Luc et Leila

[12] Glamping, contraction de glamour et camping = camping de luxe

la chienne. Me voilà en route pour ma prochaine destination. La distance à parcourir aujourd'hui est encore bien courte. Je longerai la Rive-Sud de Montréal sur un trajet de sept kilomètres confortables. C'est Pâques et trouver une famille prête à me recevoir était tout un défi. J'ai d'autant plus de gratitude envers André et Myriam qui ont accepté de m'ouvrir leur porte.

Il fait une température autour de zéro. Le vent glacial me pénètre et me force à mobiliser mes ressources vestimentaires. Je reçois de beaux messages sur Facebook et réponds tout en marchant. Je n'avais pas pensé au temps que la correspondance me prendrait. À ce rythme, je vais bientôt avoir besoin d'une secrétaire! Ce média social sera mon outil de communication privilégié et j'espère que les gens seront nombreux à me suivre et pourront m'aider dans la recherche de mes haltes quotidiennes. Comment y arriver autrement?

J'arrive chez mes hôtes en après-midi. André vit dans le stress de la nouvelle mission qu'il s'est donnée avec Myriam, sa conjointe, et leurs filles respectives : la construction d'un lieu de bien-être multifonctionnel. Un grand projet qui a demandé énormément d'énergie. L'ouverture d'un coin resto s'est ajoutée récemment avec tout ce que ça comporte d'apprentissages et de surprises pour les nouveaux propriétaires. Le projet les a dépassés et a demandé beaucoup plus de travail que prévu. André a les traits tirés et me paraît encore plus maigre qu'à l'habitude. Il marche à grands pas et à la vitesse de celui qui en a trop à faire.

Le resto est aujourd'hui ouvert uniquement pour la famille, pour un repas pascal en toute simplicité. Tout le monde est fatigué. Heureusement, Léo, le petit-fils de deux ans, égaie l'atmosphère avec son comportement délicat et enjoué.

Le couple me rappelle une anecdote que j'avais complètement oubliée. Il y a longtemps, on s'était croisés en randonnée sur le mont Saint-Hilaire, ma montagne préférée. André et Myriam formaient alors un nouveau couple et Fabienne, la fille de Myriam alors âgée de huit ans, m'avait suivie spontanément. Elle m'avait parlé durant toute la descente en laissant les adultes se bécoter loin derrière. Des bribes de souvenirs me reviennent. Aujourd'hui, cette même Fabienne a vingt ans et elle pratique son allemand avec moi. Wow!

Je dors dans la grande salle multifonctionnelle où je me suis fait le lit le plus confortable possible avec des tapis d'exercice. André et moi nous connaissons à travers un groupe de méditation et nous nous donnons rendez-vous pour une séance tôt demain matin.

2 avril

Dans la nuit, je ramasse les coussins empilés dans un coin pour chercher de l'épaisseur. Je ne suis plus capable de dormir sur le dur! Le sommeil se fait désirer. Un lampadaire jette une lumière claire dans la salle et, tant qu'à être réveillée, je réfléchis à comment aider André à abaisser son niveau de stress. C'est toujours plus délicat avec des gens qu'on connaît et je ne veux pas manquer mon coup. Au point que c'est maintenant moi qui stresse au milieu de la nuit. Pourtant, je ne suis pas une débutante. Dans ce contexte de pèlerinage, cependant, je le suis. C'est en faisant confiance aux ressources du moment présent que je finis par trouver une voie d'exploration avant de m'assoupir.

André est un méditant expérimenté. À la fin de notre méditation matinale, il accepte que je lui enseigne une technique de PNL[13] de base. Elle consiste à ancrer l'état méditatif qu'il vient de vivre pour le rendre disponible et transférable à d'autres

---

13 PNL - Programmation Neuro-Linguistique : ensemble d'outils de changement

moments. Il pourra ainsi le réactiver tout au long de la journée et profiter du calme à volonté. En tant qu'ingénieur, il a besoin d'avoir des explications claires et des étapes logiques ce qui me force à être rigoureuse. Une demi-heure plus tard, il me glisse discrètement à l'oreille « Je l'ai déjà essayé trois fois et je souris à chaque fois! ». C'est de la musique à mes oreilles. Je le sens soulagé et heureux et je me sens utile et tout aussi heureuse.

Avant mon départ, André glisse une collation de biscuits maison dans mon sac et me remercie d'avoir reçu plus que donné. Il m'indique le meilleur chemin pour ma prochaine destination. Malgré ma courte nuit, je quitte le lieu toute guillerette.

Je traverse plusieurs carrefours d'autoroutes. Les camions passent tout proche de moi et soulèvent la poussière dans un bruit assourdissant. C'est un détail que je n'avais heureusement pas prévu. Si j'avais anticipé tout ce qui pourrait me déranger, je ne serais jamais partie.

On ne trouve malheureusement pas toujours un chemin alternatif bucolique et, aujourd'hui, je suis obligée de suivre cette route. L'épaule gauche me brûle comme s'il y avait du feu au point de m'ennuyer d'une séance chez un chiro. Comme je parcours un trajet de vingt kilomètres, il n'est pas étonnant que mon corps se rebiffe. Le chemin se termine heureusement en beauté à traverser un quartier soigné au milieu d'une belle verdure. Un soleil splendide de fin de journée illumine le printemps et ses bourgeons encore timides. J'accueille cette belle récompense!

Pour la première fois, je suis invitée dans une famille inconnue qui m'a été référée par mon amie Catherine. Au téléphone, le contact était très cordial. Lysanne, mon hôtesse du jour, m'ouvre la porte et l'accueil est tellement chaleureux que je me sens tout de suite la bienvenue. Mes bobos physiques disparaissent comme par magie.

Je sens une famille aimante, dynamique et unie comprenant trois filles et Marc le papa. Lysanne dirige une petite entreprise d'édition et Marc en est l'un des responsables.

Des discussions très riches s'entament autour de la table. Je sens beaucoup d'intérêt et de respect mutuels. J'ai la chance d'aider Marie-Jade qui, du haut de ses douze ans, vit une difficulté avec les compagnons d'un projet d'école. Cela me permet de me sentir utile. Marc m'offre de laver mes vêtements. J'accepte avec une petite gêne et réalise le degré d'intimité de ce geste. Après tout, je ne montre pas mes petites culottes (en laine mérinos, plus utiles que sexy) à tout le monde. La soirée se termine par une photo souvenir dans la chambre de la petite dernière, Maély, déjà endormie. De la gentillesse, de la lumière. Une vraie famille-soleil!

3 avril

Ce matin, je n'ai pas envie de m'en aller mais, après mes derniers échanges avec Marc, seul à travailler à partir de la maison, mes pas se dirigent vers Mont-Saint-Bruno.

Avoir baigné dans ce cocon familial rempli d'amour, de respect et d'ouverture était un privilège et c'est le cœur débordant de gratitude que j'entreprends mon chemin.

En route vers ma prochaine destination je traverse le même carrefour d'autoroutes qu'hier. En voiture, on y passe en quelque secondes. Marcher peut être le rythme parfait pour contempler et se laisser imprégner par la beauté d'un paysage champêtre mais c'est fichtrement lent pour sortir d'un lieu déplaisant, agressant, voire dangereux.

Je fais un court arrêt dans un grand magasin d'équipement, où j'oublie mes beaux gants tout neufs et mes lunettes de soleil aux toilettes. Zut! Lorsque j'essaie de les retracer, ils ont disparu. Re-zut!

La route s'étire en longueur. Je suis encore en milieu semi-urbain et je marche sur le bord d'une route sans trottoir quand un besoin physique pressant se fait sentir. Aucune toilette en vue. Je ferai dorénavant plus attention à ma consommation de liquides.

Mon genou se fait sentir et je m'inquiète. Va-t-il s'adapter aux longues distances? Sinon, comment relever mon beau défi? Je veux faire confiance au pacte que nous avons fait ensemble. Nous trouverons une façon de composer avec ce que le chemin nous présente sauf qu'avec l'inconfort et la fatigue grandissants, le doute m'agace.

J'arrive chez Sophie en avance. Je la connais depuis que je suis à mon compte. Nous faisions partie d'un groupe de co-développement pour femmes en affaires. Elle est entrepreneure et je l'ai vue grandir autant dans son entreprise qu'en tant qu'artiste. Nous nous voyons régulièrement lors de ses expositions. Une femme introvertie peu loquace qu'on écoute lorsqu'elle parle. Tout est écolo et bio chez elle. Elle a une grande ouverture spirituelle et s'affiche belle au naturel, sans maquillage. « Ma peau n'aime pas ça », dit-elle, et la question est réglée.

Au début de ma vie d'entrepreneure, contrairement à elle, je n'ai pas eu son courage car je me sentais « obligée » de m'adapter. J'ai appris à me maquiller, à contrecœur, et le faisais de façon si discrète que les gens ne le remarquaient même pas. Vais-je être capable de m'en passer dorénavant? Je me le promets.

Je laisse mon sac à dos sur son balcon et je repars aux Promenades Saint-Bruno. C'est le dernier centre commercial sur ma route avant d'arriver à la campagne. Dans ma liste de choses à régler aujourd'hui, je m'occupe de l'achat d'un nouveau cellulaire et d'une carte routière.

En voiture, ce bout de chemin aurait été un détail mais, à pied, c'est une vraie corvée après cette longue journée de marche. L'emplacement éloigné des magasins l'un de l'autre n'aide en rien. Mes préparatifs étaient incomplets et j'accepte ce fait, consciente d'avoir fait mon possible avant le départ. Ce n'est pas le temps de me blâmer.

Sans hésiter, je fais de l'autostop pour revenir du centre commercial. La première voiture s'arrête et un gentil monsieur me dépose directement à ma destination. Merci, merci! Ça tombe vraiment bien car je ne suis pas capable de faire UN pas de plus.

Les retrouvailles avec Sophie sont chaleureuses. Elle a un engagement imprévu ce soir. Avant de partir, elle me prépare un bain chaud et ajoute des sels et des huiles essentielles. Ah... Que ça fait du bien!

4 avril

Il pleut à verse et il fait froid. Petit rappel à moi-même : émerveillement et gratitude! Bonheur au suivant! J'entame ma journée avec le sourire.

Ce matin, j'observe le fonctionnement tout en silence de Sophie, un autre aspect que j'admire. Quel luxe dans ce monde bruyant! Je n'entends que le son de son crayon qui court sur le papier à dessin et elle garde sa concentration durant une longue période. Pas de bruits, pas de flafla. C'est très inspirant et reposant.

J'ai pris une décision. Je retourne aujourd'hui à Montréal pour m'acheter un nouveau sac à dos dans un magasin d'équipement spécialisé. Je lance un appel à Élise et lui demande de venir à ma rencontre une fois rendue au magasin. Elle accepte.

Me voilà partie avec mon sac à dos chargé, sous la pluie battante, en direction de l'arrêt d'autobus. Long trajet suivi d'un tour de métro. C'est quand même pratique de voyager en souterrain avec cette pluie! L'achat se fait en un tournemain et la conseillère fait gentiment le transfert du contenu de mon vieux sac vers le neuf selon une méthode éprouvée que je conserverai tout au long de mon périple.

C'est ici que je dis *bye bye* à mon vieux sac et que je tombe en amour avec le neuf. Élise arrive et me ramène au trajet prévu pour aujourd'hui, après avoir réglé quelques autres petits trucs de ma liste des choses à faire. Merci, merci pour ce précieux coup de main. Elle a même pensé m'apporter une paire de gants et nous nous arrêtons en chemin pour que j'achète une nouvelle paire de lunettes de soleil.

Me voilà bien équipée. Merci Élise pour ton aide précieuse et ta générosité! Je te dois une tonne de chocolat.

Ce soir, je profite de la dernière halte organisée d'avance. Je marche les derniers kilomètres pour arriver chez Hélène, une compatriote suisse francophone. Une femme lumineuse et généreuse. Sa maison donne sur un beau champ. Je commence enfin à sentir la campagne. Visiblement heureux, son petit-fils William séjourne sur les lieux pour quelques jours. Nous passons une belle soirée remplie de rires et une bonne nuit de sommeil. William a quelque chose de spécial. Il est doué et peut l'exprimer chez sa mamie. Vive les grand-mères! J'en ai eu une, formidable elle aussi, que j'aimais par-dessus tout.

5 avril

Je déguste de bonnes crêpes pour déjeuner. J'essaie de me faire à l'idée que je n'ai plus d'hébergement pour les prochains jours. Pas moyen de l'oublier, Hélène est là pour me le rappeler. À trop y penser, je fige carrément au point de ne plus savoir me servir de mon nouveau cellulaire. Et Hélène de redoubler : « Ça sera le plus grand défi durant ton périple! Ta marche, ce n'est rien de spécial! » Ses mots résonnent dans ma tête et n'ont rien pour me remonter le moral d'autant plus que je les sens cruellement vrais.

La journée passe et je n'ai toujours pas de halte pour ce soir. Facebook, viens à mon secours! Je croyais que je recevrais des invitations, que ça se ferait tout seul. Me voilà désillusionnée. La pensée magique ne fonctionne pas. L'inconfort est grand, celui de DEMANDER. Oui, c'est ça. Je réalise l'ampleur du courage dont j'aurai besoin pour demander à des gens inconnus de bien vouloir m'héberger. Quotidiennement.

Quelle idée folle j'ai eue!

Lorsque je pars à l'aventure, je suis en amour avec une idée et je ne m'enfarge pas dans les fleurs du tapis[14]. J'ai confiance que les choses se régleront au fur et à mesure. Je suis capable d'en faire abstraction. Je m'y prépare mais plutôt globalement, sans entrer trop dans les détails. Ma foi, ou est-ce la pensée magique aidant, je me dis que les choses vont s'arranger - comme l'été dernier lors de mon voyage éclair à Paris - et, effectivement, tout s'arrange habituellement. Ma façon de fonctionner horripile les personnes méticuleuses, structurées et prévoyantes, celles qui planifient des semaines à l'avance. Je les rends fous avec ma méthode approximative. L'inverse est tout aussi vrai.

---

[14] S'enfarger dans les fleurs du tapis, en québécois : s'arrêter à des détails

Cet après-midi, j'avoue que je suis dans de tout petits souliers. Aurais-je dû être plus prévoyante et fonctionner avec un itinéraire préétabli? En même temps, comment savoir où je vais être demain? Je ne fais pas un voyage organisé! Mon choix est d'avancer spontanément selon mon *feeling* et les opportunités du moment. L'inconfort qui me paralyse à ce moment-ci est peut-être le prix à payer.

Le soleil commence déjà à baisser lorsque je pense à une collègue coach. Giselle habite tout juste à quelques kilomètres d'ici. Ce n'est plus le temps d'hésiter. Hélène m'aide à formuler ma demande et je pratique l'appel avec elle, comme un petit enfant qu'on aide à faire ses devoirs. Giselle répond favorablement. Sauvée par la cloche, pour ce soir du moins. Je vis un intense soulagement, comme après un choc. Car oui, c'en était un. Le choc de la réalité.

Ces premiers jours, j'ai pu apprivoiser les éléments de la marche et mon nouveau rôle de pèlerine. Je réalise que ce n'était pas si important comparé à ce qui m'attend. À partir de maintenant, mon périple me montre son vrai visage et je le trouve un peu rude.

Je viens de faire un deuxième saut de l'ange!

6 avril

Il est sept heures du matin et je quitte Giselle qui m'a si gentiment ouvert la porte hier. Elle me met tout aussi gentiment à la porte parce qu'elle part pour le travail. Me voici avec mon sac sur le dos et les bâtons de marche en mains, prête à poursuivre ma route dans cette matinée givrée. Non, ce n'est pas vrai, je ne suis pas prête du tout! J'aurais aimé prendre mon temps, un deuxième café, une deuxième bouchée, et écrire. Mais je n'ai pas osé le demander, espérant secrètement que Giselle devine mon besoin. Ha, on souffre à la grandeur de son orgueil!

J'ai beau avoir des vêtements techniques performants, ils ne sont pas faits pour ces températures sous zéro. Alors vite, réchauffons-nous. Un pied devant l'autre et voilà que la machine est repartie.

À gauche et à droite, des vergers et la vue sur la plaine du Saint-Laurent avec les quelques monts au dos arrondi de la Montérégie. Ce sont mes montagnes d'entraînement, mais, aujourd'hui, je les évite sans même me questionner alors qu'habituellement, je fais des détours pour aller à leur rencontre. Je dois avoir gravi le mont Saint-Hilaire mille fois. Aujourd'hui, il n'en est pas question. Je protège ma santé et plus particulièrement mon genou.

Marcher sur le plat me demande beaucoup d'énergie, presque autant que de me promener dans un centre commercial. Depuis mon départ, les dénivellations sont rares. La plaine du Saint-Laurent ne porte pas son nom pour rien. La route est balayée par le vent et le froid me traverse de bord en bord.

Voici enfin la campagne que j'aime tant et le soleil qui brille! Un détour me fait traverser le prochain village, où je déniche un café, exactement comme j'en rêvais ce matin. Quelle belle découverte, ce lieu sympa, moderne et accueillant dans un tout petit village. La jeune propriétaire me semble bien timide. Il n'y a qu'un seul client et, pour encourager l'entreprise, je commande un déjeuner. Après mon combat contre ce froid de canard, il ne sera pas de trop. Me déposer, lire, écrire, je suis aux anges et j'en profite pour sortir de mon sac ce qui me reste de vêtements chauds.

Avant de partir, je suggère à la jeune femme quelques idées pour donner davantage de visibilité à son commerce. Plus facile d'aider les autres que soi-même, madame la cordonnière mal chaussée! Je me croise les doigts pour que ce mignon café survive au démarrage et à la timidité de sa propriétaire. (J'apprendrai plus tard qu'il aura fermé définitivement, quel dommage).

Le vent s'engouffre encore plus vigoureusement dans la vallée et me fouette le visage. Il ajoute cruellement son facteur de refroidissement et expose sans pitié la nouvelle marcheuse que je suis. Oui, la campagne est belle mais marcher le long d'une interminable route étroite n'est pas ce qu'il y a de plus bucolique, surtout quand je croise des camions qui circulent à toute vitesse. Je crains de perdre pied, tellement la poussée d'air à leur passage me déstabilise. Le café fait son œuvre diurétique mais il n'y a aucun arbre, buisson ou bâtiment qui permettrait de me soulager discrètement. Je suis exposée. Tant pis je ferai comme les hommes.

C'est la deuxième journée où je parcours une distance supérieure à vingt kilomètres et mon corps se rebiffe toujours. Arrivé au prochain village, il a eu sa dose et j'entends le cri de sa limite. Ma prochaine halte sera ici même si je n'ai pas encore d'hébergement. Une première confrontation à une réalité, qui me suivra tout au long du périple, est d'arriver fatiguée dans un village après une journée de marche sans avoir de gîte en perspective. C'est encore plus difficile que le jour où j'ai atterri chez Hélène, où j'avais toute une journée pour en trouver un.

Comme on est encore en début d'après-midi, rien ne presse. J'ai besoin de réchauffer mon corps. Mon choix s'arrête au resto-boulangerie nommé « Au repaire de Jean ». J'adoooore les boulangeries et ce nom ajoute encore au charme. L'odeur qui se dégage quand j'ouvre la porte attise mon appétit. Je m'assois, mon corps tout raidi, et commande à dîner[15]. Giselle m'envoie

---

[15]Dîner, au Québec : Déjeuner

un texto pour savoir si j'ai trouvé un gîte pour ce soir. Non, rien encore. Jusqu'à présent je n'ai pas fait autre chose que de marcher et manger. Je suis vraiment crevée et j'ai la nette impression d'être cimentée à cette chaise.

Giselle lance un nouvel appel d'aide à son réseau, comme elle l'a déjà fait hier soir. Son coup de pouce bienveillant me touche beaucoup et je l'accepte avec gratitude et humilité. Je réalise encore une fois l'importance des autres pour relever mon beau défi basé sur l'entraide et le partage. L'individualiste en moi n'a qu'à bien se tenir.

Une autre personne entre en contact avec moi via ma page Facebook. Elle s'appelle Julie, une journaliste-blogueuse-voyageuse qui aime mon projet. Sans me connaître, elle interpelle son réseau pour m'aider à trouver un gîte. J'ai dorénavant deux femmes qui me soutiennent à distance, qui font équipe avec moi. Wow, que c'est formidable!

Le temps passe. J'aimerais juste pouvoir m'allonger et me reposer. Si j'ajoute des kilomètres, mon corps va souffrir mais je ne peux pas rester dans l'inaction et décide de quitter la boulangerie. Je me dirige vers l'Hôtel de Ville, situé à l'entrée du village. Fermé. Un employé de la Ville me conseille de poursuivre mon chemin vers la prochaine petite ville, à dix kilomètres. Il n'en est pas question!!!

Je m'arrête, réfléchis et demande à être inspirée. Quelles sont les ressources sur lesquelles je peux m'appuyer? Je me mets en mode écoute intérieure. Le nom de la boulangerie me revient. « Au repaire de Jean ». Et là ça fait clic, je décide que Jean sait où trouver. Jean[16] était le nom de mon père. D'où il est maintenant, il sait que je cherche un toit. Un regain d'énergie me traverse. Je retourne à la boulangerie et explique mon besoin à la jeune

[16] Jean = Hans en allemand

serveuse. Elle ne peut pas m'aider. Déçue, je poursuis mon chemin vers l'autre extrémité du village. La bibliothèque : fermée. L'église et le presbytère : fermés. Je poursuis jusqu'à la Caisse Desjardins, à l'autre bout du village, qui, ô miracle, est ouverte.

J'expose mon projet à l'employée au guichet. Habillée de son kit de « madame de bureau d'âge mûr avec bijoux assortis », elle jette un regard oblique sur ma présentation qui jure avec la sienne. Elle finit toutefois par m'offrir un café, non sans souligner que la caisse ferme à seize heures. Il me reste quarante-cinq minutes.

Elle me suggère d'aller dormir à l'Abbaye du village, située à deux kilomètres. Ce n'est pas l'idée première de mon périple mais il commence à neiger et je veux faire preuve de prudence. J'appelle. Il reste de la place mais je dois réserver pour deux nuits, ce qui me déplaît mais, comme je n'ai plus tellement le choix, je me fais à l'idée qu'un arrêt en silence me fera du bien.

Je reste cependant ouverte à une autre solution jusqu'à la dernière seconde. D'habitude, l'univers ne nous envoie pas ses livraisons d'avance. Il opère davantage selon le modèle *Juste à temps*. C'est le modèle de la cocréation qui demande une bonne dose de foi et d'abandon à la vie.

En marchant sur la rue principale, j'ai aperçu l'affiche artisanale d'une galerie d'art et je décide d'appeler pour demander une visite. Je laisse un message sur le répondeur.

À seize heures, je me dirige vers le guichet automatique afin de retirer l'argent nécessaire pour l'hébergement à l'Abbaye. Pendant la transaction, le téléphone sonne et je retire spontanément la carte de la machine. C'est la dame de la galerie. Elle est prête à me la faire visiter « exceptionnellement » puisqu'elle demande d'ordinaire un avis d'une journée. Je quitte la caisse dans la neige folle.

La peintre est une dame septuagénaire très en forme et vive d'esprit, et mon intuition me dit que c'est chez-elle que je vais passer ma nuit. Elle me tient un discours contre les hommes et contre la société en général. Elle m'explique ses peintures, des corps de femmes, et m'interdit de les prendre en photo. Elle ne veut pas non plus les mettre sur les réseaux sociaux puisqu'elles s'adressent uniquement aux femmes. D'accord. Elle poursuit son discours contre la suprématie masculine. Le terrain est miné et je n'ai pas l'intention d'argumenter avec elle, d'autant plus qu'elle a la gentillesse de me dépanner en m'offrant le gîte.

Elle me confie son orientation sexuelle et son manque de contact. Je suis sur mes gardes, je n'ai aucune intention de payer en nature. Je passe une petite nuit courte dans un environnement qui sollicite toute ma capacité d'adaptation.

7 avril

Mon hôtesse m'invite à partager le déjeuner avec elle, repas qui me surprend par sa fraîcheur, ses ingrédients santé et ses couleurs vives dans cette maison sombre. Elle continue son argumentaire contre les hommes, l'inégalité des sexes et la société patriarcale en général. Elle ajoute qu'il n'y a personne dans ce foutu village pour échanger comme elle l'entend. Ce qui ne me surprend pas. J'ai moi-même juste envie de prendre les jambes à mon cou.

Avant de partir, elle me demande l'autorisation de me peindre au retour de mon périple. « Le visage seulement », spécifie-t-elle. La voilà, la question que je craignais dans sa version « intégrale ». Ma réponse est évasive. J'ai un sentiment agaçant d'avoir maintenant une dette envers elle. Je n'arrive pas à dire un vrai NON.

Une belle couche de neige est tombée dans la nuit. Mon hôtesse essaie de me retenir par tous les moyens. Elle s'offre même à me conduire en voiture à ma prochaine destination. Je n'ai pas encore de prochaine destination, mais même si j'en avais une, il n'en serait pas question. Je veux juste partir au plus vite!

Je me sauve en direction de la bibliothèque pour faire une vidéo live sur Facebook. Je suis tellement pressée que j'oublie les bâtons de marche chez la peintre et je dois revenir sur mes pas. Je respire à nouveau lorsque je passe enfin le seuil de la bibliothèque. Un couple très gentil m'accueille au comptoir. Dans le calme de ce lieu, je peux commencer à me détendre et me ressourcer jusqu'à sa fermeture.

À la sortie du bâtiment, j'oublie mes bâtons pour une deuxième fois. Le préposé de la bibliothèque me court après et me les tend à bout de bras. Sa femme suit en voiture et les deux m'invitent à un « tour de machine[17] » le long d'une route panoramique. La région est vraiment magnifique, avec ses vergers et ses vallons.

Nous réalisons rapidement que nous avons des intérêts en commun. Nous avons suivi une même formation et partageons plusieurs connaissances. Le monde est petit. Ils me laissent avec une invitation d'hébergement lors de mon prochain passage dans la région. J'accepte avec plaisir. Quel baume sur mon cœur quelque peu malmené. Ahhh! Si seulement j'avais pu les rencontrer hier!

C'est avec bonheur que je reprends mon périple, en route vers une personne référée par Giselle. Je me félicite d'avoir pris mon courage à deux mains et lui avoir demandé directement. Je reçois

[17] Tour de machine, ancien, au Québec : Promenade en voiture

sa réponse positive comme une récompense. Orgueil et pèlerinage ne font pas bon ménage. Mes collaboratrices n'ont pas réussi à me dénicher une halte hier mais leurs efforts portent fruit ce soir. Merci les *girls*!

Ouf, je l'ai échappé belle. Je n'oublierai pas cette expérience. Elle garnira mon dossier « Futures Anecdotes » avec d'autres aventures rocambolesques.

Pendant que je marche, je réfléchis à ce qui vient de se passer. La digestion s'annonce quelque peu laborieuse. Je veux en finir avec la crainte de ne pas donner assez en retour du gîte. Je n'ai cependant pas besoin non plus de m'exposer à des situations déplaisantes comme je viens de vivre. Un vague sentiment de lâcheté m'habite. Où est la limite de l'acceptable? Je respire profondément. J'ai choisi l'aventure? Me voilà bien servie. Je ne veux pas d'un voyage organisé ni de garanties (carrément contradictoire avec l'aventure)? Alors j'assume mes choix et décisions!

Ma motivation et mon enthousiasme s'en sortent heureusement indemnes et je mérite une tape sur l'épaule.

Un échange téléphonique avec Maryse me fait le plus grand bien et ma bonne humeur revient. Arrivée au fin fond d'un village en Montérégie, je sonne à la porte d'une véritable petite maison dans la prairie, chez Ginette, une amie proche de Giselle. La dame est toute aussi accueillante que sa maison et je m'y sens tout de suite bien.

Ginette a les gestes d'une bonne maman. Elle s'affaire dans la cuisine pendant que je me repose dans le grand fauteuil moelleux au milieu de la pièce qu'elle m'a assignée. Je m'y enfonce littéralement et ne bouge plus du tout. Je me sais entre bonnes mains. Son conjoint, Gérard, arrive un peu plus tard. Il s'installe dans la petite chaise berçante en bois, bien étroite pour son corps massif, et se donne des élans vigoureux au point que j'ai peur qu'il parte à la renverse. Pas très jasant, le monsieur, et pas du tout souriant.

Après le souper[18], je comprends : j'étais dans SON fauteuil! Il ne le lâchera plus de la soirée ni le lendemain. Le voilà de bonne humeur.

Gérard me raconte comment il fait son propre sirop d'érable, avec les érables dans sa cour[19], et la cuisson dans son cabanon. Il possédait jadis le garage juste à côté qu'il a ensuite vendu. Il y bâtissait des voitures de course pour amateurs et c'est ce qui a fait vivre toute sa famille. Je n'en reviens pas.

Dans la soirée, Ginette insiste pour m'installer un cataplasme afin de soulager mon bas du dos brûlant. J'ai connu cette pratique traditionnelle dans mon cours d'infirmière en Suisse mais je n'en ai jamais installé moi-même. Un peu gênée, j'accepte ses petits soins. Dans la salle de bains, j'aperçois un exemplaire du livre *Un cours en miracles*, un enseignement psycho-spirituel qui m'a accompagnée pendant des années. Belle surprise! Sa présence me rapproche encore davantage de mon hôtesse.

8 avril

Même si je n'ai pas encore de place pour dormir ce soir, je pars en après-midi en direction du village voisin, au pied du mont Yamaska. Ginette et Gérard m'accompagnent au début. Gérard me propose de venir me chercher à mon point d'arrivée si je ne trouve pas d'hébergement. Il me ramènera demain à la même place pour que je puisse poursuivre mon chemin. Que c'est gentil!

---

[18]Souper, au Québec : Dîner

[19] Cour, au Québec : jardin situé en arrière de la maison

Mes bottines font leur journée de marche. Je suis fascinée par les envolées de bernaches, leurs chants et leurs formations toujours renouvelées en « Y ». Quelques solitaires se déplacent près de la volée. À un moment donné, elles se rapprochent, synchronisent leurs battements d'ailes et s'intègrent dans la formation. C'est ce que je fais quand je me présente devant une maison encore inconnue. Dans ma vie, j'ai le désir de m'intégrer davantage dans des groupes tout en restant libre de faire des envolées en solitaire.

J'ai froid, j'ai faim et il commence à neiger. Quel mois d'avril maussade! Sans me poser de questions, je poursuis la route le long de la rivière plutôt que de dévier vers un rang[20] menant à travers les champs. Marche, marche, marche, il me semble que le chemin s'étire sans fin. J'espère trouver un restaurant ouvert au prochain village. J'ai besoin de me réchauffer et de me sustenter, ça presse! Heureusement, ma visualisation se manifeste. Un resto ouvert est une bénédiction en ce temps de l'année. Le cuisinier me sert une poutine[21] bien graisseuse et un café. Je comprends pourquoi nos ancêtres mangeaient gras. C'est un besoin pour que notre corps puisse affronter le froid. Mon esprit et mon corps se dégèlent tranquillement.

Vive le confort et la vie facile! J'accepte l'offre de Ginette et Gérard de venir me chercher pour une deuxième nuit chez eux.

9 avril

Je me sens si bien chez eux. J'écris spontanément un message dans le groupe de l'AZ à propos de mon aventure. Depuis mon voyage-surprise à la convention de Paris en juillet dernier, je n'ai plus participé aux échanges. Plus je progresse dans mon

[20]Rang, au Québec : chemin de campagne, agricole souvent

[21]Poutine, au Québec : plat composé de frites, de fromage et de sauce brune

pèlerinage et plus je me sens investie d'une mission, celle d'encourager les gens à suivre leur chemin unique plutôt que de suivre celui tout tracé d'un guide ou d'un mentor. À peine ai-je pesé sur « partager » que des réponses commencent à entrer. Les gens reçoivent mon message avec enthousiasme, se disent inspirés et m'encouragent. Mon cœur chante et je me sens habitée d'un formidable élan. Que je suis privilégiée de me faire du bien avec ce périple, tout en faisant du bien à d'autres!

Le départ numéro deux de chez Ginette et Gérard est réussi. Gérard me touche avec son message d'adieu : « J'ai aimé te rencontrer! », et que dire de Ginette qui m'encouragera durant tout mon trajet avec ses messages courts, drôles et sages.

Après une trotte d'une vingtaine de kilomètres dans des sentiers en partie couverts de neige, je suis accueillie par un autre couple. Nancy et moi nous connaissons depuis nos quatorze ans. J'étais alors en apprentissage intensif de la langue française - ma langue de cœur - dans un lycée en Suisse. Comme je trépignais d'impatience pour avancer plus rapidement, j'avais fait appel à un organisme mettant les jeunes en relation pour des échanges par correspondance. De vraies lettres manuscrites, écrites sur du papier bleu ultraléger et envoyées par avion. C'est ainsi que j'ai été mise en contact avec cette grande fille de Barraute en Abitibi, dans le nord-ouest du Québec, à sept heures de route de Montréal. J'ai passé tellement de temps à écrire ces lettres avec le dictionnaire à côté de moi! Nous avons même enregistré nos messages sur des cassettes. Je peinais à comprendre son accent québécois ce qui rendait notre contact encore plus exotique. Nous avons échangé pendant plusieurs années avant de nous perdre de vue.

Elle m'a écrit à l'adresse de mes parents il y a une quinzaine d'années. Elle ne pouvait se douter qu'entretemps j'étais venue m'installer dans son pays. Vive les hasards heureux.

Nancy est avec Jean-François depuis très longtemps, un bon vivant toujours prêt à faire des taquineries. Nous ne nous sommes pas rencontrés souvent mais, depuis qu'ils résident « dans le sud », à Granby, ils sont devenus tout d'un coup accessibles. Ils vivent une vie calme et confortable dans une certaine lenteur. J'ai beaucoup à apprendre d'eux, un peu plus de calme me ferait du bien. J'admire les couples qui durent et qui cheminent ensemble dans le plaisir.

Ils m'offrent un traitement royal. Ils me cèdent leur lit *king*[22] et s'ouvrent un lit escamotable dans le salon. Nancy, qui est mon opposée aux niveaux tempérament et style de vie, est une organisatrice-née. Elle me « prend en main » et je me laisse faire. Elle me « force » notamment à rester une deuxième journée chez eux afin de prendre une pause de la marche et ce, pour mon plus grand bien. Elle passe à l'Office du tourisme et m'organise une carte de cycliste mieux adaptée à ma réalité de marcheuse qu'une carte routière. Nous avons beaucoup de plaisir ensemble.

11 avril

Après le déjeuner les deux m'accompagnent en voiture jusqu'au départ de la piste cyclable l'Estriade au lac Boivin. C'est avec un petit pincement au cœur que je leur fais mes adieux.

Je commence à marcher le long du lac encore en grande partie gelé. Les oiseaux migrateurs offrent un spectacle visuel fascinant, ponctué par leurs chants si particuliers formant un vrai orchestre. Mon chemin continue ensuite sur la piste cyclable encore enneigée en direction de Waterloo. Je marche sur le plat et les bornes indicatrices du kilométrage à tous les cinq cent mètres me donnent l'impression d'un chemin sans fin. Heureusement que la température est assez clémente pour que

---

[22] Lit *king* = très grand lit

je puisse casser la croûte, bien assise sur un banc, entourée d'arbres, sans me geler. C'est une première, enfin!

Josée, une dame que je connais par Facebook, m'offre sa chambre dans la maison où elle cohabite avec plusieurs autres personnes alors qu'elle séjourne à Montréal. Je me suis rappelée de son offre au milieu de la nuit passée alors que je tournais et retournais dans le grand lit de Nancy et Jean-Pierre, me demandant où j'allais dormir la nuit prochaine. Un coup de fil et le tout est organisé. L'insomnie aura servi à quelque chose!

C'est la première fois que je visite une place où l'hôtesse n'est pas sur les lieux et ça me fait un peu bizarre.

La destination se trouve aux abords de la ville de Shefford, dans une maison originale entourée d'un étang. Je suis accueillie, sur une terrasse encombrée d'articles, par Sylvain qui vit dans sa roulotte à côté de la maison. Guide-accompagnateur dans le passé, entre autres pour Vélo Québec, il s'est exilé à Banff pendant de longues années et a fait sa vie là-bas. Il est revenu au Québec depuis un an et a essayé de reprendre racine, sans succès. Il entreprendra la route de retour vers l'ouest sous peu. Il est en train de trier son matériel et se prépare pour le grand départ. Nous discutons d'une autre façon de vivre, de simplicité volontaire, de suivre son élan... Il me montre la chambre de Josée qui sera la mienne pour cette nuit.

Je réalise que je n'ai rien à manger pour ce soir et demain matin. Ce sont habituellement mes hôtes qui s'en occupent mais, en l'absence de Josée, je dois m'organiser autrement. L'épicerie est à 30 minutes de marche selon Sylvain, et encore, il a de plus longues jambes et est probablement une meilleure forme que moi. J'aime mieux me passer de nourriture que d'ajouter une heure de marche à ma journée. C'est alors que Sylvain m'offre généreusement de partager sa pizza avec moi. Son geste généreux me touche et j'accepte un morceau avec gratitude et une petite gêne.

L'après-midi est encore jeune et mon corps réclame une sieste. Le chat de Josée se joint à moi. Après un petit somme, je descends ravigotée dans la grande aire ouverte du rez-de-chaussée. Pierre, un monsieur d'âge mûr et bien sympathique, m'accueille et m'offre tout de suite de partager sa nourriture avec moi. Sylvain doit lui avoir parlé de ma situation. Il est végétarien depuis toujours et travaille dans la domaine de la construction avec Martin, le propriétaire de la maison. Ce dernier arrive plus tard et l'atmosphère change immédiatement. La télé est allumée et les échanges s'arrêtent. Je me retire tôt dans la chambre et contre toute attente, je dors très bien.

12 avril

J'attends le départ des hommes pour le travail avant de descendre et de me concocter un déjeuner frugal avec ce que Pierre a gentiment mis à ma disposition la veille. Un mal de tête m'incommode et j'espère qu'il se résorbera rapidement.

J'ai un dernier échange avec Michel, qui loue une chambre au sous-sol. La vie semble avoir joué dur avec lui. Il me raconte qu'après avoir connu du succès avec sa compagnie, il a tout perdu, incluant son mariage et sa santé. Il n'a pas réussi à se replacer professionnellement vu son âge avancé et trouve sa vie bien difficile. Un handicap au visage l'empêche de parler et de manger normalement. Que puis-je faire d'autre que de l'écouter? Je me sens bien impuissante et ne peux que lui envoyer de bonnes ondes.

Il est encore tôt. La maison est agréable mais je ne m'y sens pourtant pas très bien et j'ai hâte de partir. J'essaie de retracer Sylvain pour le saluer mais il est introuvable. Josée m'a appelé plus tôt pour s'informer de mon séjour. Elle connaît ses hommes. Encore une fois, sa légèreté et sa gentillesse me touchent. Elle vit en cohabitation depuis son âge adulte et ce choix de vie m'intrigue.

Mes bottines entreprennent les kilomètres qui me séparent de l'épicerie. J'ai découvert les emplacement des restos des grandes bannières, souvent bien situés dans des aires ouvertes agréables et quasi désertes et, détail important, pourvus d'un accès Wi-Fi. J'ai besoin d'un café pour soulager mon mal de tête et de quelque chose à manger. C'est ma façon de me réconforter et de me donner un moment de réflexion et d'écriture.

Je ne suis pas encore arrivée à destination que mon cellulaire sonne. C'est Annie, une référence d'une référence de Julie. Merveilleux, le réseau de bouche à oreille fonctionne! Elle m'invite chez elle et je suis quitte pour une surprise : elle habite juste en face de la maison que je viens de quitter. Je sens tant de chaleur dans sa voix que j'accepte son invitation spontanément. Vive la souplesse, les occasions et le *carpe diem*. Je lâche prise et permets au trajet de se dessiner par lui-même, même en zigzag.

Mon énergie fait un bond joyeux. J'irai à sa rencontre plus tard dans l'après-midi. Entretemps, je contacte une amie d'ici. Marie et moi nous sommes perdues de vue depuis quelques années. Elle est disponible et me propose une rencontre dans le resto végane Gaïa. En chemin, je m'arrête à l'église pour le temps d'une méditation. J'ai tellement de gratitude pour tout ce que la vie m'offre.

Marie et moi reprenons contact et nous mettons à jour dans nos vies. Je commande un casse-grippe, question de régler mon mal de tête. Il consiste en une gorgée de jus de citron mélangée à du jus de gingembre pur et du poivre de Cayenne. Il agit en tonnerre! La serveuse me montre comment arrêter la brûlure provoquée par la mixture par un soupçon de miel. C'est une vraie cure de cheval.

Le conjoint de Marie, Daniel, arrive plus tard. Il a perdu toute sa bedaine, wow, tout un changement! Selon lui, je n'aurai plus de bedaine non plus si je continue à marcher de la sorte et je veux bien le croire. Ils sont toujours heureux ensemble. À la retraite depuis quelques années, ils sont tombés en amour avec l'Italie et apprennent maintenant la langue de ce pays. Marie a repris le ski alpin. Daniel a décidé de se mettre à ce sport à soixante ans et est maintenant capable de la suivre. Je les trouve vraiment inspirants.

Je pars du village en direction de la maison d'Annie, mon hôtesse de ce soir. Une jeune fille blonde accourt vers moi, toute souriante, et me dit que c'est chez eux que je vais être hébergée. Elle pointe une voiture stationnée devant l'épicerie. C'est celle de sa mère, Annie. Je m'approche et nous faisons joyeusement connaissance. Elles m'invitent à rentrer chez elles en voiture mais je préfère marcher les quelques kilomètres.

De retour sur le même chemin que la veille – quelle coïncidence! - j'arrive devant une magnifique maison retirée du chemin et offrant une vue imprenable. Elle est toute proche de mon dernier gîte et en même temps complètement dans un autre monde. Annie y vit seule avec sa fille Delphine à qui elle fait l'école à la maison. Elles voyagent beaucoup et reviennent tout juste du Costa Rica.

En déposant mon sac, je lui mentionne un mal de dos. Sans hésiter, elle impose sa main sur la région douloureuse et, en évoquant Jésus, elle ordonne à la douleur de partir. Je suis stupéfaite. Elle fera le même processus plus tard avec mon genou douloureux. De façon générale, je crois à la possibilité de guérison et une partie de moi veut vraiment croire que la magie opèrera malgré mon malaise. On verra le résultat.

Annie est une très belle femme et la maison est une vraie oasis de beauté. Quelques personnes viennent souper. Marie-France est une orthophoniste de formation et son fils de quatorze ans n'a jamais fréquenté l'école. Elle connaît très bien le système d'éducation du Québec et a choisi d'épargner l'expérience à son fils. Elle est maman à temps plein, fait du bénévolat et voyage beaucoup avec lui, comme Annie le fait avec sa fille. Une longue randonnée en vélo est au programme très prochainement.

Je suis admirative des gens qui choisissent des voies alternatives et les assument jusqu'au bout. On peut être en accord avec leur approche ou pas, faire l'école à la maison à mon fils m'aurait demandé un niveau d'engagement et de patience que je n'ai pas. Marie-France expose ses arguments pour expliquer son choix avec beaucoup de verve.

Suzanne est très discrète jusqu'à maintenant. Elle a été touchée par la foi comme Annie et, dès qu'elle témoigne de son expérience, ses yeux s'illuminent et elle se transforme sous mes yeux pour devenir une nouvelle personne remplie de passion.

C'est une plongée dans un autre monde!

13 avril

Annie me questionne sur mes croyances. Elle me reprend sur tout ce que je dis. Je connais ce discours fondamentaliste de ma sœur. Pour les disciples, il existe une seule et unique façon de vivre la foi et c'est la leur alors que, pour moi, la spiritualité se vit hors de toute doctrine, religion ou dogme. À leurs yeux, je vis dans l'enfer et le péché. Leur religion juge et désapprouve toute différence et remplace le libre-arbitre par une obéissance stricte à des règles toutes aussi strictes. Tous des éléments qui me font habituellement fuir.

Je me sens prise dans cette atmosphère devenue chargée. D'un côté, je me sens bien chez eux et j'ai de la sympathie pour ces deux personnes mais, de l'autre, le terrain miné des croyances interfère continuellement et rend l'échange presque impossible.

Annie a trouvé son salut dans cette façon de vivre. Son témoignage, par ailleurs très touchant, montre son chemin parcouru alors que sa vie ne tenait plus qu'à un fil. Son père est décédé et elle a hérité. Grâce à son indépendance financière, elle a pu se faire construire cette maison somptueuse. Son aisance matérielle ne l'a pas empêchée de sombrer dans la dépression et d'avoir des idées suicidaires. Sa foi l'a sauvée. Je reconnais sa bonté et sa beauté. Son engagement à évangéliser et à vouloir être un outil de guérison pour, ultimement, amener les gens à la foi est entier. Elle ne donne pas dans les demi-mesures et, à ce niveau, elle m'inspire. C'est juste malheureux que ce discours prenne toute la place et veuille s'imposer aux gens qu'elle fréquente.

Delphine, sa fille, adore expérimenter dans la cuisine et nous fabriquons des tresses, ce pain du dimanche typiquement suisse. Quel agréable sentiment d'être en présence de cette belle jeune fille qui affiche la sagesse étonnante d'une vieille âme.

J'ai une longue marche devant moi. Annie m'a prodigué des soins guérisseurs au genou et je suis maintenant comme une neuve. Elle me tend une feuille avec les indications vers Lac-Brome. Ce soir, je connaîtrai enfin cette fameuse Julie qui m'aide depuis les débuts de mon périple.

Le paysage est magnifique et c'est avec joie que je marche pour la première fois dans un paysage vallonné et sur un chemin en terre battue. Marcher sur le plat et sur l'asphalte m'ont toujours beaucoup fatiguée. Montagnes, vues panoramiques, chemins secondaires champêtres, c'est la première journée où tous ces éléments réjouissants sont réunis et je sens mon énergie monter instantanément. Je contourne le Mont Bromont d'un pas alerte. Pour mon dîner, Annie m'a emballé le reste du clafoutis d'hier soir et je le savoure assise au pied d'un arbre sans porter attention au froid. Juste le mot « clafoutis » me fait saliver. En manger est un vrai délice des Dieux. Oh ! Je ne prononcerais pas ces mots devant Annie, elle me reprendrait tout de suite!

Parfois, la vie est magique de par sa simplicité.

J'arrive à Lac-Brome. Le trajet s'étire le long de la route et les derniers kilomètres sur l'asphalte mettent mon corps à rude épreuve. Par inattention, je me trompe de chemin et m'ajoute plusieurs kilomètres. Je finis par arriver au parc de l'Académie où Julie m'a donné rendez-vous. Elle m'accueille avec de beaux yeux bleus comme des lacs de montagnes et me guide vers une vieille maison où m'attend un chien très enthousiaste et des piles de livres partout.

Julie a des tonnes d'histoires à raconter. Elle est curieuse de tout, s'implique en tout, connaît tout le monde et connecte les gens entre eux. On lui a accolé le nom de *WikiJu*. Elle m'assigne une petite chambre rustique et me fait couler un bain chaud au sel d'Epsom. Quelle jouissance pour mon corps endolori et quel plaisir de connaître cette femme! En tant que voyageuse professionnelle et grande sportive, elle a bien sûr déjà arpenté mon pays d'origine, la Suisse.

Je bois beaucoup de tisane en soirée pour m'hydrater en espérant ne pas avoir à me lever pendant la nuit. Le sommeil entrecoupé hypothèque toujours ma vitalité du lendemain. L'hygiène de vie est importante sur mon périple. Une bonne nuit est une ressource nécessaire.

14 avril

Comme la maison est encore endormie, je profite pour rattraper le retard dans mon journal. Le garder à jour représente un beau défi. Je manque parfois de temps, ou d'énergie, ou des deux, mais je tiens à conserver une trace de mes aventures. Julie a organisé un brunch. On se met à deux pour les préparatifs. Elle adore cuisiner et prépare des délices. Son omelette hollandaise est en train de prendre un volume spectaculaire dans le four.

J'ai juste le temps de faire ma vidéo hebdomadaire avant que les invités arrivent. Je sens ma joie traverser l'écran de Facebook. Je fais connaissance avec des personnes intéressantes autour d'une belle tablée généreusement garnie. Nous mangeons comme des rois et reines. La gourmande en moi regrette de ne pouvoir goûter à tout. De belles connexions s'établissent avec deux collègues coach, Martine et Luc, et avec Linda, une journaliste amie de Julie. Cette dernière nous raconte mille histoires et, grâce à son don de rassembleuse et son sens de l'entraide, elle m'a organisé les dodos pour les trois prochaines nuits. Mon sac à dos bénéficie lui aussi un traitement de faveur : Luc le transportera en voiture vers ma prochaine destination.

Il y a un BUZZ à Lac-Brome! Ça vibre fort dans mon cœur!

Martine, son chien Bobby et moi partons à pied en direction de chez elle. C'est une bonne marche de digestion dans les hauteurs du lac Brome où sont nichés de grands domaines. J'admire la vue magnifique et me permets de rêver d'habiter une telle place. On me raconte que plusieurs de ces domaines sont presque abandonnés car trop onéreux à entretenir et leurs propriétaires vieillissants. Il me semble qu'il devrait y avoir une petite place pour moi.

Martine et Luc ont une belle maison avec vue sur le lac. Tout est soigné, beau et calme. J'ai une chambre de charme et du temps pour me reposer. Mine de rien, faire de nouvelles connaissances sans interruption demande de l'énergie, d'autant plus que la fête continue.

Luc s'active aux fourneaux. Au menu : du canard du lac Brome. Je l'observe, assise au comptoir, un verre de vin à la main. Martine passe derrière moi et, d'un geste délicat, pose une cape rouge autour de mes épaules frissonnantes. Elle me prend en photo et je vois alors une DAME, oui, oui, avec beaucoup de style! Ce que l'ajout d'un seul morceau de vêtement peut changer au look d'une pèlerine!

Les deux suivent la diète cétogène. Luc a déjà perdu beaucoup de poids. Je fais une expérience très gourmande et appétissante alors que je croyais cette diète plutôt terne et tristounette. Je l'ai connue durant mes études d'infirmières. Elle était prescrite initialement aux malades souffrants d'épilepsie pour les aider à contrôler leurs crises, forçant le corps à brûler des gras comme source d'énergie et non du glucose. On maigrit en mangeant abondamment des protéines, du gras et des légumes. Le *kéto,* comme on l'appelle communément, fait fureur dans l'industrie lucrative de l'amaigrissement depuis quelques années malgré son côté très restrictif. Je me réjouis de me prêter à l'exercice et de déguster le repas de Luc. Cette expérience gustative basée sur le gras remet complètement à l'envers mes habitudes et principes alimentaires.

Mon Dieu que je savoure d'être gâtée de la sorte! Vive les connexions, vive le partage avec des gens inspirants et généreux, vive les festins et vive la belle vie! Gratitude, gratitude, gratitude.

15 avril

Ce matin, un brunch du dimanche est prévu avec plusieurs invités. L'une d'entre eux, Simone, s'avère être la cousine de mon amie Élise. Que le monde est petit! Elle se propose de m'héberger après mon séjour à Lac-Brome. C'est noté dans mon carnet! Luc a repris son poste devant les fourneaux. Il prépare des bagels à la farine d'amande.

Nous mangeons de nouveau comme des rois et reines. Je soupçonne la passion de cuisiner de Luc responsable de ces repas si réjouissants. Je ne suis cependant pas certaine que manger *kéto* soit si agréable pour tout le monde. Avis aux dents sucrées dont je suis!

Luc me rappelle la pratique hawaïenne du pardon, *Ho'oponopono.* Comme pour bien d'autres approches que j'ai apprises dans les nombreux ateliers que j'ai suivis, celle-ci est entrée un peu dans l'oubli. Luc s'en sert avec rigueur pour déprogrammer les *patterns* de souffrances dès qu'ils se pointent. « Je suis désolée, s'il-te-plaît pardonne-moi, merci, je t'aime ». Je me promets de m'en rappeler et de mettre ces phrases en pratique dans les moments de turbulences.

C'est déjà le temps des faire les adieux avec, encore une fois, un pincement au cœur. Mon séjour chez eux a été un pur bonheur. Mon sac à dos est à nouveau transporté à ma prochaine destination par Luc. C'est vraiment génial.

J'ai rendez-vous chez Julie, mon organisatrice de séjour local. Nous nous rendrons ensemble chez Lisa, une dame distinguée d'origine espagnole qui m'hébergera ce soir. D'autres invités se grefferont à nous lors du souper et, à entendre Julie, cette Lisa est une hôtesse hors pair et sa cuisine de haut niveau.

Sacrée Julie! Elle me réserve toute une surprise. Elle a confectionné une tresse, ce pain du dimanche au beurre et au lait typiquement suisse, le même que j'ai fabriqué avec Delphine. Elle s'est aidée d'une vidéo sur YouTube pour la délicate tâche du tressage. Elle connaissait ce pain d'un séjour en Suisse. Je suis bouche bée et Julie, tout sourire.

On apporte la tresse avec nous pour la déguster chez Lisa. Cette dame nous accueille chaleureusement dans une magnifique maison décorée avec goût. Je ne vois que qualité et beauté partout où mon regard se porte. Lisa a visiblement un sens artistique. Elle a un tempérament intense et passionnée, une vraie méditerranéenne qui affirme son style de vie sans compromis. Mon pèlerinage l'impressionne et interpelle son âme libre et voyageuse.

Ce soir, je fais la connaissance de Dina, professeure de yoga, et de Marie-Michèle, voisine de Julie. Le repas est succulent et nous échangeons de façon très personnelle, de cœur à cœur et en toute franchise. Chaque femme autour de la table me touche et m'inspire à sa façon. Des larmes me montent régulièrement aux yeux. Je n'ai jamais eu des échanges aussi francs et intimes avec des gens que je viens tout juste de connaître.

Lisa nous reçoit dans la grande qualité. Elle souligne l'importance des amies autour de soi pour traverser les épreuves, comme elle l'a expérimenté lors du décès de son conjoint.

On mange très bien, même un peu trop. Le vin et un menu complet couronné d'un dessert généreux pèsent sur ma digestion et fait fuir mon sommeil. J'ai donc du temps pour lire, méditer et profiter de ma chambre de princesse.

16 avril

Lisa a invité Julie pour le déjeuner et nos échanges continuent. Plus j'écoute Julie et plus j'ai envie de faire une entrevue d'inspiration *live* sur Facebook avec elle. Son talent à connecter les gens entre eux m'impressionne et m'intrigue au plus haut point. Dire que ça ne fait que deux ans qu'elle habite la région! Un de ses secrets est l'implication très active dans sa communauté. Il y a une telle force dans un réseau de proximité et je suis la première à en profiter.

Julie attire mon attention sur un exemplaire d'*Un Cours en miracles* quelque peu caché sous la table basse du salon. C'est ma deuxième rencontre avec ce livre. Comme la première fois, sa présence renforce ma connexion avec l'hôte et me donne l'impression d'être à la maison.

Lisa veut en savoir plus sur mon projet. Nous sommes toutes les deux admiratives devant les réalisations de l'autre. Je n'ai aucune idée de comment elle fait pour tenir une galerie d'art avec classe, courage et persévérance alors qu'elle est rendue dans la soixantaine avancée.

Un message très touchant me parvient de la fille de Lisa.

> « Bonjour Heidi, mon nom est Mia, je suis la fille de Lisa, qui vous a hébergée hier soir. Maman me racontait ce matin même la soirée magique que vous avez vécue ensemble avec Julie. Votre courage et votre amour me touchent infiniment. J'espère avoir l'occasion d'échanger avec vous et, possiblement, de vous rencontrer sur cette belle aventure. Je demeure à Montréal. Ma porte et la chambre d'amis vous seront toujours ouvertes. Merci du bien que vous semez. Bravo pour votre courage et votre authenticité. Notre monde a tellement besoin de vous. Bravo. Je vous envoie de l'amour. Que vos journées continuent à être remplies de moments magiques.
>
> Lisa»

Lisa revient sur l'expérience pénible du deuil de son conjoint. Combien elle a souffert, comment les gens se sont éloignés d'elle alors qu'auparavant, la maison était toujours pleine de gens, reçus à chaque visite avec un verre de vin. Je sens la déception et le poids de sa souffrance et voudrais pouvoir l'aider davantage.

Le séjour tire à sa fin. Dans un élan enthousiaste et contagieux, Lisa m'invite à revenir à la fin de mon pèlerinage. Elle veut organiser une grande fête et inviter tout le monde! En me conduisant à mon point de départ en bordure du village, nous passons à côté d'une succursale de ma banque. Lisa y voit un signe que je devrais habiter dans son village. Elle a bien raison. C'est mon rêve de vivre dans cette région.

J'ai capté la souffrance de Lisa et la marche devient un exercice encore plus salutaire pour me libérer. J'aime les échanges en profondeur mais, parfois, j'en prends un peu trop sur moi : à trop vouloir aider Lisa, je suis tombée dans la sympathie et me voilà chargée d'un poids qui n'est pas le mien.

L'exercice physique est un exutoire précieux. Je gravis une côte abrupte, souffle à pleins poumons et sens le poids du sac sur mes épaules. Une pluie nettoyante se met de la partie et, pour la première fois, j'utilise mon poncho de pluie rouge. Mon corps bouge dans l'espace et mes oreilles entendent le son de mes pas sur le chemin de terre battue. Cette communion intense avec les éléments de la nature me permet de me libérer de mon bagage émotionnel lourd.

Je remercie et prononce mentalement une syllabe à chaque pas : « Mer-ci, mer-ci, mer-ci… ». C'est mon plus beau mantra. J'ai tant de gratitude de pouvoir vivre ces précieuses expériences. La vie est si bonne pour moi. Je plonge dans l'environnement, j'absorbe son énergie et sa vibration.

Mon rapport à la nature est très organique. Je la reçois avec mes cellules, sans la disséquer, sans l'étiqueter. Je n'ai pas besoin de « savoir » ni de « connaître », puisque ça me ramènerait dans la tête. J'échange avec elle sur une base physique et énergétique. J'absorbe ses bienfaits avec mes antennes et toutes les pores de ma peau et me sens ressourcée et connectée. La nature est ma cathédrale.

Le massif du Mont Sutton encore enneigé apparaît à travers les arbres nus et les bandes de brouillard. Le printemps prend tout son temps pour montrer son museau. Les températures sont autour du point de congélation. J'admire des domaines perdus dans la forêt, aperçois des chevaux et m'émerveille devant la nature si généreuse et guérissante pour nous les humains.

Certaines personnes croient que je m'ennuie lors de mes marches solitaires. Comment peut-on s'ennuyer au milieu de la nature? J'ai tant besoin de sa force pour digérer et rebâtir mon énergie. C'est grâce à elle que je deviens disponible pour la prochaine aventure humaine.

Un crachin continue à tomber. Je me délecte du lunch savoureux de Lisa à la vitesse grand V. Je suis assise sur le ciment froid à côté des boîtes postales d'un petit village et le froid humide me traverse jusqu'aux os. La seule façon de me réchauffer est de continuer à marcher. J'ai espéré trouver un café ou une tisane chaude mais en vain. Le village n'a aucun commerce et semble mort.

Enfin arrivée! Simone, que j'ai connue au brunch chez Martine et Luc, me reçoit aujourd'hui. Son conjoint Daniel m'ouvre la porte d'une belle petite maison perdue dans une forêt montagneuse. Daniel me surprend avec des bouts de phrases en allemand et il se crée tout de suite une belle connexion. Il m'installe au sous-sol devant un feu de foyer en attendant l'arrivée de Simone. Je l'entends jouer de la guitare sur fond de crépitement du feu. Une agréable odeur de bois me monte au nez et je me laisse aller à sommeiller.

Simone est une femme éminemment sympathique et modeste aux grands talents de cuisinière. Elle en a fait sa profession. J'adore observer les chefs à l'œuvre avec leurs gestes si élégants. À ma grande joie, ce n'est ici pas dans une des nombreuses émissions culinaires à la télévision mais là, juste devant moi. Simone dispose plein de légumes que j'adore dans mon assiette.

Alors que nous partageons un souper agréable, Daniel commence à entonner une « chanson à boire » bavaroise. J'ignore d'où il connaît le ver d'oreille allemand « Mir sin mit'm Radel da ». Je cherche le texte sur le Web. J'ignore la traduction de l'expression allemande « schunkeln ». C'est le geste de s'enlacer à table et de tanguer d'un côté à l'autre en chantant à tue-tête (et en buvant beaucoup de bière). C'est ce que nous faisons, Daniel et moi (sauf boire la bière), en émettant de hauts décibels.

Une fois entrée dans l'oreille, la chanson est impossible à déloger. Nous ne nous lassons pas. Pauvre Simone! À nous entendre beugler, elle finit par nous filmer et mettre le résultat sur Facebook. On a l'air de deux joyeux ivrognes sur un party de fin de soirée alors que nous n'avons RIEN bu. J'avoue lâchement qu'après avoir partagé la publication sur ma propre page Facebook, je l'ai retirée le lendemain. Petite rechute de « Qu'est-ce que les gens vont en penser? »…

C'est tellement rare de se laisser aller de la sorte et d'avoir du plaisir tout le tour de la tête et du cœur. Il me semble que ça ne m'était pas arrivé depuis très longtemps. Cette expérience restera gravée dans ma mémoire comme un pur moment de grâce. Ça me donne le goût de récidiver et de les revoir. Daniel, attache ta tuque[23]! Simone, prépare tes bouchons pour les oreilles ou, mieux encore, viens chanter avec nous!

Même si nous avons partagé beaucoup de plaisir et de légèreté, nous avons aussi échangé quelques moments plus profonds. Cet équilibre entre légèreté et profondeur me nourrit beaucoup.

Simone a un fils affligé d'un handicap visible stigmatisant. Il est en pleine réaction et voudrait juste être comme les autres. Sa mère veut son bonheur et se sent impuissante devant sa souffrance. Elle a dû apprendre à s'en détacher pour sa propre santé et en faisant confiance à la vie.

Les tonalités légères et graves s'entremêlent et forment la mélodie de notre vie. Je crois tellement au partage, à l'expression de la joie autant que des épreuves. L'écoute est un puissant catalyseur lorsqu'elle se fait sans jugement ni commentaires, tout en accueil et le cœur ouvert, j'en suis persuadée. Elle ne court pas les rues dans notre quotidien inondé d'opinions et de jugements de tous bords tous côtés. C'est un cadeau précieux à offrir et à recevoir. L'écoute fait partie du mouvement « Du bonheur au suivant » et elle me rend profondément heureuse.

17 avril

Mes bottines s'accommodent assez bien du chemin de campagne sous la pluie. Je passe par une rivière, des prés, des chapelles, des granges, des cimetières. Je savoure la succulente collation que Simone m'a préparée. Les cinq derniers kilomètres à avancer sur l'asphalte me demandent plus d'énergie, comme d'habitude.

---

[23]Attache ta tuque, en québécois : au sens imagé "prépare toi bien à affronter ce qui va arriver"

Mélanie, une amie de Simone, me reçoit aujourd'hui. Elle habite une ville régionale et exploite une garderie familiale dans sa petite maison rouge. Déjà, lors de nos échanges sur Messenger, j'ai senti sa chaleur humaine et une grande ouverture. Une belle jeune femme se pointe à la porte et je me sens tout de suite bien au milieu de sa salle de jeu, entourée de sa marmaille.

J'étais certaine de trouver les propres enfants de Mélanie dans la joyeuse bande. C'est un peu plus tard que je rencontre sa grande fille de… 19 ans. « Hey, Mélanie, as-tu eu ta fille à dix ans? ». « Là, tu me fais plaisir! », me répond-elle, tout sourire.

Son conjoint Dany, son aîné de quinze ans, combat un cancer depuis des années. Ces deux personnes se taquinent, s'aiment visiblement beaucoup et forment un tandem de force dans le quotidien autant que dans l'adversité. Être avec eux est très vivifiant.

Chez Mélanie, les problèmes ne semblent pas avoir beaucoup d'emprise. Il n'y a qu'une seule toilette au deuxième étage et certains enfants sont en entraînement à la propreté. Elle n'en fait pas de cas. Son activité de garderie familiale est très bien rodée. Elle se consacre depuis vingt ans aux tout-petits avec passion et sans signe de fatigue. J'admire ces gens investis dans leur vocation avec tant de force!

Dany est un créatif. En soirée, il s'ouvre sur sa vie et son état de santé. Nous sommes deux rebelles et la compréhension se fait toute seule. Parfois, la rébellion est salutaire. Dans certaines situations, le fil rouge de la vie se trouve ailleurs, dans une plus grande ouverture. Nous explorons ensemble des idées, pensées et attitudes éventuellement favorables à sa santé. Je lui envoie beaucoup de bonnes vibrations.

Mélanie m'invite pour une deuxième nuit, ce qui m'offre la chance de rencontrer Richard, un sculpteur des environs. Il m'a contacté pour échanger autour d'un café. Il voudrait bien reprendre la route comme il l'a déjà fait il y a quelques années, à Compostelle. Mon périple l'inspire et le stimule. Il me montre ses souliers, toujours en bon état, qui ont parcouru tant de kilomètres en pèlerinage. Rendu à quatre-vingt ans, il veut repartir prochainement, le temps est précieux.

19 avril

Un superbe déjeuner m'attend ce matin. Des poires grillées dans du beurre et du sirop d'érable. Miam! Un délice qui se marie avec n'importe quoi, toast, crêpes, fromage, yogourt ou tout seul. Mélanie, j'en veux encore!

C'est à regret que je prends congé. Quel privilège d'avoir été accueillie dans cette famille. Ce n'est pas elle qui le dirait mais, pour moi, Mélanie est une héroïne. Une héroïne du quotidien.

Je m'aventure ce matin pour un long trajet. Anne-Élisabeth m'a invitée à passer chez elle sur son magnifique domaine proche de la frontière américaine. Les chemins en gravier me mènent à travers les champs et forêts autour du mont Pinacle. Je passe devant une ferme d'alpagas, une vache morte au ventre gonflé, des domaines cachés derrière des murets et j'admire surtout cette magnifique vue sur les chaînes de montagnes de Sutton et du Vermont, les Appalaches. J'envoie un salut à ma cousine Maggie qui habite quelque part dans ces montagnes, de l'autre côté de la frontière.

Durant toute la journée, je suis accompagnée de flocons. De vrais flocons de neige comme en hiver, assez pour ressortir mon poncho. Avec le froid qui persiste, je reste en mouvement. Pas question de m'arrêter plus que deux ou trois minutes. Bien des

Suisses ont élu domicile dans la région et je place une commande dans l'univers. « Une halte dans une famille suisse allemande svp! »

Vers quinze heures, je gravis cnfin les dernières côtes et arrive à destination au superbe domaine d'Anne-Elisabeth et de Jean. Je suis claquée. Les deux chiens de la maison me réservent un accueil surprenant de calme.

Anne-Elisabeth est une femme de projets, de solutions et d'audace que j'ai connue il y a quelques années grâce à une amie commune. Toute petite, sportive et intense, elle est une vraie boule d'énergie, capable (ou était capable, comme elle nuancera plus tard) de travailler comme un homme. Ce qu'une personne « normale » prend vingt ou trente ans à bâtir, elle l'a réalisé en dix. Elle a bâti tout un patrimoine en partant de rien. Son énergie lui sert maintenant principalement à bichonner sa forêt, d'autant plus que cette dernière a été en partie dévastée par le passage de vents violents. C'était un vrai drame pour celle qui connaît et aime passionnément chaque plant, chaque arbre, son lac, son ruisseau et la moindre parcelle de son territoire.

Elle soutient toute sa famille, mère, sœur, frère et autres proches. Elle guide, conseille, dépanne, coache et protège chacun selon leurs besoins. C'est elle la « forte » de la famille. Aider ses proches est sa façon de redonner et de dire merci à la vie.

Cette ancienne maison de ferme rénovée est un vrai bijou. Où que mon regard se pose, c'est beau et soigné. Lors de la première visite de cette maison alors plutôt délabrée, Marie-Élisabeth a su comment elle allait lui redonner vie et charme. Au fil des années, elle a réussi à la rénover telle qu'elle en avait alors reçu la vision. Mes yeux s'émerveillent en voyant les objets d'une autre époque et des planchers qui racontent toute une histoire.

À côté de cette femme bionique, je me vois glisser sur un vieux terrain connu, celui de la comparaison et de la compétition, et mon égo me déclare perdante d'avance. J'en oublie mes choix basés sur mes valeurs et me voilà agacée par une sensation désagréable d'infériorité.

Anne-Élisabeth passe de longues heures au téléphone à conseiller et organiser tout son beau monde. Il me semble qu'elle en fait beaucoup. Jean, de son côté, vaque à ses activités et fait peu de cas de ma présence. Au souper, j'assiste à une discussion intéressante. Les deux opposés semblent s'accommoder de leurs différences.

Dans la nuit, dans un moment d'insomnie, je vérifie mes messages : une femme nommée Claudia, d'origine suisse, m'écrit en allemand un message chaleureux et accueillant pour m'inviter à passer chez elle. C'est donc formidable! Voici la prompte livraison de ma demande à l'univers placée la veille. Merci, merci! J'ai déjà hâte de l'appeler.

22 avril

Je viens de passer mon deuxième jour dans ce très joli village à cheval entre la Montérégie et les Cantons-de-l'Est. J'ai pu rafraîchir mon suisse allemand et plonger dans ma culture d'origine que je partage avec Claudia. Je me suis délectée de mets traditionnels suisses de mon enfance, un peu comme si j'étais en visite chez ma mère dans mon patelin d'origine.

Entre des promenades au village et l'exploration de la nature environnante, j'offre mon aide dans la maison et passe deux jours très agréables chez Claudia. Dans une boutique du village dont je connais les propriétaires, je fais connaissance avec Frauke, une belle grande femme d'origine allemande. Il s'avère qu'elle connaît Claudia et elle m'invite spontanément chez elle.

Quelle beau cadeau! Son village est situé à l'ouest de ma trajectoire globale mais qui sait…

Je suis de plus en plus le courant des invitations que je reçois, davantage qu'un trajet idéal sorti de ma tête. Je veux laisser toute la place à ce que la vie se manifeste naturellement même si, en apparence, cette façon de fonctionner me désavantage. En effet, faire connaître mon trajet à l'avance aiderait beaucoup les gens qui me suivent sur Facebook à me trouver des haltes. Malheureusement, ou heureusement, j'en suis tout simplement incapable.

Aujourd'hui, – je n'ai pas peur de mes contradictions - je veux absolument visiter ce village viticole voisin que je connais déjà de quelques escapades et que je trouve éminemment sympathique. Il est un peu touristique mais pas trop. De toute façon, nous sommes encore en avril. Il a neigé récemment et les commerces saisonniers sont encore loin de leur ouverture.

Claudia prépare un petit cadeau tout en délicatesse pour mon(ma) prochain(e) hôte(esse). C'est un joli mini-pot de confiture accompagné d'une carte écrite à la main :

> « Chers prochains chanceux qui peuvent accueillir notre belle aventurière chez eux! Je vous souhaite autant de bonheur, de rires et de profondeur avec Heidi que j'en ai vécus avec elle. Voici une petite douceur venant de mon pommetier. Savourez-la comme il faut savourer chaque instant de la vie. Du bonheur au suivant!
>
> Claudia »

Comment ne pas avoir les larmes aux yeux? Son appel à savourer chaque instant de la vie prend d'autant plus de sens et de puissance que je la sais atteinte d'une maladie incurable.

Chargée de ce précieux cadeau, je me mets en route en ce dimanche matin. Le trajet s'annonce prometteur. En me retournant au bout d'une longue montée, une vue époustouflante se déploie sur le village que je viens de quitter et toute la région. Mon regard se porte jusqu'aux montagnes du Vermont. Le ciel est d'un bleu cristallin. Dans un haut-plateau, je bifurque vers un chemin en gravier qui contourne un lac. Pour la première fois depuis le début de mon périple, l'herbe est assez sèche pour m'y asseoir confortablement et même m'allonger pour prendre ma pause du midi. Quel plaisir d'exposer mon visage aux rayons du soleil après cet hiver qui tarde à finir! Tout est encore brun dans la nature mais le printemps est prêt.

Un long téléphone avec Élise et un plus court avec mon fils me reconnectent avec mon monde et je me sens heureuse. J'ignore où je vais être reçue ce soir mais, cette fois-ci, je suis prête à frapper aux portes pour trouver un gîte. Je suis très confiante, j'ai un *mindset*[24] de fer! Claudia a lancé un appel à son réseau pour me donner un coup de pouce. À l'approche du village, je n'ai toujours aucune invitation. Malgré une petite déception, mon moral tient bon.

Je n'ai pas besoin de réfléchir pour choisir une place où m'arrêter. Je connais déjà la boulangerie du village pour l'avoir visitée à chacun de mes passages. Elle exerce aujourd'hui aussi son grand pouvoir d'attraction. Même si je sais que farine, gras et sucre ne représentent pas les meilleurs aliments pour ma santé, ma bouche, elle, adore, encore et encore. Et que dire des odeurs célestes! En entrant, je cible la petite table libre à droite. Elle est pour moi et j'y resterai un bon bout de temps.

Je sens parfois, sans le savoir, que les choses vont bien se placer d'elles-mêmes dans ma vie. Je dépose sac, manteau, veste et bâtons et me dirige vers le comptoir. Pouvoir me reposer dans un lieu accueillant après une journée de marche est un des plus grands plaisirs que je connaisse dans ma vie de pèlerine.

---

[24] Mindset, de l'anglais : conditionnement mental, état d'esprit

Samuel, le boulanger, sert la clientèle lui-même. C'est la première fois que je le rencontre. En attendant mon tour, je lance un spontané : « J'ai toujours voulu mourir dans une boulangerie! » Qu'est-ce qui me prend? La remarque ne manque pas sa cible. Pauvre homme! Ses yeux s'arrondissent dangereusement. Il semble comme frappé par la foudre.

Après m'avoir servie ma collation, il vient s'asseoir avec moi et me demande d'expliquer mon intention. Il a besoin d'être rassuré et c'est compréhensible. Samuel ne veut pas d'un cadavre dans sa boulangerie! La glace est cassée. On philosophe ensemble. Il est intrigué par mon projet. Sa vision de partage de vie et en affaires me séduit complètement.

Il m'offre le gîte et j'accepte joyeusement. Une heure plus tard, je reçois une deuxième invitation, cette fois-ci pour un party le même soir avec des habitués de la place. Bien sûr que oui! Un vrai party, ça ne se refuse pas. À marcher jour après jour dans mon monde parallèle, il est facile d'en oublier même leur existence.

Je transmets à Samuel le cadeau de Claudia. En lisant la carte, un sanglot le secoue. Le message de Claudia l'a touché. Ça me le rend encore plus sympathique. Un homme qui pleure, quoi de plus réjouissant, hein, les filles?

Mon entrée dans son groupe d'amis se fait naturellement. Je veux bien faire la *fiesta* avec plusieurs personnes d'origine hispanique! On m'invite à manger beaucoup de viande (moi presque végétarienne) et ma coupe de vin se remplit toute seule. Olé! Je savoure l'agréable compagnie au milieu de cette joyeuse bande d'amis. Je ne parlerai pas l'espagnol à la fin de la soirée mais festoyer en présence de ces nouvelles connaissances est vraiment agréable.

Si, au fil des jours, j'ai bâti une meilleure condition physique pour la marche, il en est tout autre avec ma capacité de boire de l'alcool et de veiller tard. Vers vingt et une heures, je suis KO et, comme je n'ai plus beaucoup d'orgueil, je manifeste ma limite à mon hôte. Il me conduit sans hésiter chez lui, me montre la chambre et la salle de bains au sous-sol de sa demeure avant de retourner au party.

Pour moi commence alors une autre fête : j'ai toute la place pour moi toute seule et je peux jouir des lieux librement. Je me laisse glisser dans un bain parfumé simplement divin qui me fait pousser des soupirs de bien-être. Un délice sur mon périple. Juste m'imaginer entrer dans l'eau me fait frissonner. La douche, c'est bien, mais le bain c'est mieux, nettement mieux! Cette halte chez Samuel couronne une journée royale.

Ce n'est pas parce que je suis fatiguée que je dors nécessairement bien. L'excitation me fait revivre les événements de la journée. Je ne les changerais pour rien au monde.

23 avril

Notre échange continue ce matin. C'est journée de congé pour Samuel et il prend visiblement tout autant de plaisir à cuisiner qu'à boulanger. Il nous concocte un vrai déjeuner de bûcheron de luxe, avec du bacon, des œufs et du bon pain de sa boulangerie. La place est encombrée de piles et de piles de livres. Philosophe à ses heures, le monsieur!

Nous discutons tout en visitant son domaine et son lac. J'ai la nette impression d'avoir rencontré un nouvel ami. Je suis séduite non pas amoureusement mais par sa façon de mener son entreprise. Il vise la synergie avec ses partenaires sur un mode gagnant-gagnant et souscrit à une économie circulaire qui sera certainement celle du futur.

Je pitonne[25] sur mon téléphone pour trouver un gîte pour ce soir dans les environs. Frauke ne répond pas. Ça arrive souvent : les gens me lancent une invitation d'hébergement mais ça ne veut pas dire qu'ils sont prêts, disponibles et intéressés le jour où je décide de les contacter, surtout si c'est pour le soir même. Chacun a sa vie! J'ai une marche à faire mais ma liste de priorité est claire : les humains avant la marche.

Les moments magiques se produisent souvent le lendemain matin quand les gens ont pris confiance, comme aujourd'hui où je pars seulement en début d'après-midi, chargée de nouveaux souvenirs. Je m'aligne pour une longue trotte soutenue avec peu ou pas de pauses. Je décide de donner suite à l'invitation d'Anne-Élisabeth pour un deuxième séjour. J'ai un défi personnel à relever en sa présence : dépasser ce désagréable sentiment d'infériorité que je ressens en sa présence. Son conjoint passe habituellement quelques jours par semaine en ville. Je pourrai donc être seule avec elle, ce qui fait mon affaire.

Les vingt kilomètres s'étirent et, encore une fois, les chemins qui traversent les hauteurs du mont Pinacle sont magnifiques. Les reflets du soleil dans les innombrables nids de poule[26] remplis d'eau dans la chaussée prennent des allures de *street art*, ou est-ce du *land-art?!*

L'affiche d'un atelier caché dans le bois attire mon regard et me fait revenir sur mes pas. L'artiste-propriétaire me raconte sa vie mouvementée. Elle adore mon projet et me fait cadeau d'un bijou ajusté aux couleurs de ma veste polaire. Ces connexions spontanées me fascinent et m'émerveillent à chaque fois, et me donnent une bonne poussée d'énergie pour continuer.

Il est plus que dix-huit heures lorsque j'arrive chez Anne-Élisabeth où une surprise m'attend : Jean arrive en même temps

---

[25]Pitonner, en québécois : pianoter, tapoter sur des touches

[26]Nids de poule, en québécois : trous dans la chaussée

que moi. J'en oublie donc l'intimité espérée entre femmes. Bon, on va faire avec. Au souper, nous avons un échange beaucoup plus profond. J'apprécie ces deux personnes qui grandissent ensemble malgré leurs valeurs aux antipodes dans plusieurs domaines. Je suis tellement heureuse de voir leurs forces et leur beauté et de m'être extirpée de l'emprise de mon égo.

Jean fait remarquer à Anne-Élisabeth son exigence irréaliste de vouloir avoir, à cinquante ans, encore le corps d'une fille de vingt ans. Mais quelle femme ne le voudrait pas? « Moi aussi! », ai-je le goût de crier! J'ai encore les mêmes repères qu'à mes vingt ans. Pourtant, à ce moment-là, je ne voyais pas ma beauté. La même chose se répète à la vue de photos de mes 40 ans. Qu'est-ce que j'avais à me critiquer tout ce temps? Il serait peut-être temps de changer mon regard à travers de nouveaux yeux bienveillants autant pour moi que pour les autres, des yeux capables de regarder plus loin que le corps physique.

Anne-Élisabeth m'offre de rester une journée de plus. Jean ne sera pas là ce soir mais maintenant je n'ai plus de réserves ni à son égard ni à l'égard d'Anne-Élisabeth. Elle a aussi fait du chemin depuis ma première visite. Elle a décidé de lâcher quelque peu le contrôle sur sa mère et je suis certaine que les deux en profitent. J'aime sa façon de voir mon projet comme étant une économie de partage. Je n'ai jamais pensé en ces termes mais l'idée me plait et sonne juste à mes oreilles.

Aoutch! Je me suis cogné deux orteils si solidement contre le lit que deux ongles finiront par noircir. Heureusement je pourrai continuer ma marche malgré la douleur. Je décide de faire un recadrage[27] : tels des trophées, mes orteils me rappelleront que j'ai réussi à dépasser mon sentiment d'indifférence et d'infériorité. Un peu à la dure, c'est vrai.

---

[27]Recadrage en PNL = changement de perception, de contexte ou de sens dans une situation problématique ou limitante

25 avril

Enfin à Sutton! C'est mon lieu de rêve dans les Cantons-de-l'Est. Je me rappelle comment je suis tombée en amour avec cette région en passant sur la route cent trente-neuf pour la première fois. La vue sur le massif du mont Sutton s'est soudainement ouverte devant moi. Il y avait, à l'époque, encore de l'agriculture et je voyais la même machinerie agricole, aujourd'hui certainement désuète, que mon père utilisait. Les larmes sont montées et une nostalgie soudaine m'a submergée.

J'ai gardé un attachement particulier pour cette région d'une grande beauté. On ne l'appelle pas « La petite Suisse » pour rien. Des randonnées et des séjours dans divers hébergements ont suivi au fil des ans. Lors d'une visite de mes parents, nous avons séjourné dans un chalet de l'auberge Schweizer, une institution locale. Les propriétaires de deuxième génération parlaient encore le suisse allemand, ce qui permettaient à mes parents d'échanger avec eux. Mon père est un amateur passionné des montagnes et nous sommes montés jusqu'au *Roundtop*, le point culminant. Selon les références suisses de mon père, ce n'était pas une vraie montagne. C'est seulement arrivé en haut, tout essoufflé, qu'il a changé d'idée.

Le départ de chez Anne-Élisabeth se fait sous la pluie et le poncho de pluie rouge entre en service. En théorie, il est composé de matière respirante mais, dans la pratique, l'humidité se met rapidement de la partie et produit un effet de serre que je déteste.

Je marche d'un bon pas le long de la route cent trente-neuf. Même si le trafic est moins dense par ici, les camions rencontrés ne se gênent pas pour m'arroser sans égard. Je les traite sans gêne avec de gros mots qui réfèrent à un animal à la queue en tire-bouchon. Ça sort tout seul et ça me fait du bien. On dirait même que j'attends le prochain SPLOUSH pour lâcher un autre gros mot.

En contrepartie je croise cet automobiliste qui s'immobilise à ma hauteur pour s'assurer de ne pas m'arroser. Ça, c'est un *gentleman*! Il compense le manque de civisme de tous les autres et je lui offre mon plus beau sourire en guise de reconnaissance. Les autres, eh bien, merci quand-même, ils m'auront permis de me défouler!

Je suis attendue pour le lunch chez Jeannine, une amie d'Anne-Élisabeth. Elle m'offre un verre de vin blanc en arrivant puisqu'il est « passé onze heures du matin ». Pourquoi pas, une fois n'est pas coutume. Jeannine est une belle dame âgée et agile. Aider les autres la valorise et lui fait du bien. Elle dit connaître des gens à Glen Sutton et est prête à me les référer au besoin. J'en prends bonne note dans mon carnet mental.

Je continue ma marche après le repas sur un chemin de gravier, toujours sous la pluie, en direction du mont Écho. Des ouvriers sont en train d'épandre une bonne épaisseur de terre fraîche sur le chemin et passent ensuite la niveleuse. Je ne comprends pas trop ce principe de « refaire les chemins » tous les printemps. Il me semble qu'après quelques pluies, il ne doit plus rester grand-chose. J'ai le privilège d'être la première à laisser des traces dans la terre mouillée. Privilège qui a un prix, celui de fournir un effort supplémentaire puisque je m'enfonce à chaque pas.

Plusieurs kilomètres en montée plus tard, j'arrive chez Véronique, une belle femme toute en ouverture et délicatesse. Nous connectons immédiatement et je me sens tout de suite chez moi. Pendant qu'elle donne un massage à un client, je me repose dans l'atmosphère calme et paisible. Son grand appartement me fait penser à l'auberge espagnole du fameux film du même nom[28]. Des gens de partout s'arrêtent ici pour quelques jours, quelques semaines ou quelques mois mais, pour le moment, tout est calme.

Véronique invite ses voisins à se joindre à nous pour le souper. Nous sommes cinq autour de la table et chacun contribue au repas. C'est très sympathique. Je leur raconte mon arrivée chez Samuel le boulanger et ils rient de bon cœur. Bien sûr, ils le connaissent. Ce sont des gens très engagés dans le bio, l'alternatif, l'écologie, la communauté et l'entraide. Au bout de nos discussions intéressantes, je me questionne. Parler sans agir ne vaut pas cher. Comment puis-je mieux agir, comment puis-je contribuer davantage à ce monde? Ce n'est pas ce soir que je trouverai réponse à cette question.

27 avril

Véronique m'a proposé de l'accompagner chez une de ses amies d'origine allemande, Monika, chez qui elle va donner un coup de main pour la peinture. Comme il pleuvait à verse, j'ai accepté.

Monika n'a ni courriel ni répondeur ni télévision et encore moins de cellulaire. C'est une vraie végane-bio-écolo qui ne porte que des fibres naturelles et ses longs cheveux gris sont attachés en une longue natte épaisse dans le dos. La soirée a été passée à jouer au scrabble, dans un silence total et, comme les jeux de société ne m'intéressent pas vraiment, je me suis retirée assez tôt.

Durant ce séjour, Monika m'a à peine regardée et cette indifférence a chatouillé mon sentiment de rejet. Je m'attendais à des échanges dans notre langue maternelle. Mais non. C'est

---

[28]L'auberge espagnole, film de Cédric Klapisch

seulement au départ, alors que nous allions bientôt partir, que sa langue s'est déliée pour un partage, ma foi, fort intéressant. Elle m'a même invitée à revenir, m'assurant que sa porte n'est jamais barrée. Cette ouverture me touche beaucoup et efface du coup ma déception.

Ça me fera du bien de reprendre ma marche. Ce soir je suis attendue chez Marie-Anne. Elle m'a fait son invitation même avant mon départ de Montréal - j'ignore comment elle m'a connue - avec tellement d'enthousiasme et de chaleur humaine que je me réjouis de cet arrêt chez elle. Me sentir attendue et bienvenue n'arrive pas tous les jours et est si agréable.

J'arrive dans sa région et traverse son village sur un chemin devenu de plus en plus cahoteux. Mon parcours se termine devant un petit chalet de couleur vert fluo en reconstruction qui a visiblement besoin d'amour, de BEAUCOUP d'amour.

Marie-Anne vient me saluer avec autant de chaleur que dans ses messages. Au seuil de la porte, mon nez me donne un avertissement. Marie-Anne me fait entrer dans son petit univers rempli d'objets, aux murs couverts de peintures. Il y a des chats, beaucoup, beaucoup de chats qui sont partout. Sur les meubles, dans le plat à fruits sur la table, sur le dos des sofas, vraiment partout. La litière est juste derrière un paravent dans le petit salon où ils vont faire leurs besoins. Cet état de fait s'accompagne forcément d'odeurs. Mon estomac se noue.

La dame me confie qu'elle souffre d'une affection dégénérative de la vision pour expliquer l'état de son ménage.

Elle me montre sa chambre, minuscule et ouverte sur le salon qu'elle me prête. « Je viens de laver les draps », qu'elle m'annonce fièrement. Son accueil me touche mais ne réussit pas à chasser mon malaise de la savoir dormir dans la cave, surtout après avoir vu cette dernière. C'est vraiment une cave et non un sous-sol aménagé. Je dépose mon sac à dos sur le fauteuil de la chambre sans rien ouvrir, comme si, quelque part dans mon cerveau, j'étais prête à repartir. Ce n'est encore jamais arrivé car je tiens à honorer les invitations. Mais qui sait?

En l'observant me préparer une tisane, je la vois se cogner et renverser des choses. Je réussis à tremper mes lèvres dans la tisane. L'échange qui suit m'étonne au plus haut point. Elle a un degré de conscience élevé. Sa maladie oculaire la restreint, d'où les maladresses, et elle espère réussir à s'en débarrasser, comme elle a réussi à se libérer d'autres pépins de santé.

Avec son mari maintenant décédé, elle a aidé des gens à retrouver leur santé. Au fil des échanges, son audace de vivre hors des normes sociales et dans une grande liberté, m'impressionne. Elle a notamment laissé ses cinq enfants libres de fréquenter l'école ou pas. Des enfants qui ont fait leur vie par la suite. J'observe aussi sa grande souplesse. Elle bouge comme une jeune fille et s'assoit avec les jambes repliées sous elle. Juste à la voir faire, j'ai mal à mon genou. Au fur et à mesure que notre échange se poursuit, elle me paraît rajeunie. Elle véhicule une joie de vivre contagieuse.

J'ai secrètement le projet d'assister ce soir à une pièce de théâtre dans une école alternative dont Véronique et Monika m'ont dit le plus grand bien. Je n'ai aucune idée de comment m'y rendre ni comment en parler à mon hôtesse sans l'offenser. Lorsque je finis par lui partager mon désir de sortir, elle propose de m'accompagner. Elle a un grand véhicule de luxe stationné devant sa petite maison dont elle me racontera l'histoire d'acquisition assez rocambolesque. Sa seule condition est que je conduise son bolide.

Pourquoi pas?

J'hérite du rôle de chauffeur désigné. Un peu anxieuse, je lui demande si elle n'a pas peur avec moi au volant? « J'ai moins peur avec toi qu'avec moi ». À bien y penser, moi aussi. Je me demande comment elle fait pour garder son permis.

Je lui offre mon bras pour descendre les escaliers et la guider vers la salle de spectacle car elle trébuche continuellement. En passant devant les tables de victuailles organisés par les parents, je ramasse gâteau et café pour combler ma faim qui se manifeste bruyamment. Nous apprécions toutes les deux la pièce de théâtre, fort bien jouée d'ailleurs par les élèves de l'école secondaire.

Une grande surprise nous attend au retour vers vingt-trois heures. « Mon » lit est occupé par deux personnes. Il s'avère que la fille et la petite-fille de mon hôtesse s'y sont installées. Cette dernière a oublié leur venue. Et nous voilà pris avec une situation d'*overbooking*. Une autre petite-fille est repartie faire la fête et doit revenir dans la nuit. La fille de mon hôtesse fait valoir des maux de dos pour garder la mainmise sur le lit convoité. Ce qui veut dire que Heidi va dormir sur des coussins assemblés sur le plancher du salon déjà encombré. Ai-je eu un pressentiment lorsque j'ai laissé mon sac dans la chambre sans l'ouvrir?

Les chats se promènent et vont gratter dans la litière juste à côté de ma couchette. Le téléphone sonne au milieu de la nuit. Le lampadaire de la rue me jette sa lumière blafarde. La fille qui rentre au milieu de la nuit enjambe mon corps pour se trouver une place sur un divan… Bref, j'oublie le sommeil. C'est une de ces nuits pour le dossier « Future Anecdote ».

28 avril

Ce matin, j'ai besoin de temps pour mettre mes yeux en face des trous et retrouver ma bonne humeur. La mini salle de bains est occupée en permanence. Nous sommes cinq femmes dont trois qui se pomponnent pour aller à un enterrement. On dirait à des noces! Je n'ai pas encore digéré de m'être faite évincer du lit de façon si cavalière et je boude la visite. C'est avec le temps, et en écoutant ces quatre femmes parler, chanter, jouer au piano, que je me dégèle et que je prends conscience de la richesse de cette joyeuse tribu, des talents de chacune et de leur cohésion familiale. Tout ça à l'intérieur de leur chaos. Elles respirent une telle liberté!

L'incursion dans leur monde hors de ma zone de confort représente un beau défi. Je prends une photo des quatre femmes. Mon hôtesse, qui vient d'échapper de l'eau sur elle, y figure avec une grosse tache mouillée sur son chandail et un large sourire épanoui et fier.

Et si le paradis se déguisait parfois?

Je passe un appel à Véronique. Elle termine son travail chez Monika aujourd'hui et retourne ensuite chez elle à Sutton. Je lui demande si je peux me joindre à elle. Elle passe me prendre et m'offre une deuxième nuit dans son auberge espagnole. Un sommeil réparateur sera le bienvenu après cette aventure rocambolesque. Encore une fois, je passe une belle soirée à honorer un souper succulent et bien arrosé en présence de ses voisins. Quelle richesse, ces partages!

À partir de demain, je pourrai marcher dans les alentours de mon cher Sutton, un plaisir dont je ne veux pas me priver.

30 avril

La nuit passée, j'ai été hébergée dans une maison très, très haut perchée dans les montagnes, chez Rénald et Lisa, des gens référés par Jeannine de Sutton. Avec Rénald j'ai passé quelques heures devant le feu de foyer, à philosopher sur ses défis. Je descends ce matin le chemin escarpé en freinant mes pas au maximum. Comment font-ils en hiver pour monter ici? En hélicoptère? Mon regard embrasse la vallée de la Missisquoi avant de glisser le long de la rivière et de la route du même nom. Je suis dans une de mes régions préférées du Québec et mon vieux rêve d'y vivre se manifeste en force.

Chemin faisant, mon regard se bute sur les nombreux déchets dans les fossés tout au long de la route, particulièrement des canettes de bière jetées à intervalle régulier. On dirait une campagne de publicité. Ça m'enrage! Qui s'amuse encore aujourd'hui à jeter ses déchets au bord de la route? GRRRRR! Je suis incapable d'assister à ce triste spectacle sans rien faire.

Munie d'un sac en plastique, je passe à l'action, sous la pluie, avec tout mon équipement sur le dos. Je monte et je descends la berge ramollie, au risque de perdre l'équilibre ou de prendre un bain de boue à chaque fois. En peu de temps mon sac déborde. Que faire avec? Je me sens si impuissante.

À l'origine, ramasser des déchets faisait partie du projet de ce périple. Tous les printemps, alors que la neige a fondu, je trouve tellement désolant de voir la nature souillée de cochonneries que la végétation naissante finit par cacher, du moins en partie.

J'aime mieux ramasser que de critiquer le manque de civisme et de conscience. Malheureusement, ma bonne intention s'avère irréaliste car jongler avec un sac rempli de déchets dans la main qui tient le bâton de marche ne fonctionne tout simplement pas. Je décide de l'abandonner dans une poubelle elle-même entourée de déchets et j'en viens à douter fortement de l'utilité de mon geste.

Au village voisin, je crois assister à un concours de « qui a le plus de rebuts autour de sa maison? ». C'est désolant!

Depuis que je suis toute petite, la pollution environnementale me fait grimper dans les rideaux. Chargée de cette colère, j'arrive au village de destination. Il pleut par intermittence. Il fait frais et la plupart des commerces sont fermés. Je bois un café dans un resto peu accueillant. Commence ensuite ma tournée pour trouver un gîte. Je m'arrête aux dépanneurs[29] et autres commerces, traverse le village de long en large, une fois, deux fois. Je m'adresse à des particuliers, sans résultat. Je contacte même un de mes ex, qui est propriétaire d'un chalet d'ici. Pas de réponse là non plus. Oufff!

En me promenant le long de la rue principale, une belle surprise m'attend et met un point lumineux dans cette journée de colère. Ce village peut se targuer d'avoir une des dernières belles granges rondes. Je m'apprête à la prendre en photo quand une fourgonnette vient se stationner juste devant et me gâche la vue. Ah non!

La portière s'ouvre et je vois une personne de dos aux longs cheveux blancs débarquer. Au premier coup d'œil, je crois reconnaître Manon Massé[30]. Je reconnais ensuite l'unique peintre et sculpteur Armand Vaillancourt[31] accompagné de sa conjointe. À quatre-vingt-neuf ans, il est toujours vert. Quel plaisir d'échanger avec lui! Nous sommes accotés sur sa fourgonnette et il me montre le portfolio de ses œuvres avec beaucoup de verve. J'admire sa puissance créative hors norme. Il a la

---

[29] Dépanneur, au Québec : petite épicerie de quartier ouverte généralement 7/7 et tard le soir

[30]Manon Massé est une politicienne québécoise

[31]www.armandvaillancourt.ca

gentillesse de m'écrire un texte et de faire un dessin sur une serviette en papier que je conserve précieusement. Peut-être vaudra-t-elle cher un jour?

Ce n'est pas la première fois que je le rencontre et chaque fois c'est la fête, comme si on se connaissait depuis toujours. Il a l'air d'un hippie cool d'environ soixante-dix ans. Comme je porte le poncho rouge qui couvre également mon sac à dos il pense que je suis bossue. Merci pour le compliment! Souverainiste et rebelle, il lance au milieu d'un échange : « On va les avoir, les Anglais! ».

Avant de repartir, installé derrière le volant de sa fourgonnette, il se fait rassurant : « On a tout notre temps, on a la vie devant nous! ». Et le voici se glissant d'une allure royale dans son véhicule un peu fatigué, me laissant avec une invitation à passer chez lui à Montréal.

Mon cœur chante! Quelle belle personne inspirante il est, à cet âge avancé! Si je me rends jusque-là, je veux lui ressembler. Son côté rebelle n'est pas pour me déplaire. J'aimerais bien faire une entrevue avec sa conjointe qui est de mon âge. Ça doit être toute une aventure de vivre au quotidien avec un artiste de cette trempe.

N'est-il pas drôle qu'après ma montée de lait[32] sur les déchets, je rencontre un sculpteur connu pour ses œuvres créées, entre autres, avec des matériaux recyclés? Il me semble qu'il pourrait faire une sculpture intéressante avec cette abondance de matériel qui traîne dans les fossés et joindre le déchet à l'art. Je vais lui faire la suggestion à notre prochaine rencontre.

Ça ne règle pas mon défi de trouver un gîte pour ce soir. Je lâche prise. Après les dernières approches infructueuses, je me résigne à louer une petite chambre dans le seul B&B ouvert de la

[32]Montée de lait, au Québec : montée d'insatisfaction voire de colère

place. Je suis encore chanceuse dans ma malchance! Les hôtes ont la gentillesse de m'inviter pour le souper. La dame de la maison a entendu parler de mon périple. Ils commencent rapidement à raconter leurs voyages, visiblement fiers et intarissables. J'écoute poliment mais, pour un véritable échange ou une vraie connexion, on repassera.

Je me retire tôt dans la petite chambre remplie de décoration, de bibelots et de meubles de toutes sortes. C'est tellement chargé que mon esprit amoureux d'espace et de liberté peine à retrouver son souffle.

1er mai

Ma nuit n'a pas été reposante. Je me lève tard et me sens toute engourdie. Le repas copieux ou le vin d'hier soir? Un déjeuner tout aussi copieux m'est servi. Mes hôtes ont oublié de m'aviser qu'ils ont des activités et me demandent de partir à dix heures, postés sur le bord de la porte. Je déteste me faire bousculer comme ça! Même pas le temps d'écrire! Il fallait que ça arrive dans le seul hébergement payant à date. Je me réfugie à la bibliothèque municipale pour m'occuper de mon administratif et passer ma frustration.

Pour en rajouter une couche, l'hébergeur de mon site Internet professionnel me contacte pour m'aviser que mon site a été piraté. Si je ne règle pas la situation d'ici deux jours, l'accès en sera coupé. Quand ça va mal... Décidément, depuis hier, la colère ne s'amenuise pas.

Jamais deux sans trois : je réalise que j'ai oublié mes bâtons de marche au B&B et, comme les hôtes n'y sont pas, je ne peux pas retourner les chercher. J'en parle à la dame à la bibliothèque. Elle m'offre de passer au B&B à la fin de son quart de travail et de m'apporter mes bâtons là où je serai rendue. C'est très gentil mais j'ignore où je serai à seize heures. Une fois sortie du village et arrivée dans les montagnes, je serai hors réseau et elle ne pourra plus me joindre. Il est presque midi et j'ai vingt-cinq kilomètres à marcher. Après avoir laissé un message au B&B, je pars sans mes bâtons. Advienne que pourra! Dans l'immédiat, j'ai besoin de me dépenser physiquement pour me calmer le pompon[33].

Au bout d'une heure de marche, les hôtes du B&B me rappellent (chanceuse d'avoir encore du réseau!) et offrent de venir à ma rencontre avec mes bâtons. Même si je n'ai pas entièrement décoléré, je suis reconnaissante pour ce geste. La remarque de la dame : « Vous auriez pu rester » n'aide en rien. Elle aurait pu me le dire ce matin, pas maintenant! Décidément, cette expérience m'est restée en travers.

Avec le recul, je réalise qu'au fond, j'étais en colère contre moi (ne l'est-on pas toujours?). D'abord parce que j'ai omis de demander à être accueillie en pèlerine et non en hôte payante. Ils auraient été libres d'accepter ou pas mais, au moins, j'aurais demandé. Par ailleurs, je n'ai pas fait valoir mon droit de rester jusqu'à onze heures, comme c'est de coutume dans les B&B. Toutes ces situations fâcheuses vécues depuis hier m'ont amenée dans cette avalanche émotionnelle.

Ne pas avoir réussi à trouver un gîte hier soir et vivre un « échec » pour la première fois m'égratigne plus que je veux me l'admettre. Orgueil, quand tu nous tiens!

Heureusement que le chemin est magnifique. Une fois de plus, la nature m'aide à retrouver mon état zen. La marche est exigeante avec des côtes abruptes. Arrivée en haut sur un plateau, je découvre une ferme. Des montagnes s'étalent au loin et le mont Owl's Head est là devant moi, tout près. Quel

---

[33] Se calmer le pompon, au Québec : retrouver son calme

panorama spectaculaire! Mon cœur se remplit de gratitude devant tant de beauté. Comment ne pas être en amour avec cette région?

Kelly, un monsieur anglophone de la région, insiste pour m'offrir un lift dans son *pick-up* et j'accepte de partager sa route sur quelques kilomètres. Pourquoi ne pas me faciliter la vie? La montée a été vraiment rude mais elle a atteint son but : me faire retrouver la paix. Je mange mon lunch (tiens, un autre merci aux gens du B&B!) plus loin, assise sur un rocher au milieu d'un champ, entourée de bouses de vaches. Je me sens encore une fois comme en Suisse. Mes yeux plongent dans le magnifique paysage du mont Orford et du lac Memphrémagog.

Suis-je brûlée par ma recherche de gîte d'hier? Je laisse mes bottines me guider sans réfléchir. Elles me transportent directement à l'Abbaye de Saint-Benoît-du-Lac. Je n'aurai pas de recherche à faire pour le gîte de ce soir ni demain! J'ai besoin d'une pause.

On me dirige vers la maison des femmes. Quelle institution archaïque! Une sœur âgée et très dynamique au nom de Denise m'accueille. Elle a vécu trente-cinq ans à Lausanne en Suisse. Ça tombe bien : je suis au Québec depuis trente-cinq ans. Nous avons ainsi au moins un point en commun. Je réussis à profiter pleinement du lieu sans me rebeller contre les règles strictes (et ridicules, à mon sens) de la maison des femmes qui est séparée du monastère principal.

Je connais l'Abbaye pour y avoir séjourné plusieurs fois avec mon groupe de méditation. La dernière fois, c'était il y a juste deux mois, quelques semaines avant mon départ pour ce pèlerinage.

Serge, l'organisateur de ces retraites, choisit justement ce moment pour me contacter. Il se demande si c'est Pèlerin de paix qui m'a influencée dans mon choix de projet. Non, pas vraiment, c'est davantage le Dr Stanley Vollant, le médecin d'origine autochtone. J'avais envie de faire un pèlerinage depuis très longtemps mais pas de façon traditionnelle ni en suivant une route établie, comme cela se fait par exemple à Compostelle. Je voulais tracer mon propre chemin.

Serge se demande aussi si l'empreinte écologique était un de mes critères. Pas vraiment. La conscience écologique fait partie de mon ADN depuis toujours. Je suis, bien sûr, fière d'avancer par mes propres moyens, que ce soit en randonnée ou sur ce périple, tout comme je fais attention à la nature et à ma façon de consommer. Ce qui ne veut pas dire que je suis prête à renoncer à ma voiture, à prendre des bains ou l'avion. J'aime goûter aux plaisir de la vie.

2 mai

Après le déjeuner silencieux dans la maison des femmes, j'ai un échange des plus enrichissants avec Marie-Jeanne, une femme qui m'impressionne par sa sagesse, sa foi et son charisme. J'ignorais que toutes ces qualités pouvaient exister dans une même personne et dans ce bâtiment. Elle comprend très bien mon projet et, mieux, le fait grandir. Elle nomme mon désir de créer de la magie et d'avoir un soutien pour faire prendre de l'ampleur au mouvement « Du bonheur au suivant! ». Elle pense qu'il y a des mécènes ici parmi les invités. Je n'ai pas pensé à cette possibilité et m'en réjouis.

Comment les trouver? On est en silence lors des repas. Elle pense qu'il va venir à moi en temps et lieu et qu'il est important de lâcher prise. Je veux bien la croire, mais c'est plus facile à dire qu'à faire.

Je me régale de la nourriture. Au souper, j'exagère et mange une double ration de ce que mon corps réclame. Ça compense pour les repas parfois maigrichons des dernières semaines. Un moment donné, je remarque un homme qui me fait un signe de tête et qui a l'air ouvert et sympathique. Je jette un regard sur son assiette deux fois plus chargée que la mienne. C'est rassurant, je ne suis pas la seule goinfre de la place! J'espère pouvoir lui parler demain. Serait-il ce futur mécène? Ah, c'est vrai, lâcher prise...

Mes difficultés à trouver un gîte sèment le doute en moi quant à la viabilité de mon projet. Mon anxiété monte. Vais-je pouvoir le mener à terme? Vais-je avoir la foi, le courage et la persévérance nécessaires? Est-ce que ça vaut le coup? J'accueille ce petit passage de découragement, c'est normal. Chose certaine, cette Marie-Jeanne est un ange sur ma route et notre courte rencontre laisse toute une empreinte en moi.

3 mai

Enfin une bonne nuit! Je me sens comme neuve. J'en profite avant que la routine de l'Abbaye ne reprenne. Je me sers un déjeuner plus raisonnable ce matin. « Tu n'es pas obligée de te défoncer à chaque fois, n'est-ce pas, Heidi? ». Je revois brièvement Marie-Jeanne. Garderons-nous le contact comme je l'espère? Viendra-t-elle faire un coucou sur ma page FB comme elle me l'a promis? Je n'ai pas revu le monsieur sympa non plus. Je suis déçue. Je veux bien lâcher prise mais que c'est facile de perdre son état zen!

France, une autre visiteuse, me demande un entretien. Sa vie est lourdement hypothéquée. Tremblement des mains, dépression, tabagisme, elle traîne son passé d'abusée et encore dépendante de son ex-conjoint qui, de son côté, se remarie.

J'entends sa colère sous-jacente envers la vie, envers son ex. Je l'encourage à se défouler à cœur joie, à sortir cette colère paralysante. Elle veut bien. Dans le passé, elle a déjà fait un essai mais, lorsque l'émotion a commencé à monter, la peur l'a submergée et elle a coupé court à l'expérience. Une situation fréquente chez les femmes, selon mes observations. L'émotion de la colère reste enfermée. Elle œuvre en sourdine au détriment de leur santé et de leur bien-être, et de celui de leur environnement, et les empêche de toucher à leur essence.

La colère et moi nous connaissons bien. Au fil des années et de diverses démarches thérapeutiques, nous avons appris à nous apprivoiser et même à nous apprécier. Avant de faire la paix avec elle, je me suis sentie impuissante et livrée à sa force brute, hantée par la peur au ventre de perdre le contrôle et de ne plus être capable de répondre de mes actes. C'est lors de mon travail en tant qu'infirmière dans un institut de psychiatrie légale que le déclic s'est opéré. J'ai réalisé qu'entre les malades ayant tué des gens et moi, une vitre de quelques millimètres nous séparait à peine. Cette reconnaissance de la présence de cette colère en moi m'a permis de faire la paix. Mieux encore, j'ai développé un immense sentiment de gratitude envers la vie de ne pas avoir eu à perdre le contrôle et commettre l'irréparable.

J'aime l'expression physique de la colère qui la transforme en une source appréciable d'énergie pure, comme ma marche d'hier. Je l'accueille sans la juger et elle me dévoile une information importante, moins sur la situation ou la personne à son origine que sur moi. Elle me permet de me réapproprier ce qui m'appartient et d'en être entièrement responsable. Un profond sentiment de connexion avec mon ÊTRE véritable s'installe à ce moment-là avec le délicieux sentiment d'être arrivée chez-moi. La colère ne mérite pas d'avoir si mauvaise presse, pourvu que son expression soit bien canalisée et ne puisse faire de mal ni à soi, ni à autrui.

Les femmes ne savent souvent pas trop comment s'y prendre pour observer et libérer la colère car elle tend à se cacher derrière les larmes. Elles (les femmes, pas les larmes) ont besoin d'exemples concrets. Je fais alors des démonstrations avec beaucoup d'enthousiasme et, habituellement, elles se laissent entraîner. Matelas, oreiller, bâton de baseball en plastique, *punching bag*, crier dans la voiture ou la tête dans le congélateur, se défouler avec une branche à taper sur un tronc d'arbre mort (mon moyen favori), faire de l'exercice intense, taper du pied, tout est bon. Une fois qu'on a notre scénario préféré, l'exercice est tellement libérateur, voire jouissif.

Surprise! Rééquilibrer et apaiser notre système ne dure qu'une minute ou deux. S'imaginer le défoulement peut suffire dans un deuxième temps. Les personnes plus avancées spirituellement l'évacuent par une simple expiration. Cependant, pour débuter le processus, rien de mieux que l'expression corporelle pour libérer la colère accumulée depuis des années voire des décennies. En prime, le niveau de bienveillance et d'amour de soi fait alors un formidable bond vers le haut.

Mon séjour à l'Abbaye se termine. Je me sens très riche des rencontres que j'y ai faites et des bons repas savourés. J'accepte le *lift* que France m'offre jusqu'à Austin. De là débute ma marche vers Magog. Tout un changement d'atmosphère après le calme à l'Abbaye. Je me sens agressée par le bruit des camions qui martèle mes tympans et la pluie s'est mise de la partie. Je prends un arrêt de contemplation. Un brouillard mystique enveloppe le lac Memphrémagog. C'est très joli et apaisant.

Les kilomètres défilent et je passe devant d'impressionnantes demeures qui bordent la rive. À l'approche de la ville, je me trompe de chemin et rallonge ma route. Une surprise m'attend à l'entrée de Magog. Une jolie île de verdure a été aménagée tout le long de la route cent douze. Quelle apaisante façon d'arriver, même sous la pluie. Bravo Ville de Magog pour cette superbe initiative!

Ce soir, je suis chaleureusement accueillie par Christine, une personne que j'aime et admire depuis plusieurs années. Tout semble lui réussir. Elle habite une magnifique maison rénovée au cœur de la ville où tout est beauté, fonctionnalité et qualité, un vrai spa pour corps et âme! Christine optimise tout ce qu'elle touche, dans sa vie professionnelle autant que personnelle, une vraie *super wonder woman*. Belle, disciplinée, orientée bio et santé, sportive, gentille, modeste, travaillante, prévoyante, spirituelle, humble, généreuse, ayant du succès et aimant la vie… Bonne à marier, comme je le suggère avec un clin d'œil à son conjoint.

Elle est aux petits soins avec moi. Des bouchées exquises pour mon arrivée, des serviettes moelleuses et chaudes pour la douche, une belle chambre avec un charme d'antan. Je passe une excellente nuit.

4 mai

La vie de château continue. Ce matin, des croissants frais de la boulangerie garnissent la table du déjeuner. Christine a même prévu des provisions santé pour mon trajet. Elle pense à tout avec ce petit quelque chose de plus qui fait que je vais me rappeler longtemps de mon séjour cinq étoiles chez elle. Je fais provision de ce bonheur et de cette qualité, les respire et m'en imprègne dans toutes mes cellules. Je ne trouve pas facile de quitter ce paradis mais le chemin m'appelle à sa poursuite.

Vingt kilomètres de marche m'attendent aujourd'hui avant d'arriver chez une jeune mère de famille qui m'a lancé l'invitation dès ma première vidéo, avant même mon départ pour cette aventure. Elle est en activité à l'extérieur avec ses enfants. Elle m'invite à entrer par la porte arrière et de « faire comme chez moi ». Cette confiance avec laquelle les gens m'accueillent même en leur absence, sans me connaître, me touche chaque fois. Qui dit que le monde n'est pas foncièrement bon?

J'entre dans un tout petit appartement et vois de nombreuses paires de tout petits souliers soigneusement alignés à côté de la porte. Tout est mini. Ça me fait penser à Blanche-Neige et les sept nains. Je profite du calme et m'installe pour écrire mon journal. La porte s'ouvre tout d'un coup et je vois entrer une belle maman et ce que je crois être les enfants de sa garderie familiale mais je me trompe : ils sont tous bien à elle, dont des jumeaux. On change d'énergie et c'en est fini avec le calme.

Sandra m'a invitée alors qu'il n'y a qu'une seule chambre pour tous les enfants. Elle a libéré cette chambre pour moi, amenant sa joyeuse bande à dormir dans le grand lit des parents. Comment ne pas être étonnée et émerveillée par tant de générosité?

Des deux lits superposés, je choisis celui du bas. Mon genou est ainsi épargné d'une gymnastique douloureuse. Je soupçonne qu'il s'agit de celui du petit dernier puisqu'un plastique recouvre le matelas et il s'en dégage une légère odeur de pipi. Bon, ça sera ça.

Je plonge dans un tout autre monde. Quel *clash* avec hier!

Les enfants de deux à huit ans, trois garçons et une fille, sont turbulents. Ils ne peuvent aller jouer dehors car il pleut et le terrain boueux est encombré de déchets de construction. Ils se défoulent donc à l'intérieur, grimpent sur les meubles, crient, font du tapage, sèment le chaos. Comment fait Sandra pour garder son calme et sa patience afin de faire respecter un semblant d'ordre? Pour en rajouter une couche à ses défis, elle pratique l'école à domicile. Vraiment, j'ignore comment elle fait!

Elle assume cette tâche toute seule puisque son conjoint travaille à l'extérieur et ne rentre qu'occasionnellement.

Nous partageons un souper très simple, une soupe et du pain. C'est ensuite le temps des jeux. L'espace est rempli de jeux éducatifs, tous bien rangés. Sandra a une seule fille qui parle d'une voix aigüe. Impossible de ne pas l'entendre. Elle insiste pour me montrer l'album de photos de leur récent *trip* de plusieurs mois à sillonner le pays. Wow! Encore une fois, je me demande comment arrive Sandra sans l'aide de son conjoint? En soirée, un violent orage gronde et elle n'a pas assez de toutes ses mains pour rassurer les enfants. Sous l'emprise de la peur, l'aîné enfonce son poing dans sa bouche et le mord.

Beaucoup de tension s'est accumulée dans le petit espace. Tout un défi pour moi qui a un grand besoin d'espace. Voir la beauté et la bonté au-delà des manifestations m'aide à diminuer mon sentiment d'impuissance.

Je sens toute la bonne volonté et l'engagement de Sandra à être une bonne mère et à incarner une vision idéale de l'éducation et ce, dans des conditions loin d'être idéales. Pour moi, elle est une héroïne. Une de ces héroïnes du quotidien dont on n'entend pas parler. Pas de *bling-bling*, pas de paillettes, juste ce formidable engagement d'une femme dévouée à sa famille et qui croit à l'importance de l'éducation malgré les hauts et les bas de la vie. Sandra a l'âge de mon fils et elle me touche beaucoup. Jamais, au grand jamais n'aurais-je été capable d'accomplir un pareil exploit. Ni à son âge, ni jamais.

Sandra m'informe qu'elle part demain avec toute sa tribu et qu'ils dormiront à l'extérieur. Elle m'invite à rester une nuit de plus. Nous avons peu de temps pour échanger entre adultes. Je comprends que son couple traverse une crise. Leur vision de l'éducation diverge, entre autres. Tensions, insatisfactions et éloignement en résultent. Sandra porte actuellement le poids familial seule sur ses épaules.

5 mai

La nuit a été courte. J'assiste à leur préparation matinale. J'ai décidé d'accepter l'offre de rester une nuit de plus. Je vais ainsi prendre la journée pour me promener librement dans les environs et profiter d'un habitat pour moi toute seule. Pour une fois, ce n'est pas moi qui pars! Est-ce ma présence ou leur déplacement qui perturbe les enfants? Des cris et des chicanes fusent. Un des garçons cherche l'attention et cela crée une escalade jusqu'à ce qu'une vraie crise éclate. Sandra perd sa contenance et c'est l'orage. J'observe, impuissante, et mon cœur saigne. Je voudrais tellement l'aider!

Une fois tous les enfants dans la voiture, Sandra revient me voir. « Je suis tellement désolée que tu aies eu à assister à ça » me dit-elle, penaude.

Que puis-je répondre à ça?

Comment revenir au « Bonheur au suivant » et conscientiser le demi-verre plein après une telle tempête? N'est-ce pas LE moment pour lui souligner ce que je vois de beau et de bon dans sa famille? Ses enfants vifs et éveillés? Elle me confie qu'elle se fait souvent critiquer par sa mère et par d'autres personnes autour d'elle. Je lui rappelle que mon rôle est celui de voir le beau, le bon et les belles réalisations. « Tu reviens demain! », me lance-t-elle en retrouvant son sourire. Je n'y peux rien, cette femme me touche profondément.

La voilà partie dans sa fourgonnette qui tangue avec sa bande aujourd'hui vraiment pas joyeuse. Je ne voulais pas me laisser happer émotionnellement? Eh bien, c'est raté. Les bras ballants, je reste là et commence à pleurer. Les larmes coulent. Je ne cherche pas à comprendre. Le sentiment d'impuissance monte encore plus fort et, tout en reniflant, je commence à faire du ménage dans le petit appartement devenu calme. C'est la seule façon que je trouve pour me faire du bien et pour soutenir Sandra, cette maman-héroïne.

6 mai

Il y a deux jours, j'ai osé faire un appel à Johanne, propriétaire d'un spa renommé, pour lui demander le gîte en échange d'une causerie. Demandez et vous recevrez! Elle a accepté et me demande un descriptif de ladite causerie. Installée dans le calme chez Sandra, j'ai planché hier pendant une demi-journée pour pondre quelque chose de semi-potable. L'exercice était plus dur que de marcher vingt kilomètres et de chercher un gîte!

Cet après-midi je me pointe à l'accueil du spa sans avoir reçu une confirmation de la part de Johanne. Espérons que l'offre tienne toujours! On m'envoie dans les bains. C'est bon signe. En l'absence de Johanne, son organisateur a reçu ma demande trop tard pour l'intégrer dans sa planification de la journée. Il me propose de m'asseoir simplement à la table conviviale à l'heure du souper et me demande d'entamer l'échange avec les gens qui s'y grefferont. Quelle bonne nouvelle! Je reçois ce privilège de passer la journée et la nuit dans ce paradis.

Ce sont habituellement les gens seuls qui choisissent de partager leur repas autour de cette table ronde. Au fur et à mesure que les gens arrivent, un bel espace de partage s'installe. Mon aventure donne le ton à des échanges animés, enrichissants et profonds.

Je savoure chaque minute.

7 mai

Les échanges se poursuivent ce matin au déjeuner sur une base plus privée. J'espère avoir pu aider l'une ou l'autre des personnes. Je réussis à rencontrer Johanne. Elle me confie ses défis, comme par exemple trouver un chef cuisinier correspondant à ses critères, ce qui semble à ses yeux une mission presqu'impossible. Être cuisinière, j'adorerais travailler dans ce lieu choyé.

Johanne a ses défis et moi les miens. Ma couronne sur une incisive – heureusement pas celle sur ma tête, hahaha – branle dangereusement. C'est celle que j'ai déjà fait recoller et on m'avait alors suggéré un implant si ça redécollait. Mon stress financier fait un bond. Moi qui rêve d'une belle dentition, d'un sourire radieux et de mordre dans la vie à pleines dents! Je fais appel à un miracle. En attendant sa manifestation, je vais avoir à me trouver un dentiste pour fixer la couronne temporairement.

Mon amie Maryse et moi avons eu l'idée d'organiser une journée « Initiation au pèlerinage » même avant mon départ de Montréal. L'idée était d'inviter les gens de nos réseaux à venir nous rejoindre là où je serai arrivée sur mon périple et à marcher ensemble pendant une journée. C'est aujourd'hui que ça se passe. Nous nous rencontrons dans le stationnement du spa et établirons ensuite le trajet à parcourir.

En pèlerine expérimentée, elle m'a donné de précieux trucs avant mon départ. Nous estimions donc toutes les deux que son expertise serait appréciée et utile aux gens intéressés aux pèlerinages. En parallèle, elle pourra joindre l'utile à l'agréable et s'entraîner pour son propre périple en Outaouais qui aura lieu sous peu. De Lanaudière où elle réside, elle a plus de deux heures de route à faire pour venir me rejoindre.

Nous ne serons finalement que quatre marcheurs. C'est lundi et le commun des mortels travaille. Maryse arrive avec sa copine de marche, Lise, et ça me fait bien plaisir de les revoir dans ce contexte bien différent de nos habitudes. De mon côté, c'est le boulanger Samuel qui s'est montré intéressé puisque l'activité tombait sur sa journée de congé. Lorsqu'il se présente en habits et souliers de ville, je comprends cependant qu'il doit avoir mal lu l'invitation. En bon jouisseur de la vie, il croyait qu'on irait « jaser quelque part ». Il nous accompagne quand même sur quelques kilomètres. Le revoir et échanger avec lui est toujours aussi agréable.

La suite de l'étape se fait à trois. Nos intérêts et l'intention de chacune diffèrent et ce n'est pas évident de trouver des points communs. Je suis tellement habituée de suivre mes envies au fil des pas! En croisant une piste cyclable menant à travers les champs, je brûle d'envie de la suivre mais les deux autres préfèrent « ne pas prendre de chance » et nous poursuivons sur la route. Je m'adapte à leurs préférences avec une certaine résistance. Peut-être ont-elles l'impression de s'adapter aux miennes tout autant? Ce n'est pas parce qu'on est amies dans la vie qu'on marche automatiquement bien ensemble.

Arrivées en ville, nous nous arrêtons pour prendre un café et les deux femmes s'attellent à trouver un transport pour retourner à leur voiture. Pour ma part, je choisis de continuer à marcher sur la piste cyclable jusqu'à Shefford. Annie accepte de m'héberger pour une deuxième fois. J'aime mieux marcher onze kilomètres supplémentaires que de commencer à chercher une halte dans cette ville où je ne connais personne.

Me voilà en mouvement seule, le pas alerte, en direction ouest vers le soleil couchant qui illumine tout sur son passage. C'est merveilleux d'observer les nouvelles feuilles fraîchement sorties, d'un vert tendre presque translucide, dans la lumière à contre-jour. Je respire profondément, admire mon environnement et retrouve ma légèreté.

10 mai

Je viens de passer deux nuits reposantes et agréables chez Annie. Nos échanges étaient plus faciles. Ce matin, je me dirige vers Magog et passe une autre nuit chez Christine. Je me réjouis d'être de nouveau en sa présence. Nous avons un rituel d'escalader ensemble le Mont Orford mais, sur ce périple, j'y renonce pour protéger la santé de mon genou.

Christine accepte d'entreposer quelques vêtements devenus encombrants car maintenant hors saison. Le beau temps est arrivé pour de bon, du moins je l'espère. Pendant qu'elle vaque à ses activités, je me rends au parc au bord du lac où je fais la connaissance de Monique, une dame qui m'a contactée via Facebook. Elle est une professeure retraitée et drôlement allumée, belle et exubérante. Avec son bagage de vie riche et passionnée dans l'enseignement et les conférences, elle a encore beaucoup à offrir et se questionne actuellement sur la forme à privilégier. Très loin d'elle l'idée de se bercer sur son balcon! Quelle femme inspirante! Elle m'offre la prochaine halte et partage un message sur Facebook à son image.

> « Mon cœur... de curieuse, de nouveauté, d'originalité, d'enfant qui aime les surprises a été comblé hier! J'ai fait la connaissance d'une grande dame qui relève un défi personnel : aller à la rencontre des gens de l'Estrie pour échanger sur la vie et l'amour... en marchant!!!
>
> Quelle grande dame! Je l'ai amenée chez moi! Jasette... bonne bouffe... échange d'idées... conseils (coach, cette nouvelle copine...) en échange de mon amitié et d'un bon lit!

Son nom? Heidi- Heidi Spühler! Découvrez-là sur sa page Facebook!

Écrivez-lui... saluez-là...Invitez-là... chez vous... au resto... dans un parc où aller marcher avec elle...

Quel bonheur cette rencontre! Et elle est même tombée en amour avec un konfo[34]... elle la sportive qui préfère espadrille et coupe-vent!?!

Bon voyage ma copine… on se reverra bien un jour... je serai là pour toi… et ton konfo aussi!!!

Monique »

Monique, veux-tu être la secrétaire-organisatrice de mes haltes quotidiennes?!

Elle m'accueille dans son petit paradis situé au milieu de la forêt. Un lieu de ressourcement empreint de la créativité débordante de sa propriétaire.

11 mai

Monique me propose un tour dans sa petite voiture sport jusqu'à Sainte-Catherine-de-Hatley, petit village perché en haut de colline et offrant une vue splendide sur le Mont Orford. Un restaurant très couru y offre des brunchs mémorables et je me promets de m'y rendre un jour mais aujourd'hui, c'est le départ de ma marche vers Waterville.

J'y suis accueillie par Eveline qui a connu mon projet grâce au partage de Jean-Luc, l'hôte de ma toute première halte, et m'a offert le gîte il y a déjà quelque temps. Par chance, ça fonctionne pour ce soir. Evelyne est une femme fin quarantaine, et sa beauté

[34]Konfo = vêtement original conçu par cette dame.

classique me fascine. D'une grande sensibilité, artiste dans l'âme, musicienne, réfléchie et introvertie, elle remet actuellement ses choix professionnels en question. Elle n'a plus ni l'énergie ni la motivation de continuer à s'investir dans l'organisme qu'elle a bâti.

Tout est calme et apaisant chez elle, même son questionnement. Quel bienfait et quel contraste avec l'exubérance de Monique, que j'apprécie aussi, différemment! Nous prenons un long moment à table pour laisser cette remise en question se déposer et respirer. Les réponses viendront au moment où elle sera prête à les recevoir.

La marche d'aujourd'hui a intensifié les douleurs de mon genou et je crains le pire : être incapable de continuer mon périple. Il paraît que l'huile essentielle de céleri aide à soulager l'inflammation. Eveline s'y connaît. Tout est naturel, bio et écolo chez elle. Mon esprit est ouvert à bien des remèdes, et je décide de croire en son efficacité.

Pendant que j'accomplis ma routine d'étirements, j'ai droit à un concert privé. Eveline chante avec sa grande fille qui l'accompagne au piano. Leur chant me touche. J'en viens à me demander pourquoi j'ai abandonné cette activité alors que j'adore sentir la vibration du son à l'intérieur de mon corps? À part créer de la beauté, de la connexion et permettre l'expression créative, je suis convaincue que chanter guérit.

Nous visitons les installations de l'école alternative « Les enfants de la terre ». Cette école alternative très recherchée basée sur la pédagogie Waldorf de Rudolf Steiner est un phare dans le village. Des parents viennent s'y installer uniquement pour que leur enfant ait plus de chance d'y être admis.

La journée se termine avec une promenade à la rivière au coucher du soleil, sa place de prédilection. Monter et descendre m'est difficile et je clopine derrière elle tant bien que mal. Chaque pas est douloureux et encore une fois, je me questionne sur la suite du périple.

12 mai

Avant de quitter son havre de paix, Evelyne me glisse un flacon d'huile de céleri dans mon sac à dos. J'ai stabilisé le genou avec un bandage dans l'espoir d'augmenter mes chances de réussir les dix-sept kilomètres de marche prévus aujourd'hui. Ça ne semble pas énorme mais, dans les circonstances, c'est une montagne pour moi. Je choisis d'aller de l'avant en faisant abstraction de mes inquiétudes.

À la sortie du village, j'ai l'impression que les fermiers se sont passés le mot pour épandre le purin. Je marche sur un chemin en terre battue. Grâce au temps très sec, les mastodontes de tracteurs soulèvent des nuages de poussière au parfum « délicat ». Comme fille de fermier, je ne m'offusque pas de l'odeur outre mesure mais me questionne quand même s'il y a un lien à faire avec mon état… merdique?!

Alors que je suis encore dans les premiers kilomètres de mon périple, la douleur au genou s'accentue de plus en plus. Je fantasme sur un orthopédiste, un chiro, un guérisseur, un ramancheur[35], n'importe qui pourvu que la douleur s'en aille et que je retrouve ma paix d'esprit.

Fantasmer ne suffit pas. Je m'arrête. Devrais-je appeler Marie qui m'attend à Sherbrooke pour lui demander de venir me chercher ou suis-je rendue à l'étape de l'ambulance? Non, quand même!

---

[35]Guérisseur, rebouteux

Un souvenir de mes marathons me revient. J'utilisais alors mes connaissances et mes capacités à traiter mes bobos au fur et à mesure par la création spontanée d'outils imaginaires très efficaces. J'avais oublié cette boîte de ressources et suis bien heureuse de m'en rappeler!

Pour commencer, j'ouvre dans mon imaginaire une nouvelle fenêtre d'expérience de vie avec une version de Heidi en pleine santé. Je continue mon chemin tout doucement. Après quelques minutes, la douleur revenue, je prends une nouvelle pause, ouvre une nouvelle fenêtre, avec une nouvelle Heidi en pleine santé et je répète l'exercice plusieurs fois. J'avance lentement mais sûrement. Arrivée au chemin McDougall, je mange assise dans l'herbe et donne un repos bien mérité à mon genou.

Une montée très abrupte m'attend. Je reprends ma marche, un pas à la fois, juste un pas. Je ne dois pas penser plus loin qu'à ce prochain pas. Je finis par y arriver. Le chemin continue ensuite en hauteur et j'avance toujours avec la conscience de « juste un pas à la fois ». Les kilomètres s'accumulent à la lenteur d'un escargot. À l'approche du viaduc de l'autoroute quatre cent-dix, j'en ai assez et fais de l'auto-stop.

Après une longue attente à faire le piquet sous un soleil de plomb, un jeune homme s'arrête et m'invite à monter dans l'auto. Il doit aller chercher sa fille et s'engage sur l'autoroute mais accepte gentiment de me laisser de l'autre côté du viaduc. C'est déjà ça de pris. J'aperçois alors un restaurant de nourriture rapide de beignets dans une station-service toute neuve. Elle ne le sait pas encore mais elle me sauve. Avec une dernière poussée d'énergie, je m'y rends.

Je vais aux toilettes avant de commander un duo café-beigne (délicieux dans la situation!). Comme on est samedi, j'attrape le cahier culturel d'un quotidien et m'installe pour un bout de temps. Je plonge dans ma lecture et oublie tout autour, le lieu, l'heure, mon corps. Après avoir épluché le cahier du début à la fin, je sors de ma lecture comme d'une transe et décide de tester mon genou. Je retourne aux toilettes en mettant prudemment du poids sur ma jambe. Ça semble aller.

J'ignore quelle magie a opéré dans le *fast food,* ni ce qu'ils mettent dans leurs beignes, mais je réussis à finir la marche jusqu'à destination. Ce sont les dix-sept kilomètres les plus longs et dont je suis le plus fière. Nous sommes habités par des ressources insoupçonnées et, aujourd'hui, j'ai fait appel à quelques-unes d'entre elles.

Me voilà arrivée à Sherbrooke, chez Marie, qui me reçoit généreusement pendant quelques jours, le temps que je me remette en forme.

12 mai

Les marches sont remplacées par des sorties en bicyclette. Chez Marie, je vis un autre rendez-vous avec la vie car elle a été ma cliente, il y a de cela plusieurs années. Si elle ne me l'avait pas dit, je ne l'aurais pas reconnue. Elle vivait alors sur la rive-nord de Montréal. Après un défi de santé, elle se questionne maintenant sur son futur professionnel. Passionnée de voyages et vivant dans un environnement choyé, elle veut maintenir sa qualité de vie sans hypothéquer sa santé et étudie les possibilités ouvertes.

Nos questionnements se répondent alors que je suis à mi-chemin de mon périple. Où en suis-je? Comment continuer? Quelle direction choisir? Mon corps me dit d'arrêter pour un temps. Ma tête veut continuer, persévérer, aller au bout de mon projet sans tarder. Et mon cœur, que veut-il? Je l'ignore. Quand je suis fatiguée ou affligée physiquement, mes décisions perdent leur influx intuitif et je tombe rapidement dans la survie et les réactions de peurs. De surcroit, mon brave genou me donne d'excellentes raisons de m'inquiéter.

Où sont l'enthousiasme et la gratitude? Et le mouvement « Du bonheur au suivant »? On dirait qu'un ver s'est introduit dans ma pomme mais je n'arrive pas à le saisir. Je suis trop préoccupée par mon questionnement et ma santé.

Chaque fois que je doute de ma direction mon réflexe est de remettre en question mon projet au complet en pensant qu'il lui manque quelque chose. Coucou, égo! Au contraire il y a plutôt un élément de trop : celui de me casser la tête au lieu de savourer le moment présent et ses cadeaux.

Ce qui me fait vibrer n'a pas changé : connecter avec les gens et contribuer à leur bonheur à travers ma marche, nos échanges, mon aide et mon propre bonheur. Cette mission me remplit toujours et, quand j'entends que mon aventure inspire quelqu'un à se choisir, je suis aux oiseaux[36].

C'est alors qu'arrive ce message de Mélanie en réponse à ma vidéo hebdomadaire.

> « Ta simple présence, Heidi, nous fait du bien. Ta simplicité, ton sourire, ton écoute et même ta discrétion! Tu n'as pas besoin de chercher quelque chose à nous rendre en retour, ta simple personne avec tes belles aventures et tes belles connaissances nous comble!… Non mais, j'espère que tu sais comment tu es épatante et impressionnante! Merci pour le cadeau de la petite vidéo! Tu es mon émission préférée de la semaine! Hahaha! Bonne continuité, belle Heidi, et continue de laisser les fenêtres de ton esprit ouvertes!
>
> Mélanie »

Quel message bienfaisant pour mon cœur et mon genou en compote! Devine-t-elle que ses mots contribuent à ouvrir la suite

[36]Être aux oiseaux, en québécois : être heureux

du pèlerinage? C'est le meilleur antidouleur et anti-doutes dans ce moment où d'épaisses bandes de brouillard me voilent le chemin. Un immense MERCI Mélanie! Je te promets de garder les fenêtres de mon esprit ouvertes!

13 mai

Je veux profiter de mon séjour ici à Sherbrooke, chez Marie, pour rencontrer une personne que j'admire. Diane est une femme qui dégage un tel humanisme que je me sens irrésistiblement attirée vers elle. C'est une des personnes que je souhaite avoir comme amie. J'ai eu la chance de la connaître et de connecter spontanément avec elle dans une formation il y a deux ans. Pédagogue chevronnée et appréciée dans son milieu, nous ne nous sommes pas revues depuis. Je la contacte et suis enchantée qu'elle soit disponible pour venir me voir.

Nous nous installons sur une pierre au bord de l'eau dans le soleil de l'après-midi. La magie opère toujours. Je sens une proximité naturelle avec elle. Elle veut d'abord connaître mon aventure et m'écoute avec beaucoup d'attention. À la fin de mon récit, à mon grand étonnement, elle me dit : « Là, j'ai besoin de pleurer un peu ». Une fois ses larmes séchées, elle s'ouvre sur son expérience de dépression et comment elle a perdu le goût à la vie pour maintenant s'isoler volontairement et ne plus sentir d'intérêt pour quoi que ce soit.

Étonnée, voire sous le choc, j'écoute son vécu avec toutes les fibres de mon corps. Je sens gronder sa colère sous-jacente, tel un volcan. La colère, c'est la vie! La colère, c'est la force! La réprimer demande une énergie folle. Pas étonnant qu'elle soit en dépression. Nous prenons le temps de reconnaître et d'accueillir ses émotions. J'y mets toute la bienveillance et l'amour dont je suis capable. Même quand la tête pense « savoir comment ça marche », nous avons parfois besoin de soutien et de support.

Ai-je pu l'aider un peu? Je l'espère. Je l'invite à m'appeler autant de fois que nécessaire et lui mentionne des sources d'aide qu'elle connaît aussi, bien sûr. Encore faut-il qu'elle passe à l'action. Là aussi, un rappel peut être nécessaire. Ce sera un privilège de la soutenir dans ce passage plus sombre. Depuis le suicide de mon petit frère, je n'hésite plus. Mieux vaut en parler une fois de trop que pas assez.

Chose certaine, Diane m'a aidée, avec son authenticité, à me partager ce qu'elle vit, sans égo, sans maquillage ni détour. Aurais-je été capable de faire de même? J'en doute. Se livrer comme elle l'a fait me montre la grande force de la vulnérabilité et je sors quelque peu troublée mais inspirée de notre rencontre.

Son expérience reflète ma propre déroute et ma perte de vision que j'espère temporaires. Ça n'a peut-être pas paru avec elle puisque parler de ma belle aventure m'enthousiasme toujours autant et je ne voudrais la manquer pour rien au monde. Mais l'ombre pousse fort pour prendre plus de place, TROP de place.

Et si je me permettais de vivre le sentiment d'être perdue? À la place de souhaiter ardemment qu'une vision enthousiasmante émerge vite, vite, vite? N'ai-je pas déjà dit qu'il me suffit de connaître le prochain pas pour avancer sur le chemin de l'intuition? Mon impatience et ma douleur physique ne sont visiblement pas de bon conseil. J'ai peur de ne pouvoir continuer et l'inconnu qui chapeaute mon périple m'indispose, d'où cette recherche effrénée de réponse. Reconnaître et m'accueillir dans ces sentiments me fait le plus grand bien. L'égo se calme. Le ver dans la pomme est démasqué.

Mon énergie bascule. Après six semaines à sillonner le Québec, je tire une immense gratitude de mon aventure avec ses rencontres inoubliables et ces moments dans la nature par tous les temps, inscrits dans mon corps à jamais.

****

Si mes journées sont remplies du matin au soir et que l'environnement change constamment, mon quotidien est rythmé par certaines activités régulières.

Je priorise tout d'abord le relationnel. J'ai besoin d'établir très rapidement un lien de confiance avec mes hôtes. Ils ne me connaissent souvent ni d'Ève ni d'Adam. La connexion se joue dans les premières secondes du contact. J'ai besoin de saisir vite ce qui est important pour eux afin de pouvoir créer des ponts dans l'instant. Je souris et fais une sorte de *scan* de l'environnement qui me fournit des éléments positifs nécessaires à la compréhension des gens. C'est la meilleure façon d'ouvrir les cœurs et de susciter la confiance.

Le fait d'être d'origine suisse et mon statut d'ex-infirmière sont deux éléments rassurants que je garde dans ma manche mais que j'ai rarement besoin de sortir. L'humain a un détecteur inné pour capter le degré d'authenticité d'une personne.

Ce qui est drôle, c'est que, lorsque j'étais infirmière à domicile spécialisée en « virage ambulatoire » - mon dernier emploi avant de partir à mon propre compte, il y a de ça une petite éternité - je faisais sensiblement la même chose. J'arrivais avec ma valise et je n'avais que quelques secondes pour établir le contact et bâtir la confiance. C'était le prérequis pour une belle collaboration avec des gens démunis, souvent en colère. Le fameux virage ambulatoire avait permis de libérer des lits dans les hôpitaux et ce, sans ménagement pour les patients et sans considération pour l'humain et le respect. Cette expérience me sert maintenant.

Tout au long de mon périple, il m'arrive fréquemment d'avoir l'impression de connaître mon hôtesse et de visiter des amies. Je dis hôtesse et amies car, à quatre-vingt-dix pourcent, ce sont des femmes qui me reçoivent, des femmes seules, jeunes et moins jeunes, en couple ou en famille. Ce sont elles qui se sentent davantage interpellées par mon pèlerinage.

Comme la confiance tend à se développer avec le temps, les gens s'ouvrent davantage le lendemain matin. Du moins ceux qui gèrent leur propre agenda ou n'ont plus un travail à l'extérieur ou de jeunes enfants. Alors qu'une longue marche m'attend, je n'ai pas le cœur de couper court à l'échange. Il m'arrive de partir seulement vers midi ou même plus tard, avec une bonne trotte à mettre sous mes bottines. Ce n'est peut-être pas idéal mais je tiens à finaliser la rencontre avec chaque hôte à la satisfaction de tous.

Une fois le côté relationnel terminé à satisfaction, la marche est ma deuxième activité pour me déplacer d'un lieu à l'autre. Elle se déroule de façon organique. Avec le sac sur le dos, la posture change et les mouvements se mettent en place avec une certaine lenteur, en mode endurance. Le corps commence par se réchauffer. Je passe ensuite en mode digestion de l'expérience que je viens de vivre avec les joies et les défis rencontrés. J'entre ensuite doucement dans un mode de méditation et de ressourcement. Les pensées et les idées flottent librement. J'admire la nature, je respire dans mon corps, je réfléchis « avec mon cœur ». Je cadence souvent mes pas sur le mantra de gratitude « mer-ci – mer-ci – mer-ci… ». Ça me fait le plus grand bien.

Pour ne pas m'alourdir inutilement, je mange très frugalement. J'aime voyager léger et transporter le poids du sac à dos me suffit amplement, pas besoin d'ajouter de la lourdeur à la bedaine. C'est davantage les journées où je marche peu que je me reprends en termes d'appétit.

À l'approche de la destination, je me prépare à la nouvelle rencontre. C'est la partie la plus exigeante. Elle me demande de composer avec ma fatigue grandissante et mon niveau d'énergie à la baisse. Dès que j'entre dans une maison, j'oublie le corps pour me concentrer sur les personnes. Comme mon désir de connexion est fort, je m'organise pour être vraiment disponible pour les hôtes et j'en retire une immense satisfaction.

Ma liste de contacts et d'invitations me sert de référence pour planifier mes dodos, du moins minimalement. Une fois cette liste épuisée, si n'ai pas encore trouvé de gîte à mon arrivée dans un village, une vraie aventure riche en matériel pour de futures anecdotes commence. Cette nécessité de trouver un gîte chaque jour représente un stress qui m'aide à passer outre ma réserve pour présenter mon laïus à de purs inconnus. C'est un acte héroïque pour une femme qui a peur du rejet.

Je m'adresse aux gens dans les commerces et restaurants et à ceux qui croisent mon chemin. Habituellement c'est LE moment où je me demande ce que je fais dans cette galère jusqu'au moment où arrive une réponse positive et là, c'est merveilleux. J'en oublie instantanément les désagréments et je me rappelle pourquoi j'ai choisi de faire mon pèlerinage de cette façon. Je jubile, je suis enthousiaste et je trouve mon projet génial, jusqu'à la prochaine fois.

Même pendant les journées de repos, je marche plusieurs kilomètres, question de rester en mouvement. Je profite du luxe d'explorer les environs sans sac à dos. C'est un tel délice! Selon Maryse, les vrais pèlerins gardent toujours leur sac sur le dos mais pourquoi se priver d'un plaisir? D'ailleurs, je n'aspire pas au titre de « vraie pèlerine ».

Tout en haut de ma liste de priorités figure la responsabilité de prendre soin de moi et de mes affaires dans les circonstances très variables. C'est mon leitmotiv de m'assurer d'être bien dans ma peau, peu importe les conditions extérieures. Je soigne ainsi ma demeure intérieure et mon corps où que je sois et quoi que je fasse. Mon journal de bord m'aide autant à liquider le trop plein qu'à réfléchir et à, ultimement, garder une trace précieuse des moments marquants. Je me retire tôt le soir et me donne le temps de bien dormir. Je médite pendant la marche et, quand c'est possible, je profite des cafés, bibliothèques et autres lieux publics sur ma route pour faire un arrêt, souvent pour écrire.

Mes hôtes m'offrent souvent la possibilité de laver mes vêtements. Comme j'en ai peu, « faire le ménage » de mon sac à dos me demande un rien de temps. Je trouve énergivore, par contre, la gestion de ma page Facebook. Le Wi-Fi n'est pas toujours disponible. Répondre aux gens qui prennent le temps de m'écrire, faire mes vidéos *live* une fois par semaine, noter les offres de nuitées sur une feuille toute fripée, ce côté administratif me demande une certaine rigueur et le système en place est imparfait. Parfois même, les coordonnées de mes contacts et hôtes se perdent dans les limbes de mon cellulaire ou de ma mémoire.

J'ai oublié de faire un petit geste anodin durant les premiers jours de mon périple : vider mes bottes de marche en les enlevant le soir. Il m'est arrivé de marcher pendant quelques jours avec une petite roche pointue cachée dans un coin. Elle avait le don de se manifester lorsque je n'avais absolument pas envie de vider ma botte. « Plus tard », me disais-je, et, une fois arrivée, j'oubliais.

Comme j'aime m'amuser, un de mes petits jeux s'appelle « faire sourire un cycliste ». C'est toute une entreprise! Je commence par faire en sorte de me faire voir par eux alors qu'ils pédalent tête baissée et courbés sur leurs engins à manger des kilomètres. Je les regarde tout sourire et sans relâcher et, lorsque je reçois un seul sourire en retour, je crie « HOURRA, ma journée est faite! ».

Sur les chemins de campagne, je salue spontanément les véhicules que je croise en soulevant un de mes bâtons. Ce n'est peut-être pas la manière la plus élégante, mais les conducteurs me saluent à leur tour et me donnent l'impression d'être une des leurs. J'aime le penser.

Une de mes préoccupations, avant le départ pour cette aventure, était l'alimentation. Devrais-je communiquer aux gens mes préférences? La réponse a été claire : je ne veux pas m'imposer de la sorte. Qu'ils me reçoivent représente déjà un grand cadeau. J'ai plutôt fait un pacte avec mon corps : « Accepte ce qu'on te donne. Ne garde que ce qui te fait du bien et laisse aller le reste ». Il n'a pas rechigné. Donc je mange ce que les gens m'offrent dans la gratitude et il est facile de m'adapter. Quand un repas selon mes goûts et habitudes m'est servi, comme une assiette avec beaucoup de légumes, une méga-salade, beaucoup de fruits ou un smoothie, c'est la fête.

14 mai

Le séjour de ressourcement chez Marie se termine. Je lui suis très reconnaissante pour sa générosité. En réfléchissant à la poursuite de mon périple, une invitation intrigante reçue au tout début du parcours me revient en mémoire. Venue sur ma page Facebook grâce au partage de Pierre-Luc, Doreen m'avait invitée à me retirer dans son havre de paix lorsque j'aurai le goût d'une retraite et de silence. Elle est artiste-peintre et ses peintures affichées sur Facebook m'interpellent au plus haut point. J'ai le goût de la connaître. Elle habite dans un village que j'ai déjà visité mais revenir sur mes pas ne me dérange pas vraiment. Doreen accepte de me recevoir ce soir.

C'est donc parti pour vingt kilomètres en sa direction, sous la pluie, avec un genou fragile mais fonctionnel. Je me croise les doigts qu'il reste en forme et remercie mon corps de faire équipe avec moi!

La marche se termine par une montée impressionnante menant en haut d'une colline. À la vue de la maison, mes yeux s'écarquillent. Je suis en face d'une splendeur architecturale offrant une vue panoramique sur village, lac, champs et montagnes au loin. Un vrai trésor accroché au ciel. Des peintures surdimensionnées d'une grande beauté ornent les quelques murs de brique à l'intérieur. Tout le reste est vitré. Ce lieu est un hymne à la beauté, à l'art, à la contemplation au cœur de cette vue panoramique.

Doreen est une artiste jusqu'au bout de ses cheveux blonds ébouriffés. Elle gère également une boutique d'accessoires de mode à Montréal et partage son temps entre ces deux missions. Elle m'offre l'apéro. Arrive bientôt Ralph, son amoureux. La couette blanche en l'air, sourire ravageur, cool, la soixantaine avancée épanouie, il ressemble de façon stupéfiante à Jean-Paul Belmondo en plus jeune. Homme aux multiples talents, il a déjà exploité son propre vignoble et exposé en tant que graveur à Fribourg en Suisse. Il œuvre maintenant comme maître de chais au vignoble juste à côté de la boulangerie de Samuel. Quelle coïncidence!

Les synchronicités ne s'arrêtent pas là.

Plus tard, en échange de confidences « entre femmes », Doreen me montre en toute discrétion une photo d'un ancien amant, un homme particulièrement désagréable selon elle. En voyant la photo, quelque chose me titille. Il me semble le reconnaître. Je cherche d'où et finis par me souvenir qu'il a été un de mes clients au tout début de mon activité de coaching, où il fut TRÈS désagréable aussi. Aujourd'hui, je refuserais une démarche avec lui car il est simplement « non coachable ». À ce moment-là, cependant, j'étais naïve et avais besoin de faire mes preuves. Il a joué avec moi comme avec un pantin et j'ai beaucoup appris, ce qui vaut son pesant d'or.

Fascinants, les multiples fils invisibles qui se touchent et nous unissent!

Je reçois une nouvelle missive de Monique, dans son style unique remplie de vie et d'émoticônes.

> « Bon mercredi, Heidi!
>
> Où es-tu ce matin? Marcher de Sherbrooke à [X] sous la pluie avec un genou qui fait cric crac croc!?! T'es folle ou quoi!?!
>
> Depuis notre rencontre de jeudi dernier et ta présence chez moi à Eastman, je me sens comme une mère qui laisse partir son ado sur le pouce... avec son gros sac à dos... en trip de voyage nowhere!?!
>
> Est où ma Heidi? Où dort-elle? Chez qui? A-t-elle un bon lit? Où va-t-elle à matin? Confiance la mama! que je me dis!
>
> Cette femme, cette nouvelle amie, tripe son rêve. C'est une aventurière intuitive... qui va où son cœur l'amène... pour rencontrer des gens de cœur et partager des p'tits moments de bonheur à tous ceux qui lui ouvrent leur porte!
>
> En guise de remerciement, elle « tatoue » votre cœur à jamais!
>
> Contactez-la (FB) et ouvrez-lui votre porte et votre cœur!
>
> Bonne suite mon amie... il fait beau ce matin.
>
> Monique »

Comment ne pas fondre devant une telle humaine?

J'ai la chance de rester chez Doreen et Ralph plusieurs jours. Il est impossible de s'ennuyer une minute en présence de ces deux personnes colorées. Après leur départ, je pourrai continuer à profiter de ce lieu privilégié pendant quelques jours, toute seule avec des chevreuils et leurs visites quotidiennes devant les grandes fenêtres. Une retraite riche pour le corps et pour l'âme dans cet environnement exceptionnel, entrecoupée seulement par une marche au village pour aller chercher des victuailles et faire une visite chez Marie-Anne.

Une immense gratitude m'habite. Doreen m'a permise de prendre ses peintures grand format en photo. Elles m'ont tant nourrie.

21 mai

Je quitte le paradis chez Doreen et Ralph pour retourner à Sherbrooke. Pour une rare fois, je marche en présence d'une personne que je ne connais pas. Il n'est déjà pas facile de marcher de longues distances avec des gens que je connais. J'ai donc pris un risque supplémentaire en acceptant l'offre de Manon. Elle devait m'accompagner en bicyclette et ensuite m'offrir le gîte. J'étais à l'aise avec cette proposition. Arrivée à notre point de rencontre, je fais connaissance avec une femme de stature plutôt ronde, à peu près de mon âge, ni sportive ni habituée aux longues marches, ni adéquatement équipée, et sans sa bicyclette. Oups, cherchez l'erreur!

Nous avons vingt kilomètres à marcher ensemble et des côtes abruptes à monter. Elle n'a jamais marché une telle distance. Je suis inquiète pour sa santé et sa capacité de se rendre au bout, d'autant plus que la région traversée est hors réseau cellulaire. Si elle a un malaise en cours de route, je serais mal prise et me sentirais responsable. À ne pas répéter sans vérifications au préalable! À ma surprise, et heureusement, elle tient bon sans se plaindre une seule fois. Elle a toutes les raisons d'être très fière de son exploit.

Je me rends compte, au fil de la marche, que j'ai tant besoin de ma marche solitaire et silencieuse pour me recentrer, me ressourcer et être ouverte à ce qui va se présenter que je préfère rester dans mon intimité.

22 mai

Manon, chez qui j'ai passé la dernière nuit, offre de me déposer à l'autre bout de la ville et j'accepte avec gratitude. Traverser de longs boulevards ennuyeux pour finir dans un quartier industriel n'est pas ce qu'il y a de plus édifiant. J'ai soif de campagne! Grâce au *lift* de Manon, mon périple commence à un carrefour de routes s'ouvrant sur des champs verdoyants.

Après à peine quelques kilomètres, je m'arrête à un marché fermier aménagé dans une grange et jumelé à une boulangerie. Exactement ce que j'aime! On sait que la formule « boulangerie + Heidi » fonctionne à coup sûr. Ajoutez à cela une grange et je suis au ciel. D'un pas alerte, j'anticipe déjà le plaisir de me déposer, d'humer du bon pain, d'écrire, de me relever de ma courte nuit tout en sirotant un café et en savourant une spécialité de la maison.

Je me cogne malheureusement à une porte fermée. Que se passe-t-il? On est encore en mai et beaucoup de commerces ouvrent seulement les jours de fins de semaines. Je ne m'y habitue pas d'autant plus que j'ai complètement perdu la notion des jours.

Qu'à cela ne tienne! Je m'adresse au monsieur affairé autour du bâtiment et me présente. Il s'avère être un des propriétaires et porte une orthèse au genou. Notre mal de genou nous unit et nous commençons à discuter. Il s'est fait opérer et peut maintenant envisager de nouveaux projets de marche. Il me donne accès à la boulangerie – juste pour moi – où je reçois mon café et une succulente méga barre granola-chocolat maison. En prime, je peux profiter de la terrasse aussi longtemps que le cœur m'en dit. Que c'est donc gentil!

Apprécier un tel moment dans un tel endroit est ma façon rêvée de faire une pause durant la journée, installée confortablement à une table garnie où j'ai beaucoup de temps devant moi pour écrire, réfléchir, méditer, regarder autour et faire éventuellement de belles rencontres et déguster le moment présent.

Vient le moment où le devoir de la marche appelle, même pour une aventurière un peu paresseuse ce matin.

En fouillant dans mon sac, je réalise que j'ai oublié mon chandail à manches longues chez Manon. Je me rappelle l'avoir déposé sur l'immense tas de toutous sur le divan. Dans ma précipitation, j'ai oublié de le remettre dans mon sac. Zut de zut! Ce n'est pas la fin du monde mais, dans un sac de pèlerin, chaque morceau a son importance.

Je trouverai certainement une façon de le récupérer, peut-être à mon retour? Ou par la poste? Je veux juste aviser Manon pour qu'elle me le garde. Surprise! Elle insiste pour venir me le porter. Je n'en reviens pas. Elle est à quarante-cinq minutes de voiture, a déjà fait aller-retour ce matin pour me sortir de la ville, et elle s'apprête à refaire le même trajet, et même davantage, pour un chandail oublié! Recevoir des gestes si généreux me demande l'ouverture de mon cœur et l'humilité. Donner & recevoir, le thème revient tous les jours.

Nous nous entendons sur un lieu de rencontre mais je comprends que l'orientation n'est pas le fort de Manon. Le temps passe, j'attends tel qu'entendu au coin de la route et d'un rang et guette les petites voitures rouges. Il me semble l'avoir vue passer. J'ai fait signe de la main mais la voiture a déjà disparu. J'ignore comment elle s'y est prise mais elle finit par arriver par un rang en sens inverse. Un vrai miracle qu'on se soit rencontrées.

« On avait à se revoir. Je sais que tu en as besoin » me mentionne-t-elle simplement en me tendant le chandail. Je suis tellement touchée par sa générosité! Son geste a le don de faire disparaître d'un coup sec l'empreinte d'une nuit pénible alors que j'étais incommodée par des odeurs de fumée et de litière. Il y a des choses tellement plus importantes que ces petits désagréments et je viens d'en vivre un exemple vibrant.

En poursuivant ma marche, je découvre une magnifique région. Vaste, agricole, vallonnée. Au loin, très loin, des chaînes de montagnes. Je me sens chez moi, dans ma Suisse natale, sauf que tout est dix fois plus vaste, ce dont mon œil se réjouit. Ah oui, et les montagnes sont dix fois plus petites mais ça ne me dérange pas. Mon cœur de Thurgovienne[37] chante. C'est incroyable de réaliser comment nos expériences de jeunesse sont inscrites dans nos cellules, prêtes à se réveiller au moindre titillement.

Aujourd'hui, j'ai rendez-vous sur une ferme caprine. Pour m'y rendre, je choisis les rangs de campagne, quitte à rallonger mon trajet. Je suis encore remplie d'émerveillement pour le geste généreux de Manon et je décide d'enregistrer une petite vidéo *live* de gratitude sur la bonté des gens.

---

[37] Canton de Thurgovie, en Suisse allemande.

Au bout d'un rang, j'arrive à une ferme et découvre un très joli étang au milieu duquel trône un immense *inukshuk*[38]. Je veux le photographier mais un chien aboie. Je ferais mieux de demander avant de prendre ma photo. Une jeune femme bien gentille m'invite à entrer dans sa cour. Elle a un accent qui sonne familier à mes oreilles. Je reconnais Lynne de la série télévisuelle suisse « Un dîner à la ferme » mouture deux mille dix-sept. Suivre la série en rafale sur Internet était mon plaisir (non)coupable, question de faire le plein de « Suissitude ».

Nous connectons tout de suite et elle m'invite pour un kéfir et du chocolat suisse. On discute un peu avant qu'elle ne m'emmène faire la visite de leur ferme d'une taille impressionnante. Une nouvelle étable est en construction pour cent cinquante vaches dont la traite sera prise en charge par les robots. Quelle différence d'avec celle de mon père, bonne pour treize vaches, quelques bouvillons et veaux. Aujourd'hui, ce modèle ne serait plus viable pour nourrir une famille.

Beaucoup d'agriculteurs suisses, en manque de terres ou de possibilités d'expansion, se sont expatriés au Québec. À l'époque de mon arrivée au Québec, en quatre-vingt-trois, le prix des fermes y était encore très abordable et de nombreux Suisses sont venus s'installer dans cette région.

Je suis curieuse de découvrir l'expérience télévisuelle de Lynne, l'émission « Un dîner à la ferme ». C'est une compétition culinaire amicale tournée par la télévision suisse romande. Elle réunit sept femmes et hommes qui s'invitent mutuellement dans leur ferme respective, présentent leur exploitation et préparent un repas honorant leurs propres produits qui sera ensuite noté par leurs collègues. Chaque participant donne son meilleur pour impressionner les concurrents.

---

[38]Inukshuk : empilement de pierres ou de rochers dont la fonction est de communiquer avec les humains présents dans l'Arctique

Cette année-là, les cotes d'écoute ont explosé car les émissions se déroulaient dans des fermes de Suisses installés au Québec et en Ontario. Quand on connaît l'engouement des Suisses pour le Canada, ce succès n'étonne pas. Lynne, qui est là devant moi en chair et en os, a gagné la compétition. Elle est devenue une véritable star. Quand elle va dans son patelin natal en Suisse, on se l'arrache!

Il est vrai que l'émission était montée de façon très alléchante et Lynne, avec son bagout et son charme (et ses talents culinaires), a fait le reste. D'un épisode à l'autre, mon envie de visiter certains participants grandissait, à commencer par elle, sans savoir comment m'y prendre. Je ne devais sans doute pas être la seule à avoir eu cette idée.

Et me voilà en train de discuter avec elle!

Nous nous reverrons prochainement, c'est certain. Après quelques péripéties, je reviendrai dans sa famille, cette fois pour un hébergement, à la suggestion d'Émilien son plus jeune fils. Je trouve qu'il a eu une excellente idée, ce jeune!

Je poursuis ma plongée dans le monde agricole dans la belle région au sud-est de Sherbrooke. Tantôt bio, artisanal et minuscule, tantôt de grandes entreprises que j'hésite à appeler des fermes. Ce sont plutôt des industries agricoles de taille impressionnante avec de la machinerie lourde, des tracteurs gros comme des camions, des étables pour des centaines de bêtes et des champs à perte de vue.

Mon père ferait de gros yeux s'il voyait ça, lui qui aimait brosser ses vaches une à une presque quotidiennement en les appelant par leur nom. Aujourd'hui, l'approche est différente. Les fermes se sont agrandies pour assurer la survie des familles et ce sont les machines qui prennent la relève de l'humain. Quel contraste avec la petite ferme caprine Les Herbes folles que je m'apprête à visiter. Ces deux mondes seraient-ils à l'opposé ou complémentaires? On verra bien.

Marianne, la copropriétaire de la ferme caprine, est véritablement une sainte femme, dotée d'une patience infinie, d'un respect total envers tout ce beau monde qui tourbillonne autour d'elle. Famille, stagiaires, visiteurs, bénévoles... Elle tient à ce que tous fassent une belle expérience et en apprennent davantage sur ce mode de vie résolument bio, écolo et santé. Chacun agit selon ses talents et intérêts et apporte ses idées et sa contribution en mode coopératif. C'est une enseignante-née. Tout le monde se réfère à elle et elle est toujours compréhensive et calme.

Marianne n'est pas du style à planifier et à organiser les choses bien à l'avance. De ce côté, on se ressemble. Elle crée au fur et à mesure comme je peux le constater lors de la préparation du souper. Nous sommes plusieurs intervenants à mettre la main à la pâte, à nous piler sur les pieds dans la petite cuisine. Le résultat est, somme toute, très modeste même s'il a demandé un temps fou selon mon estomac qui crie famine.

Cette noble façon de fonctionner coûte du temps, beaucoup de temps et Marianne en paie le prix. Du temps, il n'en reste plus pour elle, pour ses marches quotidiennes de ressourcement. Elle est fatiguée et dort mal. Nous nous entendons pour une séance de coaching ensemble.

Comment gagner du temps, par exemple une heure par jour, pour qu'elle puisse prendre soin d'elle? C'est tout à fait réaliste avec une planification plus serrée. On parle ici de repas pour neuf personnes! S'assurer d'avoir les ingrédients sous la main, distribuer et déléguer les tâches clairement ... mais, comme Marianne tient beaucoup à sa spontanéité et à ses valeurs éducatives et coopératives, je doute qu'elle soit prête à changer ses pratiques.

Elle agit avec tant de générosité et avec une oreille attentive pour chacun. Elle prend même le temps de me donner des références pour des haltes. Une telle qualité de présence est une denrée rarissime. C'est juste dommage qu'elle la paie au prix de son bien-être. Je doute que son intention de laisser aller un volontaire fera une différence dans sa journée. À un moment donné, son corps va manifester.

Marianne adore mon projet et trouve génial de laisser les attaches derrière. Elle voudrait pouvoir partir et marcher ainsi. Pour moi, c'est fantastique d'échanger avec quelqu'un qui comprend mon projet sans écarquiller les yeux gros comme des soucoupes. Ne serait-ce pas aussi un beau projet pour toi Marianne? Avant de craquer?

23 mai

Si les chemins marchés avec mes bottines s'inscrivent dans mes cellules et mes muscles, les lieux visités marquent tout autant mon cœur et mon esprit. Je suis chaque fois touchée par les gens qui partagent leur chez-eux avec moi, que la halte soit modeste ou plus cossue. Ils font preuve d'une ouverture et d'une confiance formidables face à une inconnue.

Reconnaître et estimer leur hospitalité fait partie de mon code d'honneur même s'il m'arrive d'être hébergée dans des maisons aux odeurs dérangeantes. Entretien déficient, encombrement, présence d'animaux et de litières mal entretenues, ordures, fumée, etc.

Quand j'étais dans la jeune vingtaine, je fumais des cigarettes que je roulais moi-même, toute fière de me sentir « spéciale ». Je fumais uniquement dans le salon avec la fenêtre ouverte. J'étais convaincue que ni moi ni mon appartement ne sentions la cigarette. Aujourd'hui je suis convaincue du contraire. Dire que je travaillais à l'époque comme infirmière et que nous étions nombreuses à fumer, même au travail. Pauvres patients non-fumeurs!

J'arrive aujourd'hui à la maison de Solange et mon nez me dit tout de suite que le lieu sera « à défi ». Dès l'ouverture de la porte, une odeur m'assaille et me fait pincer les narines. Une femme au visage crispé m'ouvre la porte, en contraste avec sa voix plutôt agréable au téléphone. Mon estomac se noue.

Future anecdote!

Je mange du bout des lèvres un peu du bouilli que Solange me sert. Dans la chambre, je hume les draps. L'odeur est potable mais des odeurs d'urine émanent du matelas, moins fortes toutefois que les odeurs dans le reste de la maison. Avant de m'endormir, je place une commande à l'univers : « svp fais que je ne sente rien! ».

Je suis convaincue que Mère Teresa n'avait pas d'odorat pour accomplir sa mission auprès des lépreux dans les bidonvilles de Calcutta. Il devait y régner une odeur pestilentielle. De toute façon, elle était une sainte femme, déjà de son vivant. Pas moi.

24 mai

Je sors prudemment de la chambre et me dirige vers les aires communes. Je hume. Je ne sens rien. Je hume encore. Toujours rien, je ne sens RIEN! Ma demande a été exaucée. Quel soulagement!

Je sens que je peux m'ouvrir. Comme Solange a des limitations physiques, je lui propose de faire son ménage en suivant ses directives. C'est seulement dans la salle de bains que l'odeur m'incommode et que je me bouche le nez.

Au fur et à mesure des moments passés ensemble, elle m'apparaît rajeunie et vivifiée. Mon jeûne prend fin. Elle se réjouit de ma proposition de préparer le souper. Nous partageons des moments très enrichissants. En sa présence, je m'offre le cadeau précieux, celui de voir derrière la façade et au-delà de l'image, à la rencontre de l'humain dans sa pureté.

Il y en a eu et il y en aura d'autres, des lieux où je renonce à prendre une douche, où je me mets tout habillée sur le lit, où je ne mange à peu près pas, où je déroule instinctivement mon drap de couchage en soie, où je ne dors pas. Des lieux de dépassement de soi où j'ai l'occasion d'aller au-delà de mon dédain. Si ma mère me voyait! Là où elle est, je suis certaine qu'elle me voit et elle doit bien rigoler. À me voir me dépêtrer dans ces situations, moi si dédaigneuse quand j'étais enfant. J'apprends à intégrer ce qu'elle m'enseignait alors : « Ce n'est pas si important. Ça passera. Demain est un autre jour ».

Ce que je remarque, avec l'expérience grandissante dans ces lieux à défi, c'est qu'ils contiennent tous un cadeau qui se matérialise seulement lorsque j'abandonne tout jugement, réaction allergique ou préjugé. Il arrive alors qu'une personne agisse de façon si bouleversante d'humanité que mon expérience initiale se transforme instantanément. Là où il y avait recul, dédain et rejet se crée une connexion et un moment mémorable et transformateur. Ce qui reste? Une immense gratitude et une fierté personnelle. Celle d'avoir toléré l'inconfort et de m'être dépassée. Au lieu de prendre les jambes à mon cou et de renoncer à tous les cadeaux de ces échanges, ce que j'apprends sur la vie, sur moi, sur l'autre est profondément précieux.

25 mai

Je suis revenue chez Lynne avant-hier et c'est déjà le temps de repartir. Après plusieurs tentatives de se rejoindre, Chloé, une jeune française avec qui j'ai eu des échanges, vient me rejoindre aujourd'hui à midi pour marcher avec moi vers la prochaine destination. Cette fois-ci, je me suis assurée de sa bonne forme physique. Elle apportera un pique-nique et nous mangerons en chemin. La météo semble vouloir collaborer. Je laisse une note dans le cahier de visiteurs de la famille. Émilien, le fils de Lynne, veut jouer avec moi mais je suis malheureusement prise dans mes préparatifs et ne peux pas donner suite à sa demande. Désolée de te décevoir, Émilien!

Lynne prépare un bon dîner pour les siens, question d'attirer toute la tribu autour de la table pour nos adieux. Elle les prend par l'estomac et sort du four un clafoutis aux cerises qui me fait rêver et regretter mon départ juste avant le repas. J'en rêve encore. Un jour j'en mangerai, je me le promets.

Chloé arrive, me prend en photo avec toute la tribu et je fais mes adieux avec un petit pincement au cœur. Quel plaisir et quel privilège de les avoir connus! Étienne, le conjoint de Lynne, sort une deuxième fois de la maison pour un salut final. Venant d'un Suisse peu expressif, c'est un signe d'acceptation et je me sens honorée.

Ce matin, il m'a surnommée « la survenante », expression qui a piqué mon orgueil sur le coup. Pas gêné, le monsieur! Selon lui, le survenant n'a que ses deux mains à offrir en échange du gîte et du couvert. Il ne possède strictement rien. Je n'ai pas eu la présence d'esprit de lui riposter que j'ai aussi du cœur et, à ce que je sache, le survenant a fait rêver bien des femmes. Ai-je fait rêver des hommes? Hmmm...

Étienne travaille très dur pour augmenter la valeur de sa ferme, son teint gris-vert en est la preuve. Selon Lynne, il est au bord de l'épuisement. Il est évident que la « survenante » que je suis ne partage pas exactement les mêmes valeurs que lui.

Chloé et moi connectons tout de suite. Marcher avec elle est naturel d'autant plus qu'elle est habituée. Jeune Française de trente-deux ans, elle vit au Québec depuis quelques années et est habitée par le déchirant « Entre deux pays – Je reste ou je retourne? », que j'ai bien connu à mes débuts. Elle a des valeurs bio, écolo, qu'elle applique scrupuleusement dans sa vie, comme cette crème solaire au zinc qui lui donne un teint blanc.

Elle veut s'arrêter en chemin à une chèvrerie pour compléter notre pique-nique du midi avec du fromage. Il s'avère qu'elle parle de la ferme Les Herbes folles que je viens de quitter il y a tout juste deux jours. Vive les synchronicités! Elle connaît toute la famille, professionnellement et personnellement.

Nous dégustons le pique-nique assises dans l'herbe sous les arbres. Chloé a apporté un pain délicieux. Le fromage de la ferme est succulent et abondant. Avec sa salade de couscous, je finis par trop manger, moi habituellement si frugale au dîner. Avec le ventre lourd, je marche moins bien mais, à enfiler les chemins de campagne l'un après l'autre, le malaise disparaît rapidement. Le dernier sentier traverse un terrain boisé plus sauvage, un peu comme dans le Jura suisse.

À l'approche d'une ferme, deux chiens courent à notre rencontre et nous sautent dessus. La propriétaire s'approche et nous crie qu'ils ne sont pas méchants. Les chiens ne portent pas de collier et la propriétaire semble dépassée et visiblement incapable de les maîtriser. Je suis contente d'avoir mes bâtons de marche. Chloé est fortement incommodée. Les chiens sont imposants et ne la lâchent pas. Ce manque de respect de la part de la propriétaire m'indigne. Les chiens nous suivent longtemps, bien au-delà des limites de leur terrain et, même en quatre-roues, la propriétaire n'est pas capable de les attraper.

Nous avons besoin d'un bon moment pour « dépomper » et retrouver notre calme.

Je me dois de faire un aveu ici. Je suis tout à fait consciente de la place importante qu'occupent les animaux de compagnie dans la vie des gens. Pour ma part, je ne cherche pas leur compagnie même si je me laisse parfois charmer. Je préfère les animaux sauvages, autonomes et libres dans la nature. Je me fais un plaisir de les observer et de les admirer de loin, sans contact physique direct. Je ne les aime pas davantage enfermés dans les zoos, les bassins aquatiques, les cirques ou dans les usines à viande. Voilà c'est dit.

Petite note à moi-même : penser mettre sur mandat de protection[39], si je devais perdre la raison : pas de zoothérapie au centre d'accueil, svp!

J'ai grandi dans une ferme où vivait une variété d'animaux. En y repensant, je réalise que je n'ai jamais eu un animal préféré. Ils avaient tous leur utilité pour notre subsistance et on en prenait soin mais ce n'étaient ni des jouets ni des compagnons. Même le chien et les chats avaient leur utilité. Mon père était probablement celui qui leur était le plus proche. Il les aimait et les soignait avec beaucoup d'amour. Ma mère, par contre, le faisait avec le sens du devoir et je dois avoir appris d'elle.

Je préférais de loin me plonger dans les livres qui m'ouvraient des horizons drôlement plus vastes que la ferme où nous étions attachés localement avec un horaire strict, en plus. Je n'étais pas douée pour la vie à la ferme. Mon esprit voyageur tenait trop à

---

[39] Mandat de protection, au Québec : permet de désigner la ou les personnes qui prendront les décisions vous concernant si vous devenez inapte.

sa liberté et j'ai rapidement trouvé des subterfuges pour éviter certaines tâches.

Plus tard, avec mon fils, nous avons partagé une belle expérience avec notre chatte Tireloup. Nous l'avons aidée à accueillir sa portée de six petits chatons. Elle était une mère indépendante et laissait les petits roulés en boule et tout seuls pendant ses sorties nocturnes. Quelques mois plus tard, fraîchement stérilisée et avec encore les points de sutures au ventre, elle s'est sauvée et nous ne l'avons plus jamais revue. Nous avons été tristes mais j'ai aussi ressenti un soulagement. Pour moi, cette chatte avait les mêmes besoins de liberté que moi.

Par ailleurs, deux chiens m'ont mordue profondément quand j'ai eu six et seize ans. Les cicatrices sur mes mollets sont encore bien visibles. Ces expériences m'ont traumatisée et j'ai souffert d'une peur phobique durant des années. Mon rapport aux chiens s'est heureusement assaini depuis et il m'arrive de leur trouver du charme et de la beauté dans la mesure où ils ne s'imposent pas trop.

Le long de mon périple, je rencontre chiens et chats dans presque toutes les maisons. Cette situation aurait pu être un empêchement à mon projet. Je sais d'où je viens, les peurs que j'ai traversées et je me félicite pour le chemin parcouru. J'ai compris que, pour être acceptée des maîtres, il est important de porter une attention particulière à leurs animaux, de les saluer et les admirer comme on le fait pour les enfants. Je suis capable de les accueillir même si, aux yeux des maîtres, je manque probablement d'enthousiasme à l'égard de leurs compagnons chéris.

Vivre et laisser vivre!

Il est grand temps d'avancer. Nous remontons sur un long faux plat vers le prochain village. Je n'ai pas de réseau téléphonique. Il est près de dix-sept heures lorsque nous arrivons et prenons une pause bien méritée sous les arbres devant le centre communautaire.

Les amis de Chloé viendront la chercher et la ramèneront à sa voiture chez Lynne. Pour moi commence l'étape fascinante de trouver un gîte. Lynne m'a donné la référence d'une dame en face du dépanneur, malheureusement absente lorsque je me présente à sa porte.

J'entre dans le dépanneur où une femme d'âge mûr est en train de donner une formation à une jeune fille à la caisse. Je sors mon laïus et demande à la dame si elle connaît une personne intéressée à m'héberger. Après réflexion, elle répond par la négative. Les clients passent devant moi pour payer à la caisse. Je ne bouge pas. Voyant que je suis toujours présente, la dame décide d'appeler le maire, sans succès. Je la remercie pour son effort et retourne sous les arbres auprès de Chloé.

Cette dernière se fait un plaisir d'observer ma démarche et trouve bien intéressant d'assister à mon défi de la journée en *live*. Je pourrais toujours retourner avec elle et ses amis chez Lynne mais cette solution ne me satisfait pas. J'ai encore les adieux chaleureux de ce midi en tête et ça ne me tente pas d'y retourner. Dans ma tête, j'entends déjà les commentaires moqueurs d'Étienne au sujet de la « survenante ». Non merci!

À peine ai-je lâché ces paroles à Chloé qu'un monsieur en *pick-up* apparaît et nous demande si c'est bien nous qui cherchons un gîte. Il propose d'ouvrir le centre communautaire et d'organiser des matelas. Merveilleux, c'est un bon début! Il mentionne en passant que je pourrai me « rafraîchir deux maisons plus loin » et me pointe le lieu. C'est encore plus intéressant! Je me dirige vers la maison que le monsieur m'a indiquée pendant que Chloé attend toujours ses amis. Une dame élégante et réservée me reçoit pour la douche. « Yes, j'ai un pied dans la porte! » me dis-je une fois rendue à l'intérieur.

À la sortie de la douche, je reçois un message de Chloé : la dame en face du dépanneur vient d'arriver. Je trouve son numéro de téléphone mais elle n'est pas disposée à m'héberger. J'échange avec la dame de la maison. Elle s'appelle Louise et est la conjointe de Richard, le maire. C'est lui en personne qui est venu me proposer l'ouverture du centre communautaire. Wow! De plus, il y a eu un malentendu : Richard nous a vues marcher sur le chemin vers le village et prendre notre pause sous les arbres. Il pensait que nous étions deux à chercher une place. En clarifiant la situation avec Louise, et après quelques hésitations, elle finit par m'offrir une des chambres dans sa maison. Youpi! Youpi!

C'est fascinant comment, chaque fois que je trouve un gîte à la dernière minute, je vis une explosion de joie qui me fait oublier immédiatement l'inconfort des minutes d'avant.

Les amis de Chloé arrivent et on se fait nos adieux. Nous avons passé une très belle journée ensemble.

Louise me recommande un petit resto saisonnier tout près de leur maison pour mes repas. Je commence par regarder l'album commémoratif du village qu'elle a mis à ma disposition. J'identifie Louise et Richard en tant que jeune couple et l'oiseau migrateur que je suis se laisse fasciner par ces personnes sédentaires qui passent leur vie à la même place. J'ai également l'occasion de discuter à propos des chiens non maîtrisés par la dame sur le chemin. Selon Richard, le problème est bien connu et il n'y a malheureusement pas grand-chose à faire, même en déposant une plainte. Pour moi, le plus réjouissant dans cette situation reste le constat que j'ai dépassé ma peur des chiens.

En fin de journée, je me dirige vers le resto situé au bord du terrain de jeu. Depuis le début de mon périple, je suis encore plus sensible au rôle important que jouent les cafés, restos et cantines dans les villages. Je sais que les soutenir est la seule façon d'assurer leur survie. Combien de fois aurais-je souhaité me réchauffer ou me reposer à l'intérieur mais aucune ressource n'existait, même dans certains villages bien connus. C'est encore plus rare hors saison. Ce petit resto saisonnier est très sympa et je me dépêche de faire une réservation pour le petit déjeuner de demain.

26 mai

Surprise! Richard me demande d'attendre son retour d'une énième urgence dans le village - en tant que maire, il est constamment sollicité - pour m'inviter à déjeuner avec lui et sa femme au même petit resto, comme ils ont l'habitude de le faire tous les dimanches. Me voilà qui trône telle une reine à côté du maire à la table devenue, par le fait, une table d'honneur. Le déjeuner goûte particulièrement bon entouré des gens de la place. Quel beau bain de foule je prends au cœur de ce village!

Comme il ne me trouve « pas très tannante[40] », Richard m'invite pour une deuxième nuit, invitation que j'accepte avec reconnaissance. Comme Louise vit une situation toxique au travail, nous planifions une séance de coaching pour demain matin.

---

[40] Tannant, en québécois : irritant, exaspérant, taquinant

27 mai

Après le déjeuner, Louise et moi regardons de quelle façon elle a perdu son pouvoir au sein de son emploi, dans quel contexte, et surtout : comment le reprendre. Dire que l'autre est méchant ne suffit pas. La relation bourreau-victime, c'est comme le tango : ça se danse à deux. Pour qu'il y ait relation toxique, nous avons autorisé l'autre personne à outrepasser nos propres limites, souvent depuis un bon moment et de façon insidieuse.

Lorsque le processus de reprise de pouvoir s'enclenche et que des limites sont clairement délimitées, l'autre perd son pouvoir sur nous et nous redevenons souverains. Nous réalisons alors que nous n'avons pas nécessairement besoin de fuir ce patron, ce partenaire ou cette collègue.

Nous restons cependant souvent coincés au stade de la victime. Nous nous contentons de faire porter les torts par l'autre même si nous sommes conscients que nous agissons sous l'emprise de ce schéma si malsain. Ce n'est pas facile d'assumer sa responsabilité à cent pourcent dans toutes les situations que nous vivons mais le cadeau au bout de ce travail intérieur nécessaire est immense et en vaut vraiment la chandelle.

28 mai

Je suis en route vers une étape intermédiaire avant d'arriver à St-Venant-de-Paquette, un petit village collé sur la frontière américaine. La région est vallonnée et magnifique, exactement comme je l'aime.

Toutes ces belles heures de marche donnent l'occasion à mon esprit de vagabonder à profusion. À voir ces fermes et à jouer à la fée-bonheur dans les familles, l'idée me vient de faire une visite imaginaire dans ma propre famille en Suisse, dans notre ferme telle qu'elle était lorsque j'avais autour de quatorze ans.

Je vivais alors la période la plus turbulente et la plus difficile avec ma mère. À part le mal de vivre propre à l'adolescence et les sentiments d'être mal aimée et incomprise, j'étais pétrie de culpabilité. Nous nous chicanions jour après jour. Je n'étais pas gentille avec elle et elle finissait souvent par pleurer. J'avoue que j'étais pas mal effrontée, capable du meilleur et du pire, le mouton noir de la famille et, même si j'essayais de changer, j'en étais incapable. Alors que je cherchais soutien et compréhension, je récoltais réprimandes et rejet. Mon père semblait dépassé par la situation et ne s'en mêlait pas trop. Une fée-bonheur nous aurait non seulement fait beaucoup de bien mais elle aurait eu un beau contrat avec moi.

Aujourd'hui, je m'imagine arriver dans cette famille d'alors avec le détachement et la bienveillance de l'aventurière intuitive portée dans mon cœur par ma mission « Du bonheur au suivant! ». J'entrevois la maison nichée dans la verdure et avance sur le chemin en gravier si familier.

Comme de coutume, ma mère sort en premier pour me saluer, souriante, avec son tablier qui porte les traces de son travail. Je retrouve ensuite les autres à l'intérieur et à l'extérieur. Père, grand-mère, frères et sœur. À travers mes nouveaux yeux, je les rencontre avec curiosité et ouverture. Le portrait en est complètement changé, comme si les parties lumineuses de chacun s'amalgamaient et formaient une nouvelle réalité.

Je découvre une famille accueillante où règne calme et compréhension et où je suis heureuse de partager. Une magnifique légèreté m'habite. Je sens plein de beauté et bonté, LEUR beauté et LEUR bonté.

Le scénario se déroule sans efforts de ma part. Il me paraît plus vrai que vrai. Je sens des larmes couler sur mes joues. Des larmes de joie, de lâcher prise. Un poids lourd comme un camion se dissout dans mon corps, c'est magique. Je suis toute chamboulée. C'est à la fois troublant et heureux.

Quelle expérience précieuse je viens de vivre! Décidément, c'est une de mes plus belles haltes et elle est imaginaire! Je vais chérir ce souvenir précieusement, sachant que je pourrai le revisiter encore et encore, que toutes ces belles qualités révélées aujourd'hui ont toujours été là, cachées peut-être mais quand même là. Gratitude à la vie! Merci à moi de m'avoir offert ce beau cadeau d'harmonie familiale!

29 mai

Hier soir, mes hôtes Sophie et Mathieu se sont mis tous les deux sur le téléphone pour m'aider à trouver un gîte pour aujourd'hui. Leur geste m'a fait chaud au cœur. Le fait est que je pars vers une région dépourvue de réseau téléphonique, de magasins ou restaurants. Leurs efforts n'ont pas porté fruit mais je décide quand même de les quitter et de continuer mon chemin. J'ai confiance de trouver une halte une fois sur place.

Sophie et Mathieu exploitent une ferme avec des chevaux et un troupeau de vaches mères-filles. À cela s'ajoute un gîte touristique étonnamment grand et actuellement vide, la saison touristique se limitant à l'été. Mathieu travaille de jour comme entrepreneur en construction avec plusieurs hommes à son emploi. Sophie est toute petite et travaille comme un homme au milieu des vaches de taille assez imposante. J'ignore comment elle réussit à porter tous ses chapeaux. Elle est la fière maman d'une fille de dix ans aux longs cheveux d'ange blonds qui n'en fait qu'à sa tête, est fonceuse et n'a peur de rien. Elle est également la maman inquiète d'un fils ado qui présente des vulnérabilités. Elle essaie de l'accompagner du mieux qu'elle peut mais vit beaucoup d'impuissance.

Sophie et Mathieu travaillent des journées de fous, heureux et fiers de s'investir dans leur projet. Ils sont remplis d'idées pour l'agrandir et l'améliorer malgré la pression qui repose sur leurs épaules. Tôt le matin, avant de partir pour son entreprise, Mathieu nourrit le troupeau de quatre-vingt bêtes avant que Sophie ne prenne la relève. Si je n'avais pas été là hier soir, Mathieu serait ressorti pour construire des clôtures. C'est sa façon de canaliser son hyperactivité. J'en suis toute étourdie.

Comme il saisit bien ma préférence pour les routes secondaires plus calmes et en terre battue, il m'indique un raccourci à travers les chemins de forêt. Avant de partir, je revérifie ses indications qui me paraissent un peu floues.

Je veux absolument passer par Saint-Venant-de-Paquette, le village d'adoption de Richard Séguin[41], un artiste dont j'apprécie la musique et que je respecte beaucoup pour son authenticité et la fidélité à ses valeurs. Il est originaire de Pointe-aux-Trembles, un quartier de Montréal où une salle de spectacle porte son nom et celui de sa sœur jumelle, Marie-Claire Séguin. C'est là que j'ai vécu les seize dernières années avant de tout laisser pour partir sur ce chemin d'aventurière intuitive.

Richard a créé un sentier poétique à Saint-Venant-de-Paquette et j'ai bien hâte de l'arpenter. Ce minuscule village d'à peine une centaine d'habitants a une vigueur culturelle exceptionnelle, organisant notamment chaque été la *Grande Nuit de la poésie.* Il est impressionnant de voir comment l'engagement d'un artiste jumelé à celui d'une communauté peuvent

[41] Auteur-compositeur-interprète bien connu au Québec

dynamiser un village et lui permettre de rayonner bien au-delà de sa région!

Le soleil est magnifique et la journée s'annonce chaude. Je pars peu après neuf heures et n'ose pas demander de lunch. Tiens, une petite rechute d'orgueil. Devrais-je retourner au dépanneur du village pour m'approvisionner? Absolument!

Une soudaine attaque d'inconscience m'afflige néanmoins et je décide de passer tout droit. Je n'ai pas envie de retourner au village et de rallonger ainsi ma route. Je pars avec exactement un litre d'eau et une barre tendre pour une longue journée chaude de marche, sans possibilité de me réapprovisionner en chemin. Ce n'est pas du tout raisonnable mais c'est trop tard.

Le raccourci à travers les bois me conduit rapidement dans des sentiers de plus en plus étroits pour finir dans des plants de framboises. Je fais marche arrière et me retrouve bien heureuse sur la route principale en direction de East-Hereford. Tant pis pour la marche sur l'asphalte. Selon mes plans d'hier, je devrais prendre le chemin Beloin et arriver ainsi à Saint-Venant-de-Paquette par le neuvième rang.

Le détour dans le bois a coûté de l'énergie et la route s'étire. Je passe à côté du mont Hereford. Dans une autre vie, je me serais fait un honneur de grimper au sommet mais, dans ma condition d'aujourd'hui, je priorise ma santé. C'est avec un pincement au cœur que je passe à côté d'une si belle montagne. Qui sait si et quand je reviendrai ici?

L'environnement change. De plus en plus de sapins se dessinent à travers les feuillus. Des plantations de sapins apparaissent tranquillement. Ça doit être dans cette région que s'approvisionne le Père Noël.

La chaleur ajoute un facteur de difficulté à ma marche et le chemin Beloin ne se pointe pas. À un moment donné, une voiture ralentit à côté de moi et le conducteur me demande le chemin pour Saint-Venant-de-Paquette. Ils ne sont que deux passagers et je n'ai malheureusement pas réagi assez vite pour leur demander un *lift*... Zut de zut de ZUT! Je viens de rater une belle occasion car j'ai assez marché.

Arrivée enfin au coin de ce fameux chemin Beloin, je n'ai plus le courage de me rendre à Saint-Venant-de-Paquette à pied. Le chemin monte abruptement et semble désert. Je change d'idée et décide de continuer sur la route pour me rendre à ma destination en auto-stop. En attendant un bon samaritain en voiture, je marche, je marche, je marche et aucune voiture ne s'arrête. Je commence à douter. Ma fatigue augmente, mon exaspération aussi. Je marche jusqu'à East Hereford mais fais un détour par l'usine de poissons Bobines pour prendre la route deux cent cinquante-trois alors que j'aurais pu traverser le village et sauver du temps.

En même temps, je constate que je suis capable de les marcher, ces kilomètres, alors que je me croyais rendue à ma limite. C'est toujours fascinant d'observer un épisode de dépassement de soi : quand on ne peut plus, on peut encore.

Cette agglomération, collée sur la frontière du New Hampshire aux États-Unis, compte moins de trois cent habitants, sans restaurant et sans dépanneur. De gros camions chargés de bois circulent à toute vitesse. Les conducteurs dans les quelques rares voitures me regardent comme si j'étais une extraterrestre. Je mets sérieusement en doute le slogan du village : « L'accueil, c'est dans notre nature! ». Ah oui? Je n'ai rien remarqué!

J'attends, debout, et respire dans la chaleur estivale. À un moment donné, après peut-être une heure d'attente, je me sens habitée d'une nouvelle énergie et je décide de continuer à marcher tout en faisant du stop. La route monte et monte et personne ne s'arrête. Est-ce à cause de la proximité avec la douane? Je finis par me farcir les huit kilomètres restants à pied jusqu'à Saint-Venant-de-Paquette.

Au bout de ce long chemin se pointe enfin le village. Je me dirige vers l'église tel un phare. J'ai encore espoir que Sophie m'ait trouvé une place pour ce soir. Je n'ai pas de réception cellulaire et je suis épuisée, vraiment à bout. Il FAUT qu'elle m'ait trouvé une place. Pour le savoir, j'ai besoin d'un téléphone. Vite!

J'interpelle la première personne que j'aperçois en train de jardiner autour de sa maison pour lui demander de téléphoner. Jean-Luc, un monsieur retraité bien gentil, m'invite sur sa galerie et m'apporte le combiné. Il me fait ensuite entrer dans la cuisine pour que je sois à l'abri du soleil. Non, Sophie n'a pas eu de réponse positive. Elle me réfère à une autre de ses connaissances d'ici. Jean-Luc la connaît et me trouve son numéro mais la personne est absente. Je suis assise sur cet escabeau, dans cette cuisine, et mon cerveau ne fonctionne plus. Je ne suis plus capable de me relever et j'ai juste le goût de pleurer.

Entre alors la dame de la maison, Agathe, elle aussi d'une grande gentillesse Elle doit voir que je suis au bout du rouleau. Elle m'offre à boire ainsi qu'un fruit et elle finit par m'inviter à dormir chez eux. Les larmes me montent. Je suis sauvée! Il y a des anges à Saint-Venant-de-Paquette! Merci la vie!

Quelle journée!

Un repos dans un fauteuil pour retrouver mes esprits, de l'eau, un bain au sel d'Epsom et me voilà revenir tranquillement à la vie. Agathe devance mes besoins. Avec sa grande gentillesse, elle m'offre de laver mes vêtements et se met à préparer le souper. Elle me confie que son gendre est atteint d'un cancer, ce qui la préoccupe beaucoup. Je lui donnerai plus tard un coup de main à mon tour pour mieux composer avec cette situation.

Elle me sert une assiette gigantesque au repas avec beaucoup de tout : carottes, cuisse de poulet, purée de pommes de terre baignée de sauce accompagnées d'une salade délicieuse. Une vraie double portion. Je mange tout et finis avec un biscuit fait maison en guise de dessert. En récupération de ma journée éprouvante, je me sens comme un enfant qui a retrouvé sa maman et sa maison et qui sait que plus rien de mal ne pourra lui arriver, qu'il est maintenant en sécurité.

Le soir venu, je ne fais pas long feu. Je choisis une des chambres disponibles. Comme souvent lors de mes haltes, il s'agit de celle d'un enfant devenu adulte, un garçon dans ce cas-ci, et je dors au milieu des vestiges de son passé.

Cette journée a commencé avec une mauvaise décision. D'autres se sont ajoutées et une belle opportunité a été manquée. Tout finit bien mais mon Dieu que je me suis fait souffrir!

Les égarements font aussi partie de l'aventure. Grâce à Richard Séguin, je n'oublierai pas ma chance d'avoir pu rencontrer deux personnes extraordinaires. Mon dossier d'anecdotes s'enrichit.

30 mai

Agathe est consciente qu'elle n'aide personne avec le stress que la maladie de son gendre provoque en elle. Elle voudrait être un soutien et non une charge supplémentaire. Elle commence par nommer ses craintes, même les pires. Elle se permet de les ressentir tout en les observant et, graduellement, une distance bienfaisante et un apaisement s'installent en elle. Elle vient d'expérimenter la puissance de l'accueil et se sent allégée. Accueillir nos émotions et sentiments contribue grandement à notre bien-être et à notre équilibre. Les fuir ou y résister provoque tout le contraire.

C'est le cœur rempli de gratitude que je quitte cette maison d'anges. Cher Jean-Luc, chère Agathe, je vous dis un MERCI gros comme la terre et je vous garde précieusement dans mon cœur.

Je passe une partie de la matinée à me promener dans le sentier poétique. J'admire des sculptures et me laisse absorber par les œuvres de poètes québécois. Cette expérience culturelle unique alliée à une marche en montagne nourrit tous mes sens. Mes bottines reprennent ensuite leur marche quotidienne. Le chemin monte sur plusieurs kilomètres et me récompense avec une vue panoramique sur le village et les montagnes du Vermont et du New Hampshire. Simplement splendide! Mes yeux et mon cœur se remplissent de toute cette beauté. Les petites misères d'hier pour arriver à ce lieu valaient leur pesant d'or.

Les villages ici sont minuscules et les visiter dans la chaleur douce de fin mai m'enchante mais mes appels pour trouver un gîte ne trouvent aucune réponse. Je recontacte Lynne, peut-être connaît-elle quelqu'un dans la région? Elle me suggère de revenir chez elle et j'accepte son offre, d'autant plus que je serai plus proche d'un dentiste pour me faire enfin recoller ma couronne qui tient encore en place par miracle. Mon périple en zigzag continue.

Je suis postée en face d'un cimetière pour faire de l'auto-stop. La première voiture s'arrête. Un monsieur de taille ronde et assez âgé (mais il est peut-être plus jeune que moi) m'accueille et me dit tout de suite, après que je lui aie parlé de mon périple : « Toi, t'es une madame que j'admire. J'ai toujours voulu faire quelque chose comme ça et je n'ai jamais réussi ». Son commentaire sincère me touche. Il est facile de remettre à plus tard et ce ne sont pas les excuses qui manquent, c'est vrai. J'ai la chance de prévenir les regrets avec les folies que je me permets et ce monsieur me confirme l'importance d'aller à leur rencontre pendant que c'est encore possible.

Aujourd'hui, pas demain.

****

« Tu n'as pas peur? » est une question qui m'est souvent posée. Non, je n'ai pas peur de me promener seule, de me présenter dans des maisons d'inconnus, de faire de l'auto-stop ni même de rencontrer des chiens. « Tu n'as pas peur de ne pas trouver de gîte? » Si j'avais peur, je ne le ferais pas, c'est simple. Je suis capable de faire abstraction de certains désagréments, voire de les oublier, et tant mieux car, sinon, je serais dans un état constant d'alerte et d'inconfort.

Affirmer, cependant, que je n'ai pas de peurs serait mentir. L'une d'elles touche le « donner & recevoir ». Est-ce que je donne assez en retour de l'hébergement et de la nourriture que les gens m'offrent? Surtout, est-ce que les gens accordent de la valeur à ce que je leur apporte? Est-ce juste et équilibré? Je calcule. Si je ne peux pas donner, je suis en dette, ultime malaise! Recevoir la charité, c'est non! Une comptable calcule à l'intérieur de moi, anxieuse des jugements d'autrui, anxieuse de déplaire.

Un peu comme pour le maquillage, n'est-il pas temps de me défaire de l'importance accordée à l'opinion d'autrui?

Dans les faits, certaines personnes s'offrent à me recevoir mais n'ont pas d'intérêt à partager plus en profondeur ni à me laisser laver leur vaisselle. Ils pensent peut-être que je suis mal prise et qu'ils me sortent du pétrin, parfois avec raison. Vive l'humilité et le détachement. J'ai besoin d'apprendre à accepter la façon dont les haltes se présentent avec gratitude et sans juger. Qui suis-je pour vouloir imposer quoi que ce soit à qui que ce soit? Le mouvement « Du bonheur au suivant! » peut prendre mille formes, parfois visibles, parfois pas.

Et si, pour certaines personnes, faire la charité leur faisait du bien? Ouille, ça chatouille mon orgueil! Certaines amies et mon fils ne manquent pas de me souligner qu'ils seraient « incapables d'aller quêter pour avoir un lit ». Avec une telle attitude, je ne ferais pas ce périple et je me priverais de beaucoup de joies mais ça reste un dossier sensible.

Jour après jour, je relève le défi de recevoir avec gratitude et humilité. J'accueille ce qui se présente à moi tout en sachant que je donne à mon tour et nourris une boucle ouverte. Je suis habituellement chanceuse car, chez la majorité des gens, une connexion et un échange s'établissent spontanément entre nous. Avec d'autres, c'est moins évident et je vis de l'inconfort qui finit par se dissiper au plus tard en chemin le lendemain.

En fin de journée, avec la fatigue de la marche dans mon corps, je me sens plus vulnérable en présence de personnes distantes. Dans ces moments, je me retire dans ma bulle et me concentre sur mon bien-être, sur mon but et mon réconfort.

L'inverse est tout aussi vrai. Je peux arriver en fin de journée éreintée et, comme par magie, mes énergies se ravivent en un instant en présence de personnes ouvertes et accueillantes.

Donner me rend heureuse peu importe la forme du don. Faire la vaisselle, passer le balai, offrir de l'écoute, du temps, du soutien, de la reconnaissance, du coaching, de l'amour… Habituellement, c'est un mélange de tout ça, et bien plus. La magie se met souvent de la partie. Recevoir avec gratitude, grâce et humilité, est un art en soi. Je suis à la maternelle de cette école et résolue à faire mes classes. J'ouvre mon cœur et, sans les juger, je tiens ma comptable interne et mon orgueil à distance.

1 juin

C'est mon deuxième matin de ce séjour chez le petit Émilien et toute la famille de Lynne et Étienne.

Hier, j'ai réussi à avoir un rendez-vous chez un dentiste dans une petite ville voisine. On m'a même prêté une voiture pour m'y rendre. En après-midi, Lynne et moi nous sommes amusées à travailler à la finalisation de leur nouvelle étable. L'aisance de Lynne à manipuler la scie ronde et d'autres outils m'impressionne. Elle a tous les talents, cette femme, incluant celui de la confection de savoureux clafoutis! Il a été question qu'elle m'accompagne aujourd'hui dans ma marche. Va-t-elle maintenir son engagement même si la météo s'annonce pluvieuse?

Lorsque je descends dans la cuisine pour le petit déjeuner, Lynne est en pyjama et m'avoue, penaude, qu'elle a sauté son cours matinal de yoga alors qu'elle y est habituellement fort assidue. Étienne ne manque pas de lui en faire la remarque.

Je suis décidée à partir en direction de Cookshire peu importe la météo et ce, même si je n'ai pas encore de réponses pour un gîte ce soir. Lynne décide de m'accompagner. Ça sera un vrai plaisir!

La pluie fine ne réussit pas à nous gâcher notre bonne humeur. Comme il est agréable de parcourir les chemins de terre avec une personne qui connaît la région comme le fond de sa poche! La brume qui va et vient dans les champs, des troupeaux de vaches et un couple de chevaux curieux s'approchent de nous. L'étalon nous regarde, curieux, son organe impressionnant bien dressé. La jument est-elle contente? Va savoir! Lynne et moi rigolons comme deux adolescentes.

En marchant affublée de mon poncho en plastique rouge qui flotte autour de moi, j'ai l'air d'un personnage biblique coloré.

Nous cassons la croûte dans une cabane abandonnée remplie de planches pourries et autres vestiges du passé. Nous parcourons vingt-deux kilomètres en tout et Lynne est fière de sa performance, avec raison! On ne marche pas de telles distances tous les jours. Le périple se termine à la crèmerie[42] locale où Lynne attend que sa fille vienne la chercher pour faire le chemin du retour.

Pas encore fatiguée, elle continuera ce soir en s'adonnant à une de ses passions avec sa fille, la danse en ligne. Elle m'y invite mais je décline pour cette fois-ci et espère de tout cœur que nous resterons en contact.

Une réponse positive pour un gîte m'est arrivée durant la marche. Je serai accueillie à la Maison de la Culture. Je suis enchantée de ce privilège et réalise que deux de mes contacts m'ont référée à ce même Bernard. Il est le propriétaire de l'épicerie locale et de la Maison de la Culture. Il a mandaté une dame nommée Manon pour m'accueillir dans ce lieu patrimonial qui sert aujourd'hui de galerie d'art et d'information touristique. Je vais dormir au milieu des lieux dénudés de la galerie qui attend sa prochaine exposition.

On m'a préparé une chaise longue comme lit de fortune, des draps, une petite couverture et un oreiller. J'ai les numéros de cellulaire de tout ce beau monde et un message super gentil laissé par Bernard qui veut me rencontrer demain. Manon m'informe qu'il y aura une réunion dans ce lieu le lendemain matin mais que je n'ai pas besoin de me dépêcher pour partir. Quel bel accueil!

Par commodité, je soupe à l'épicerie et profite de leur Wi-Fi.

Petite déception à l'installation de mon « lit » : la chaise longue ne se déplie pas complètement et je ne peux pas dormir

[42] Crèmerie, au Québec : kiosque de glaces (crème glacée)

à demi assise. C'est le moment pour mon petit matelas de sol d'entrer en fonction. Dans une remise au deuxième étage, je déniche une deuxième couverture. Bon, c'est toujours ça. Je plie la couverture en deux, une moitié sur le matelas et l'autre sur moi. C'est du camping intérieur spartiate. Peu de temps après, mes os crient au secours. C'est confirmé : je ne suis vraiment plus capable de dormir sur une surface aussi dure!

Je me mets à la recherche active d'une alternative plus moelleuse. Je fouille dans tout le bâtiment, quand même un peu mal à l'aise. En haut d'une armoire du deuxième étage, je déniche des coussins de sofa assez grands et nombreux pour qu'une fois assemblés, ils forment un semblant de matelas plutôt confortable.

La nuit passe, le sommeil n'est pas à son meilleur mais peu importe. Je me sens tellement choyée d'être accueillie par des personnes qui ne me connaissent pas et qui me font confiance.

2 juin

Je me fais un honneur d'attendre l'arrivée de Bernard. Nous avons un bel échange. C'est un homme humaniste qui porte l'art dans son cœur – « C'est ma femme qui m'a éduqué » –, autant que le bien-être de sa communauté. Il me parle avec fierté de la nouvelle construction de l'épicerie certifiée LEED[43] au milieu de la ville. « On ne veut pas contribuer à l'étalement urbain, même si ça coûte plus cher! ». Il défend l'art sous toutes ses formes.

Il m'informe qu'une des personnes attendues à la réunion habite à Lac-Mégantic et que je pourrai certainement m'arranger avec elle pour un *lift*, si cela m'intéresse. Pour avoir déjà fait le

---

[43]Certification LEED : critères de construction visant à diminuer l'empreinte écologique et environnementale

trajet à Lac-Mégantic dans le passé, je garde en mémoire une route peu intéressante pour la marche. J'accueille donc cette possibilité positivement même si ce saut géographique imprévu me surprend dans ma non-planification. Soyons souples et profitons des occasions!

Pendant leur réunion, je me sustente au restaurant avec un accueil et un repas très ordinaires. De retour à mon « hôtel », Bernard me présente aux deux autres personnes présentes. Richard, sculpteur originaire du Manitoba (de souche québécoise), et Sim, peintre, elle aussi originaire du Manitoba. Ils sont au milieu de leur réunion et fort sympathiques. Bernard me donne le code pour le Wi-Fi. Je profite de ce moment pour m'occuper de mon administration et de mon écriture pendant qu'ils se consacrent à leurs affaires.

Richard m'explique sa sculpture installée devant le bâtiment ainsi que la superbe affiche en métal. Il a son atelier ici, à Cookshire, après avoir fait bien du chemin dans sa vie. Il est très jovial et son franglais[44] me charme.

Rencontrer des artistes me nourrit beaucoup. Comme déjà chez Doreen, je me sens privilégiée d'avoir accès à eux. Ils stimulent ma créativité et leur art ouvre un espace en moi rempli de possibilités.

Sim accepte de me donner un *lift* jusqu'à Lac-Mégantic. Elle est issue des Premières nations et je suis bien curieuse de la connaître. Bernard m'a parlé d'elle de façon élogieuse. Aujourd'hui, ils ont travaillé sur un beau projet d'exposition, bonifié par l'édition d'un livre prévu pour cet automne.

Sim est une femme très discrète et réfléchie. Durant notre trajet en voiture, elle me pose des questions. Ses yeux secs l'incommodent beaucoup dans sa conduite et je lui propose de

---

[44] Franglais, au Québec : mélange entre le français et l'anglais

prendre le relais au volant. Quel beau trajet! Je regrette un peu de ne pas le marcher car une région marchée ne s'inscrit pas de la même manière dans la mémoire du corps que celle parcourue en voiture. Rendues à mi-chemin, Sim m'invite à dormir chez elle. Oh merci!

C'est en nous approchant de Lac-Mégantic que je réalise que j'ai oublié mes bâtons de marche à Cookshire. Encore une fois!

Elle me propose de prendre les chemins secondaires près du massif du mont Mégantic. Le trajet est époustouflant. Sous un ciel d'un bleu cristallin s'ouvre un panorama tout simplement sublime sur la chaîne des Appalaches. Nous nous arrêtons un moment au petit ruisseau à côté du chalet d'accueil du parc du mont Mégantic. Sim communie avec les éléments tout en silence, comme si elle disait bonjour à l'eau, aux arbres, aux roches… Je l'observe, me tais et me laisse imprégner par les sons de la nature. Je veux absolument revenir faire de la randonnée ici. Non, cette fois je ne passerai pas mon tour!

Nous poursuivons sur la route en descente de Val Racine vers Piopolis au bord du lac. Elle offre des vues panoramiques spectaculaires. Alors que nous arrivons à Lac-Mégantic, Sim me propose de me trouver une nouvelle paire de bâtons dans un magasin de sports. Comme elle retourne à Cookshire après-demain, l'idée germe en moi de plutôt l'accompagner pour récupérer mes bâtons et ensuite marcher la distance vers Lac-Mégantic, maintenant que je sais que le trajet mérite vraiment d'être mis sous mes bottines.

À travers des chemins cahoteux, Sim m'emmène dans un lieu magnifique, la plage du lac aux Araignées. Une splendeur! Nous sommes en fin de journée. Aucune habitation n'est visible. Le soleil baisse et l'eau est calme. Les derniers baigneurs quittent le lieu l'un après l'autre. Il y règne une douceur méditerranéenne, les touristes en moins. Nous marchons sur toute la longueur de la plage avec juste le clapotis de nos pieds dans l'eau en musique de fond. Nous ramassons les déchets, même tout petits, toujours en silence.

J'observe encore une fois comment Sim communie avec la nature, parle avec les éléments, touche une roche, admire une racine, trouve un morceau de bois et le place sur un rocher, me fait remarquer les plantes en floraison, toujours sans un mot. Elle me chuchote qu'elle remercie les ancêtres qui ont su préserver cette place intacte.

La nature comme cathédrale! Un moment magique, sacré que je viens de partager avec elle. Dans cet environnement majestueux, mes mots sont trop faibles pour le décrire. Le paysage s'est imprimé dans ma rétine.

Sim habite une belle maison un peu négligée. Quatre chats partagent l'espace avec elle dont une chatte qui attend des bébés. Son ventre tout rond traine presqu'à terre. Du poil partout. Avant notre arrivée, Sim m'a mentionné à plusieurs reprises que son ménage n'est pas fait. Je comprends maintenant ce qu'elle voulait dire. J'ai l'habitude de rassurer les gens comme je le faisais du temps où j'étais infirmière à domicile : « Ne vous en faites pas, je ne le ferai pas, votre ménage! » sauf qu'en pèlerinage, en mode échange, je le ferai peut-être, son ménage.

Je découvre beaucoup d'art amérindien sur les lieux, en peinture, en objets, en fourrure et en matières de bricolage. Jusqu'à tout récemment, Sim était propriétaire d'un centre d'art amérindien en ville où elle organisait des cours d'artisanat. Elle prépare maintenant son livre testament qui sortira cet automne lors de son exposition à la Maison de la Culture de Cookshire.

Elle refuse mon aide pour la vaisselle. Elle prépare une salade en portant attention à chaque geste et en continuant à me poser des questions. Mon aventure semble l'intriguer. Chez elle règne un autre rapport au temps tout en lenteur. Chaque ustensile qu'elle sort du tiroir est d'abord soigneusement relavé et essuyé avant d'être utilisé. Elle lave ses mains très souvent et est très calme durant ces opérations.

Dans le passé, j'ai déjà participé à un *Pow Wow,* une cérémonie amérindienne avec chants, danses et célébrations. C'est là que j'ai connu le terme *Indian Time* qui veut dire : oublie l'heure et l'horaire, les choses arrivent quand elles arrivent. Ce soir chez Sim, nous finissons par souper alors qu'il est plus que vingt-et-une heures. Elle me désigne ensuite le sofa comme couche et je tombe comme une brique dans un sommeil profond malgré les bruits, l'aire ouverte (la dame dort sur la mezzanine) et les chats qui tournent autour.

4 juin

Je viens de recevoir un message encourageant de la part de Diane qui vivait un épisode sombre lors de mon passage à Sherbrooke. Le temps semble avoir fait son œuvre et j'en suis très heureuse.

Bonjour Heidi,

Je profite d'un moment calme et où je suis relativement en forme pour te donner quelques nouvelles.

J'ai commencé à recevoir des massages qui me font le plus grand bien. En sortant, je me sens stimulée et avec une belle énergie. De plus, professionnellement, les choses bougent beaucoup. J'ai passé une entrevue pour un travail à temps partiel pour la prochaine année, que j'ai obtenu. Aussi, je postule pour deux autres emplois qui m'intéressent encore plus.

De voir ces opportunités qui se présentent et qui sont intéressantes pour moi me donne espoir et m'encourage vers une voie plus claire. Je sais que ça bouge beaucoup intérieurement également. J'observe et j'accueille tout doucement ce qui se passe. J'ai l'impression d'être sortie de cet épisode sombre et douloureux et j'en suis très heureuse.

Et toi... où es-tu? Es-tu toujours dans ton pèlerinage? Comment les choses s'organisent pour toi?

Je serai heureuse de te lire chère Heidi,

Reçois toute ma tendresse,

Diane xoxo

Chère Diane, je te souhaite de retrouver toute ta joie de vivre!

Je me sens fraîche et dispose depuis six heures. Si j'avais eu une voiture, je serais déjà partie à la montagne car, c'est décidé, je ne passerai pas à côté du mont Mégantic. Je vais faire ma première randonnée en montagne depuis mon départ. Il est temps! Juste le fait d'y penser me dit que mon genou sera capable de le supporter, sans bâtons de surcroit. Sim me fait penser que je n'en ai peut-être plus besoin puisque je les ai oubliés. Peut-être, du moins pour aujourd'hui, j'affirme que c'est vrai. Tel un cheval de course, je suis dans les blocs de départ. Je sens une pression, presque une urgence de partir MAINTENANT, un sentiment familier lorsque je suis prête à entreprendre quelque chose et que je me sens retenue.

Sim me propose des crêpes pour déjeuner. Je comprends vite que ce déjeuner se fera lui aussi à son rythme à elle. Ma patience est mise à l'épreuve. Une bonne partie de la matinée y passe. Heureusement que l'échange avec elle me nourrit au point d'oublier mon urgence. Au bout de l'attente, Sim a la gentillesse de me conduire jusqu'au chalet d'accueil du mont Mégantic à une heure de route de chez elle. Elle est très fatiguée et se repose dans sa voiture pour un *power nap*[45], avant de reprendre le volant pour rentrer à la maison.

Avec l'énergie de mon cheval de course intérieur je pars sur le sentier vers le sommet. Ça se passe très bien. Il y a peu de monde et ça me plaît. La nature sauvage me ressource et l'air me ravive. Je marche rapidement et mon corps suit. La vue du sommet est splendide mais l'Astrolab[46] avec ses chemins asphaltés donne un aspect urbain qui me dérange et me fait penser au mont Washington et au mont Mansfield. Quand je prends un bain de nature, je n'aime pas la voir domestiquée ou urbanisée. Une route pavée amène habituellement son lot de troupeaux de gens « parfumés et en talons hauts ».

Vivre et laisser vivre, Heidi!

Je ne reste que quelques minutes et continue ensuite sur le sentier du col. Mon idée est de redescendre par une voie secondaire, question de ménager mon corps. Une inattention me fait manquer l'embranchement. Me voilà partie pour une deuxième montée, vers le pic des Crépuscules. J'ajoute donc le mont Saint-Joseph à mon périple. Il est très fréquenté et m'offre une vue splendide sur le lac Mégantic, sa ville et tous les villages pittoresques autour du massif. Je repère même le lac aux Araignée où j'étais hier soir avec Sim.

À côté de la petite chapelle du mont Saint-Joseph se masse une foule, fascinée de voir s'envoler les parapentes dans les airs. Quel contraste entre le vieux et le nouveau monde! Quelques jeunes entrent dans la petite chapelle en faisant des farces. Pauvre chapelle, elle est nettement dépassée par l'assaut du bruit ambiant, le piétinement et la nonchalance des visiteurs.

---

[45] *Power nap*, de l'anglais = courte sieste énergisante

[46] Astrolab du Mont Mégantic : Laboratoire d'observation des étoiles

Je m'imagine être à la place d'un des « parapenteux » et prendre mon élan, m'envoler et voguer ensuite dans les courants d'air, voler comme un oiseau pour aller jusque haut dans le ciel. Sans vertige! Ça me plaît beaucoup.

Jusqu'à maintenant, mon genou suit bien même si je sens que je le pousse un peu, surtout lors de la descente du mont Saint-Joseph avec ses passages abrupts. Cette randonnée me donne beaucoup de bonheur. Depuis mon départ pour ce périple, j'ai laissé passer tant de montagnes à gauche et à droite de mon chemin : mont Saint-Bruno, mont Saint-Hilaire, mont Yamaska, mont Shefford, mont Bromont, mont Sutton, mont Orford, mont Heresford et j'en passe. En temps normal, je les aurais tous mis sous mes bottines mais j'ai protégé mon genou douloureux. Aujourd'hui, le mauvais sort est rompu et je remercie mon corps de m'avoir permise de vivre cette belle expérience.

C'est à pied et en auto-stop que je prévois rentrer chez Sim. À bien y penser, c'est la seule option qui s'offre à moi. Après une attente assez longue sur le bord de la route à faire de l'auto-stop tout en marchant, la chance finit par me sourire. L'employée très gentille rencontrée plus tôt à l'accueil du mont Mégantic s'arrête et, par chance, elle va jusqu'à Lac-Mégantic[47]! Pour une deuxième fois, je savoure le trajet de Val Racine à Piopolis au bord du lac Mégantic. A mon point de vue, je la considère comme une des plus belles routes du Québec, une splendeur avec des chaînes de montagnes à gauche et à droite. Je marche les derniers kilomètres le long de la route deux cent quatre pour arriver chez Sim à Frontenac, ce qui me fait une longue journée de marche dont au moins quatorze kilomètres de randonnée en montagne. Je l'ai voulu, je l'ai eu et j'en suis fière.

Sim est déjà là. Un bain au sel de mer me fait le plus grand bien. Je me fais une petite salade et me couche tôt. Sim ira à

[47] Lac-Mégantic, ou parfois simplifié Mégantic, est une ville du Québec

Cookshire demain. Je vais l'accompagner pour récupérer mes bâtons, revoir certaines personnes et marcher le chemin vers Lac-Mégantic. Je n'ai pas oublié mes bâtons pour rien. D'ailleurs, oublier des choses ici et là est devenu une habitude. À part les gants et les lunettes disparus au magasin à Boucherville, tout m'est revenu. C'est presque devenu un jeu, celui d'« égarer temporairement des objets ».

Sim a installé beaucoup de bagages sur sa véranda et une remorque est chargée à ras bord. Des vêtements flottent sur la corde à linge. On dirait un déménagement. La chatte n'a pas encore accouché. Elle traîne sa grosse bedaine maintenant à terre. Cette nuit, je dors mal. Sim ronfle et, comme tout est à aire ouverte, j'ai l'impression qu'elle scie toute une forêt à côté de moi.

4 juin

Je me suis annoncée à Cookshire pour ce matin mais trop tôt. J'aurais dû prévoir le coup en tenant compte de l'*Indian Time,* c'est-à-dire de « l'heure extensible ».

Il a venté et plu très fort durant la nuit. Ça brassait dans la maison et je n'ai réussi à m'endormir qu'au petit matin. Tout le stock sur la véranda est trempé.

Sim se réveille, s'étire, soupire, baille mais ne se lève pas. Elle écoute la télévision mais ne se lève toujours pas. Je ne suis pas prête à m'en aller! Sim se fait couler un bain. Prend tout son temps, chante, parle avec ses chats.

Je serais partie depuis longtemps. Le cheval de course en moi trépigne. J'ai hâte. Sim descend enfin. Elle constate les dégâts fait par la pluie à son linge sur la corde ainsi qu'à tous ses articles trempés sur la terrasse mais ne semble pas s'en faire outre mesure. Elle prend tout son temps pour préparer un gruau et me souligne l'importance de mettre une intention dans tout ce qu'on fait. Je suis bien d'accord avec elle : faire preuve de patience pourrait certainement m'aider à accepter son rythme. Rappel : Vivre et laisser vivre, encore une fois.

Il m'est difficile de deviner l'âge de Sim. Elle se fait un plaisir de le garder secret. Son petit-fils déjà adulte donne un indice. Son visage est ridé mais son corps est étonnamment souple et elle jouit d'une vitalité étonnante. Elle a l'habitude d'honorer la vie de ces ancêtres et la Terre Mère sans trop en parler. Certainement un grand plus dans sa vie. Je serais curieuse d'en connaître davantage sur son hygiène de vie.

Les choses avancent enfin. Je l'aide à décrocher la remorque de sa voiture. Tout le pare-chocs avant se soulève, visiblement brisé. Une autre belle occasion d'accepter les choses comme elles sont. De toute façon, je ne peux rien y changer.

Le moment du départ finit par arriver et nous roulons en direction de Cookshire. Les essuie-glaces font un bruit étourdissant. Ils sont aussi en fin de vie. Nous couvrons le bruit en chantant des voyelles. Elle a deux fois plus de souffle que moi! Elle est une femme vraiment remplie de multiples ressources.

Sim et moi nous sommes rapprochées l'une de l'autre de façon simple et naturelle. J'apprends beaucoup d'elle et pas juste la patience. De son côté, elle adore mon projet de marche. Elle me rappelle l'importance de mettre une intention dans mes pas. Selon elle, le pied qui touche à terre provoque une friction avec le sol. Avec une intention consciente, les bienfaits de la marche sont augmentés. Qui sait, peut-être viendra-t-elle passer une journée avec moi et contribuer à « Du bonheur au suivant! »? Ça serait alors un autre moment pour connecter et pour recevoir de précieux apprentissages.

À mes yeux sa maison manque cruellement d'amour. Cette maison représentait le rêve de son défunt mari. Elle cherche maintenant à la vendre. Entretenir une maison à un âge avancé n'est pas une mince affaire. Que faire quand ça devient trop lourd, trop exigeant mais qu'on veut y rester? Employer des gens n'est pas toujours une option possible. Leçon pour moi : voyager léger à tout âge, et encore davantage lorsque les forces baissent, pour pouvoir concentrer ses énergies sur les projets qui importent le plus.

5 juin

La nuit passée, j'ai eu le privilège d'être hébergée à Bury par Alice, une femme d'allure jeune et dynamique œuvrant dans l'éducation. Elle m'offre ce matin de rester plus longtemps et elle insiste pour que je laisse la porte de sa maison débarrée[48]. « Les gens de la ville barrent toujours tout! ». J'adore cette confiance.

Lors d'une promenade avec son chien, Alice m'a enseigné sa façon de rester centrée pour ne pas stresser, avoir peur ou même paniquer lorsqu'elle se sent importunée par d'autres animaux. Je suis surprise que même une propriétaire de chien puisse se sentir incommodée par d'autres chiens. Ce partage me sera très utile et met ma relation avec les animaux dans une perspective positive.

Avec son conjoint François, Alice a créé un petit paradis champêtre rempli d'objets précieux, un terrain, un étang, un mini-chalet. Tout est bucolique. Avant de les quitter pour entamer ma prochaine étape, François me réfère à une dame employée à l'hôtel de ville de Scotstown qui aurait « l'esprit assez ouvert pour m'aider, voire même m'accueillir ».

---

48 (Dé)barrer, au Québec : (pas) fermer à clé

J'ai décidé que ma prochaine destination sera Scotstown, un petit village de cinq cent habitants que je ne veux pas manquer. Depuis que j'ai vu la pièce de théâtre un peu *trash* nommé *Scotstown* de Fabien Cloutier[49], elle me trotte dans la tête. J'ai adoré son personnage cru, un peu demeuré et si authentique. Ça change du monde des bureaux dans les villes, surreprésenté dans les médias, les arts et les émissions de télévision. Il règne un autre rythme à la campagne, d'autres valeurs, et ce monde a autant à nous apprendre que celui des villes. Je ne parle pas ici des citadins venant passer leurs week-ends dans des chalets mais bien des habitants enracinés dans leur région et partageant un esprit de communauté bien vivant.

La campagne ne sort pas de moi. J'ai grandi à la ferme. Au fil du temps, je suis devenue une sorte d'hybride. Je comprends les deux mondes mais tout mon corps me tire davantage vers la campagne après l'avoir fuie dans ma jeunesse dès que j'ai pu, tout en lui restant profondément attachée.

Mon frère, qui a repris la ferme paternelle et l'a exploitée jusqu'à tout récemment, a été fort surpris lorsque je lui ai mentionné que j'ai toujours mon baromètre de la météo agricole bien implanté dans ma peau. Pour lui, je suis une citadine déconnectée depuis longtemps.

Dans la réalité, j'enregistre constamment les conditions météorologiques ambiantes et je me préoccupe des conditions de travail des agriculteurs. Après tout, ce sont eux qui nous nourrissent et qui garnissent notre table. D'ailleurs, la présence de beaux champs dans ses vallons est une des raisons pour laquelle je préfère les Cantons-de-l'Est aux Laurentides. Ils représentent un gage de nourriture accessible localement et une certaine autonomie alimentaire.

---

[49] Acteur et dramaturge québécois.

Je me questionne sans arrêt. La météo est-elle propice pour les semences, les récoltes? Pleut-il trop ou pas assez? Un gel tardif est-il en train d'hypothéquer des cultures? Fait-il trop chaud ou pas assez? Les récoltes peuvent-elles se faire dans de bonnes conditions? Le redoux de l'hiver provoque-t-il un bourgeonnement hâtif? L'agriculture peut-elle survivre? Ce n'est pas reposant d'être continuellement sur ce radar et c'est encore pire avec les changements climatiques.

Mon appel sur Facebook pour un hébergement pour ce soir, avec photo prise devant la pancarte indiquant le kilométrage jusqu'à Scotstown, n'a pas suscité de réponses. Ahhh... si les gens savaient ce qu'ils manquent en passant ainsi leur tour! Ha ha ha! Je peux sembler prétentieuse mais j'avoue que je m'attendais à plus de facilité à ce niveau, espérant que la vague « Du bonheur au suivant! » serait assez forte pour m'ouvrir les portes de gîtes plus aisément.

La recherche d'une halte représente encore et toujours un défi, jour après jour. Pour compliquer les choses dans les régions (pas toujours si) éloignées, et en présence de nuages ou de pluie, l'accès au réseau cellulaire devient vite hasardeux, voire inexistant. Le choix de cheminer de façon intuitive et sans trajet préétabli n'aide pas ma cause non plus. J'assume l'inconfort du « au jour le jour » et du « moment présent » parce que c'est ma façon à moi d'expérimenter mon périple. Assumer cet autre côté de la médaille ne m'empêchera pas de rêver de facilité et de magie. Il arrive que les rêves se réalisent et que la magie opère!

Lorsque je connais mon gîte au moins un jour à l'avance, ou que je me fais inviter pour une deuxième nuit, je jouis de vraies vacances et les savoure pleinement le long du chemin qui m'y emmène.

Me voilà en route pour un trajet de plus de vingt kilomètres, marchant d'un bon pas le long de la route qui monte et descend de façon assez spectaculaire. J'avance sur la route, sous la pluie, parfois proche des camions qui passent à pleine vitesse, tentant tant bien que mal d'éviter de me faire éclabousser. Pour les chauffeurs, je ne dois être qu'un grain de sable rouge (merci poncho) sur leur longue route.

L'hôtel de ville se trouve à l'entrée du village et je m'y dirige de ce pas, toujours accoutrée de mon poncho rouge flottant autour de moi. Je sens que je ne passe pas inaperçue. Munie de mon courage, je me présente au comptoir. Le hasard fait bien les choses : la dame recherchée est en poste. Je déballe mon laïus sans oublier de mentionner de façon suggestive qu'on m'a référée à elle pour son ouverture d'esprit. Elle me regarde avec de grands yeux. Elle est enceinte jusqu'aux oreilles et m'informe qu'elle ne demeure pas au village. Petite déception.

C'était sans compter sur la dame assise à côté d'elle, en train de faire une demande pour un permis de construction. Elle prend les choses en main. Qui pourrait accueillir un drôle de moineau comme moi? Tout le bureau s'entend sur Lou, traiteure à ses heures qui habite une belle maison dans un hameau à l'extérieur du village. Cette dame m'y conduit même et me présente à Lou. Quel traitement VIP!

L'accueil par un molosse canin, qui doit avoir le même poids que moi, est du style « enthousiaste », pour ne pas dire renversant. Lou apparaît derrière et essaie de jouer son rôle nouvellement désigné d'hôtesse avec beaucoup de sérieux. Elle habite ce lieu magnifique avec beaucoup de fierté et de classe. Des peintures surdimensionnées représente sa passion, la peinture.

À l'étage, juste à côté de ma chambre, tel un voyage dans le temps, trône un vieux téléphone à roulette sur un meuble permettant de s'y asseoir. Demain matin très tôt, j'utiliserai ce téléphone pour ma séance avec un client en coaching car il n'y a pas de Wi-Fi dans la maison. Je trouve cette ressource précieuse au bistro du parc municipal qui vient tout juste d'ouvrir pour l'été.

À peine entrée au bistro, je me sens déjà chez moi. David, qui s'affaire derrière le comptoir, est un défroqué de la ville. Ce printemps, il a dit adieu à un travail de prestige lucratif et au stress qui vient avec. Avec sa femme, il a décidé de plier bagages et de s'enraciner ici sans rien avoir devant lui. Entretemps, il s'est fait offrir la gestion de ce bistro durant la saison estivale. Il y met visiblement toute son énergie et ses idées. Ce sympathique arrêt gourmand se nomme Le Petit Écossais.

David fonctionne encore au rythme de la ville. Il est hyper présent et vigilant et parle vite, vite, vite. Ça va lui passer! Au fil de mes visites, j'apprendrai à connaître son histoire. Je trouve sa démarche vraiment courageuse : se lancer dans le vide, sans filet, dans ce coin perdu.

Monique, une infirmière retraitée, et Philippe, le sympathique nouveau maire, sont aussi présents. Tout ce beau monde entre et sort dans ce lieu devenu la plaque tournante du village comme si David était un vieux de la vieille. Pas étonnant : il s'implique dans la communauté depuis son arrivée et met à contribution ses talents d'écrivain et de photographe. Cette implication, comme je l'ai déjà constaté avec Julie à Lac-Brome, accélère l'intégration dans un nouveau milieu de vie à la vitesse de l'éclair.

Mes lunettes de soleil manquent à l'appel. Je crois les avoir oubliées lors d'une halte pipi à la sortie de Bury. Elles doivent être tombées de ma poche. Comme d'habitude, je les déclare « égarées » et non perdues. Un petit sentiment me dit qu'elles doivent y être encore.

Pour couronner cette journée, je reçois la visite de Sylvain, mon ancien voisin de Montréal grâce à qui j'ai pu vider mon appartement à temps. Le voilà qui arrive sur son équipement rutilant. Moto, remorque, lui-même et son habillement, tout est astiqué. Je me réjouis de partager un souper avec lui. Son entrée devant le petit bistro est majestueuse, que dis-je, royale! dans la lumière du soleil couchant.

Je lui mentionne mes lunettes égarées. Il me propose spontanément d'aller les chercher. Il a tout le matériel pour que je sois au chaud sur sa moto. Il m'aide à m'habiller et à mettre le casque. Un peu gênée, je me permets néanmoins de goûter au fait qu'il prenne soin de moi. Après quelques consignes de base, nous voilà partis pour un tour. Je le tiens discrètement par la taille et évite de trop tourner la tête : après les lunettes de soleil, je ne veux pas perdre mes lunettes de vue. Quelle belle balade! Avancer sans efforts, juste déguster la *ride*[50]sur cette route vallonnée et me sentir comme dans un film western, youhou!

En parcourant le trajet marché plus tôt dans la journée, je suis estomaquée. À vue de moto, il me semble trop long et exigeant. Non seulement ai-je marché une bonne distance mais, avec la dénivellation, j'ai gravi l'équivalent d'une montagne respectable. Dans le trafic et sous la pluie. Wow, je prends la mesure de mon exploit qui, dans ma routine de marche, me paraît somme toute ordinaire d'autant plus qu'aujourd'hui, je n'ai fait « que » vingt-trois kilomètres.

Les lunettes derrière le buisson de pipi à Bury brillent malheureusement par leur absence. Je me console avec la belle *ride* de retour vers Scotstown.

Nous inaugurons ce soir les soupers au Petit Écossais. David nous demande notre avis sur les petites bouchées qu'il nous sert.

---

[50] Faire une *ride*, en québécois : faire un tour en moto

Sylvain est la gentillesse incarnée. Je savoure ces moments agréables et sa visite me fait le plus grand bien. Il m'abreuve des dernières nouvelles de mon ancien quartier qui me parait bien loin, presqu'irréel.

Lou, dans sa générosité, m'a invitée ce matin à passer une deuxième nuit chez elle. Je suis donc en vacances et je ne me suis pas trompée : il y a un réel BUZZZ ici, à Scotstown!

7 juin

D'un David à l'autre.

Même si elles le sont toutes, certaines rencontres sont plus mémorables que d'autres, comme celle que je viens de faire avec David numéro deux. Oui, oui, deux David coup sur coup!

On est le lendemain de mon arrivée à Scotstown et je décide d'aller marcher sans le gros sac à dos. Le parc municipal se prolonge jusqu'à l'entrée du Parc national du Mont-Mégantic, secteur Franceville, sur le sentier qui longe la rivière Saumon. C'est une marche sur un sentier plat, facile et agréable, sur une distance d'environ seize kilomètres aller-retour. Parfait pour se délier les jambes et profiter du bourgeonnement luxuriant de ce début de juin. Lou m'a préparé un goûter et prêté un petit sac à dos. La vie est belle!

Je le rencontre au premier arrêt. Il sort de la rivière comme un Dieu grec dans un film. Non, il n'est pas nu. Un beau jeune homme qui se promène avec un petit sac orange usé à la corde dans sa main. On fait connaissance et il dira plus tard que « ça a pris deux minutes pour qu'on devienne des amis ». Parfois, dans la vie, c'est simple comme ça et nous décidons tout naturellement de faire la marche ensemble.

Nous nous connectons grâce à nos aventures respectives. Il est autonome avec sa petite tente monoplace qui lui permet de faire du camping sauvage. Il cache son gros sac à dos durant le jour et se promène uniquement avec son fameux petit sac orange qui a visiblement beaucoup de vécu. En route depuis le mois de mai, il vit en communion avec la nature, longe les rivières, s'y baigne le plus souvent possible et s'alimente à même la verdure qu'il trouve sur son chemin. Il se déplace en autostop et n'a pas de téléphone mobile. Ses souliers sont usés à la corde. Il attend la visite de ses parents pour les renouveler prochainement. Je trouve formidable que ses parents acceptent son style de vie marginal.

David est étonné, voire impressionné, par mon long périple. Je comprends : je dois avoir l'âge de sa mère, sinon plus. C'est un homme étonnant, un peu sauvage, très sensible, très gêné, différent mais en même temps très sage. Une vieille âme. Lorsque je lui parle de ma désorientation quant à la poursuite de mon parcours, il me conseille de me demander tout doucement : « Qu'est-ce que je veux vraiment? ». Je prends sa question et y répondrai plus tard à tête reposée. Merci, coach!

Nous nous quittons en fin de journée, moi en direction du bistro où j'ai pris mes habitudes et mon Wi-Fi, et lui en faisant du stop pour retrouver sa tente et son gros sac à dos. Je raconte mon aventure à l'autre David, celui du bistro, mon cœur rempli de gratitude.

Plus tard, de retour chez Lou, je me pose la question de David : « Qu'est-ce que je veux vraiment? ». Dans le cœur de mon cœur? Ce qui monte me trouble : je veux partager dans une relation amoureuse. Ouf! En laissant émerger ce désir, des larmes me montent aux yeux, des larmes piquantes comme des couteaux. Je les laisse sortir et suis surprise par cette intensité émotionnelle. Que ça fait du bien de laisser se dénouer ce nœud et d'insuffler de l'oxygène à ce besoin trop longtemps mis sous le tapis. Après une éternité de célibat, qu'il vive enfin!

8 juin

C'est la fête de Lou. Je lui chante « ma très chère Lou, c'est à ton tour... ». Nous nous sommes déjà entendues hier pour que je lui offre une séance de coaching qu'elle semble bien apprécier. Comme nous tous, elle fait face à des défis. Celui du moment est relié à son âme hypersensible qui la sert souvent mais pas toujours. Sa relation difficile avec sa mère âgée lui pèse lourd. À soixante-dix ans bien sonnés, Lou se sent encore contrôlée et manipulée comme si elle était une petite fille et ce, même si sa mère a dépassé les quatre-vingt-dix ans. Sera-t-elle capable de voir au-delà de l'empreinte de ses vieilles blessures?

Elle me dira plus tard qu'elle a décidé de pardonner à sa mère. Ce sera pour son plus grand bien et celui de sa mère, j'en suis certaine, d'autant plus qu'elle pourra le faire de vive voix avec sa mère encore en vie. Les relations mère-fille difficiles me touchent particulièrement puisque j'en ai vécu une moi-même. Un de mes regrets est d'avoir été surprise par la mort soudaine de ma mère avec qui je n'ai pas pu avoir un dernier échange de cœur à cœur avec elle.

A mon départ, Lou m'offre une petite carte de remerciement ornée d'une mini-peinture et enroulée d'un bijou fait de ses mains. Ses mots me touchent beaucoup.

> « Merci belle allumeuse de mon réverbère. Ta visite m'a redonné la route de la lumière.
>
> Lou »

Je sens que c'est le temps de partir mais j'ignore quelle direction prendre. Milan ou La Patrie? À Milan, j'ai espéré retrouver un couple d'amis qui y possèdent un chalet mais ils n'y sont pas et je suis déçue. Personne ne m'attend nulle part. Je ne sais pas où aller, aucun des lieux aux alentours me fait vibrer ou m'appelle à lui comme Scotstown l'a fait avec tant de clarté. Les mêmes questions qu'à Sherbrooke me tournent dans la tête. Suis-je arrivée au bout de mon périple? Ai-je fait ce que j'avais à faire? Est-ce déjà la fin? Je les laisse flotter.

Et si c'était normal, dans ma situation, de se poser ces questions SANS en faire un drame national? Et si je n'avais pas toujours besoin de me déplacer?

J'ai maintenant assez d'expérience pour savoir que, lorsque je suis désorientée, c'est qu'il me manque une information importante. Une information venant du cœur, indicatrice de la poursuite du chemin. Cette attente est très inconfortable lorsque je suis perdue dans les tourments de ma tête et déconnectée de mon intuition.

L'idée monte de faire une entrevue d'inspiration avec David numéro un. Sa décision de couper avec son gros train de vie, de quitter son gros job et sa grosse maison de banlieue et de se lancer dans l'inconnu me touche beaucoup. Ce dont beaucoup rêvent les dimanches soirs et lundis matins, lui, il l'a fait.

David est en train de préparer son bistro pour la Fête de la pêche qui aura lieu dans deux jours. Je le sais fort occupé mais je décide de tenter le coup. Je me présente devant la porte fermée à clé avec mon sac sur le dos, prête pour la suite encore inconnue de mon périple. Il vient m'ouvrir et je réussis à le convaincre de prendre un quart d'heure de son temps précieux pour faire une entrevue *live* sur Facebook. Le but est d'inspirer les gens qui partagent le même questionnement, les mêmes malaises qui l'ont amené à son changement de vie. Il accepte à une condition : qu'il ait le temps de mettre son costume de travail. Ah! Le restaurateur joue bien son rôle en enfilant uniquement le haut de son costume, en homme tronc, ce qui me fait bien rigoler.

Le résultat de cette entrevue spontanée et remplie de la sagesse d'un homme de quarante ans, qui a fait un grand virage en toute conscience, fera un tabac sur le Web et inspirera beaucoup de personnes. Le meilleur score à vie pour une de mes publications! Lui, fier en costume et moi, toute échevelée à côté de lui. J'adore les choses improvisées, joyeusement imparfaites et qui viennent du cœur.

Une fois l'entrevue terminée, nous mangeons des biscuits et nous déclarons satisfaits du résultat. À ce moment précis, en jetant un coup d'œil par la fenêtre, il me lance un : « Hey, c'est pas ton gars, là, dehors? ». Effectivement je vois l'autre David, avec son petit sac orange et son gros sac à dos, en train de manger. Je ne fais ni une ni deux et me précipite vers mon vagabond préféré. Je sais que nous ferons une nouvelle étape ensemble. C'est cette information que j'attendais pour la suite de mon périple. Quelle joie de le revoir! Nous n'avons pas besoin de beaucoup de mots pour nous comprendre.

Pendant qu'il finit de se remplir la panse en ingurgitant une quantité impressionnante de nourriture – il faut croire que la petite verdure de la forêt n'a pas nourri son homme –, David numéro deux et moi décidons d'aller faire notre randonnée du jour dans le secteur Franceville du parc Mégantic et de nous y rendre en autostop.

Je doute du succès de notre entreprise, chargés comme nous sommes avec nos sacs. Pour lui, c'est tout le contraire. Nous serons encore plus forts ensemble et il me donne une leçon de « comment réussir en autostop », à moi, la vieille bourlingueuse.

À sa façon de se placer au bord de la route, je comprends ce qu'il veut dire. Posture de fierté, torse bombé, pouce dans les airs en hauteur, dégageant la conviction qu'il va apporter quelque chose de très précieux à notre futur conducteur. Lui, habituellement si gêné! Sa recette a du succès. Un monsieur bien gentil nous embarque avec tous nos bagages. Après un échange super sympa sur l'historique et l'étendue de sa parenté dans la région, il décide de faire un détour pour nous laisser directement à l'entrée du parc. Ça, c'est du service!

David s'était déjà informé hier de la possibilité d'entreposer son gros sac à l'accueil, ce qui est possible. Ainsi allégés, avec juste un petit bagage du jour – l'inévitable sac orange ne peut pas manquer, bien entendu, mais mes bâtons de marche restent à l'accueil –, nous entreprenons le plus beau et le plus spectaculaire sentier de cette section, le pic de l'Anse et le sentier des Cimes. Quel plaisir de le faire à deux. Après ma randonnée dans le secteur plus achalandé du mont Mégantic et du mont Saint-Joseph, je doute fort que je serais revenue marcher ici toute seule et j'aurais manqué cette merveille.

David marche comme un félin devant moi, pieds nus dans le sentier rocailleux, ses souliers ayant rendu l'âme. Comment fait-il? Juste à le voir avancer sur les roches pointus, j'en ai mal aux pieds.

C'est décidément la plus belle partie du mont Mégantic, sauvage et calme. Du haut du pic de l'Anse, un paysage intact se déploie devant nos yeux ébahis. Aucune maison, aucune route n'est visible et nous sommes tout seuls. Assis sur les rochers, chacun pour soi, nous contemplons et savourons cette nature bénie baignée par le soleil baissant juste en face de nous. Un moment de pure grâce!

La réalité me rattrape. Je veux être de retour au chalet au plus tard à dix-sept heures trente car je n'ai pas encore d'hébergement pour ce soir. Voici ma dose non pas de pain mais de stress quotidien qui me pousse à faire un retour en accéléré. De plus, je veux absolument rencontrer Lucie, l'organisatrice du Mini-Compostelle, avant de quitter la région et dont les bureaux ne sont pas loin d'ici. C'est l'autre David qui m'a référée à elle. Il a d'ailleurs tout de suite partagé notre entrevue sur son site à elle. Je lui ai laissé un message plus tôt et reçois, dès que j'attrape un bout de réseau de télécommunication, une réponse favorable pour une rencontre. J'en suis très heureuse.

Arrivés au chalet d'accueil à exactement dix-sept heures trente, nous marchons vers la route la plus proche. Sentant mon anxiété, David commence à se moquer gentiment de moi. « Tu as soixante-et-un ans, il est presque dix-huit heures et tu ne sais pas encore où tu vas dormir! ». « Et je ne trouve pas ça drôle! » que je réplique sur un ton plaintif. Je sais qu'il admire mon courage d'évoluer à l'extérieur de ma zone de confort, surtout pour une « madame de mon âge ».

Il me conseille encore une fois : « Visualise que la personne qui va te prendre en auto-stop va te recevoir chez elle ». Facile à dire. Quand le stress monte, le fil rouge de mon intuition a tendance à se rompre et mes visualisations à prendre une coloration plus grisâtre. Je me suis cependant créé ce David à mes côtés pour m'aider à croire au meilleur. Encore une fois, merci monsieur le coach!

Pour la deuxième fois de la journée, nous nous plaçons au bord du chemin le pouce en l'air. Seul problème : aucune voiture ne passe. C'est le calme plat pendant cinq, dix, vingt longues minutes. Finalement, une voiture s'arrête. Oh, c'est ma Lou avec son molosse de chien fièrement assis sur le siège du passager! Nous sommes enchantées de nous retrouver. Elle doit d'abord réaménager sa voiture pour faire de la place. Son chien perd son siège en avant. En temps normal, Lou a l'âme à la fête mais là, elle est en route pour un *business meeting* avec des « mafieux » pour un contrat. Cela semble très anxiogène et sa conduite est hasardeuse. « Ce soir, appelle-moi et, si ça ne répond pas, fais venir la police! » m'ordonne-t-elle gentiment. Cette rencontre semble assez intense!

J'offre de l'accompagner à son rendez-vous, secondée par David. Dans son énervement, Lou se trompe de chemin. Nous nous retrouvons perdus dans les hautes herbes et finissons par monter à pied une pente raide avant d'arriver par la porte arrière de la demeure.

Pendant cette montée, deux choses se produisent. Je réussis tout d'abord à avoir accès à un bout de réseau téléphonique et à parler à Lucie qui m'invite à passer chez elle. Youpi! Deuxièmement je reconnais la place pour y avoir passé un séjour en chalet avec mon compagnon d'époque et profité de leur spa il y a des années de ça. Depuis lors, l'entreprise a fait faillite et le fameux « mafieux » a acheté les bâtiments. Il semble qu'il veuille organiser des rencontres et Lou pourrait être la traiteure de service.

Après les présentations d'usage, Lou avise le monsieur qu'elle doit d'urgence nous conduire à notre rendez-vous à nous, chez Lucie. C'en est presque une fuite. Elle retournera plus tard à leur réunion d'affaires à eux. Elle n'a pas le goût d'y être et ça paraît mais le fait d'avoir rencontré le propriétaire en notre présence semble l'avoir calmée un peu.

Chose dite, chose faite. Nous arrivons chez Lucie et son conjoint André que j'ai déjà brièvement croisé avec Sim. Je me sens un peu bizarre d'arriver accompagnée d'un jeune homme d'autant plus qu'il n'a pas été question d'une suite commune des choses. Lou les connait tous les deux et être présentés et introduits par elle est certainement un avantage. David reste un peu vague sur ses intentions, dit vouloir continuer son chemin mais accepte l'invitation à dormir sur place. Il installe sa petite tente dehors, sous le balcon, alors que j'ai le grand honneur de dormir dans la salle de massage d'André. Ce sont des invitations surprises. Il n'avait pas été question de passer la nuit chez eux. Le besoin était évident et nos hôtes, élégants. Merci à vous deux!

Je découvre des gens généreux et bienveillants, un vrai baume sur l'âme de la pèlerine. On fait notre lessive. Des provisions sont distribuées pour le lendemain. Un repas est préparé. Du lavage se fait. Lucie sort sa machine à coudre et répare nos affaires déchirées, moi la visière, David le sac à couchage. Le buzz de la grande région de Mégantic continue!

Dehors, dans la soirée fraîche, debout autour du feu avec la vue majestueuse sur les montagnes environnantes, David et moi nous regardons, sourions et il me serre contre lui en signe de reconnaissance. Pas besoin de mots pour souligner notre bonheur d'avoir réalisé sa vision de la sortie du parc. En mieux, même, puisque lui aussi fait partie du partage et j'en suis vraiment heureuse.

Cette nuit, je dors comme un bébé.

9 juin

Après un déjeuner partagé et mes préparatifs, je continue mon chemin seule. Lucie m'a organisé une rencontre avec un historien. Je n'ai pas besoin de le dire à David. Il me précède, nous fait ses adieux et part dans une autre direction.

C'est à mon tour de quitter ces gens et cette maison accueillante. Une étoile scintillante traîne au bord de la route. Je la ramasse et décide qu'elle sera le symbole de mon chemin.

En descendant le fameux chemin de Piopolis, qui devient ensuite chemin de Bury (je me répète : un bijou de beauté) pour la troisième fois, cette fois à pied, je m'arrête à tout bout de champ pour m'extasier et prendre des photos. Rien de mieux qu'être à pied pour apprécier et contempler un paysage à sa pleine richesse. C'est tellement, tellement beau! Cette exceptionnelle vue panoramique, comme un vol d'oiseau, me plonge dans les chaînes de montagnes à gauche et à droite, dans le lac au loin et dans un ciel clair et frais. Mon cœur est grand ouvert et s'émerveille. Merci de pouvoir vivre ça! Merci! Merci! Merci!

L'historien Paul vient à ma rencontre en voiture. J'ai la chance de connaître cet homme très érudit, fin connaisseur de la région. Il m'explique les faits et enjeux après la catastrophe ferroviaire de Lac-Mégantic survenue il y a cinq ans. Son impact est immense. Elle a non seulement détruit une partie du centre-ville et tué quarante-sept personnes, elle a aussi laissé des blessures profondes encore présentes aujourd'hui chez tous les habitants.

La visite de ce champ en friche - qui remplace le centre-ville d'avant la catastrophe - me désole et me fait penser à *Ground Zero*[51]. Un grand travail de reconstruction est entamé depuis le temps et il doit aussi se faire dans l'âme et le cœur de ses citoyens.

Je suis Paul dans la visite de lieux historiques. J'ai même le privilège de l'accompagner à une commémoration du centenaire de la fin de la Première Guerre mondiale dans l'église d'un village voisin. La célébration me fait sourire à la vue des gens en costume d'époque présentant une mini-pièce de théâtre de circonstance. Participer à la vie de cette communauté pendant un court moment me fait plaisir. Pour l'occasion, les dames se sont mises sur leur trente-et-un alors que je suis chaussée de mes bottes et mes cheveux sont à l'envers, comme d'habitude.

Une femme de mon âge bien sympathique me confie qu'elle est la plus jeune à s'impliquer dans les activités de l'église, qu'il

---

[51] Site du World Trade Center détruit en 2001

n'y a pas de relève. Je ne suis pas étonnée de son constat après avoir vu en chemin tant d'églises à vendre ou carrément abandonnées. Peu d'entre elles trouvent une nouvelle mission durable. Cette perte du patrimoine me chagrine. Ces bâtiments avec leur clocher pointé dans les airs, tels des doigts, sont des phares dans chaque village et chaque ville. Souvent visibles de loin, leur apparition me donne chaque fois un sentiment de réconfort. Les voir disparaître me paraît inconcevable, peu importe les agissements abusifs de l'Église dans le passé et de la désertion générale de la religion.

Ces partages durant la commémoration me donnent l'impression d'être une des leurs durant un bon moment et j'en remercie mon hôte.

Ce dernier vit la grande souffrance d'une séparation récente. « M'abandonner après vingt-huit ans est inacceptable. Elle n'avait pas le droit de me faire ça! » tonne-t-il dans sa colère. J'écoute ses propos sombres et je compatis. Qui ne connait pas l'intensité, voire la violence, d'une séparation non choisie? Il m'invite à dormir chez lui et profite de ma présence pour se vider le cœur.

10 juin

Je fais l'éponge émotionnelle, encore une fois! Je sors de chez Paul épuisée et avec la nette impression d'être intoxiquée. Je me sauve, vite, en route vers Frontenac le long de la route deux cent quatre. Elle n'est pas vraiment intéressante à marcher mais j'ai besoin de voir Sim qui est certainement aussi un peu beaucoup guérisseuse. La porte est toujours ouverte chez elle et je peux y aller même si elle n'y est pas. Quel beau cadeau, quelle confiance! Un peu avant d'arriver, belle surprise, je reçois son appel me confirmant qu'elle y sera, à ma grande joie.

Je ne fais ni une ni deux et lui parle de mon intoxication. Elle n'a pas besoin d'entendre les détails de mon histoire et se contente de remarquer qu'il y a encore beaucoup de souffrance à Lac-Mégantic. Ce disant, elle nous prépare un *smudge,* ce rituel de purification par la fumée d'herbes, pour me débarrasser de l'énergie lourde qui m'habite. Cette fumée pue à donner un mal de tête à un cheval mais je décide qu'elle m'aidera à retrouver vitalité et légèreté.

Que je suis contente de connaître cette femme! Que je suis heureuse de la revoir!

Elle me demande de raconter mes expériences depuis notre dernière rencontre. De son côté, elle m'explique être dans son *rush* de production pour le livre. La date de tombée approche.

Elle a maintenant dix chats chez elle, dont six bébés, qui me visitent assidûment durant la nuit. Après tout, je suis couchée sur LEUR divan et je dérange leurs habitudes. Le sommeil se fait rare. Quelques petites heures devront suffire.

11 juin

Mon arrêt d'urgence chez Sim ne fait pas disparaître mon questionnement sur la suite de mon périple. Encore! D'un côté, je voudrais rester dans les Cantons-de-l'Est que j'aime tant. Une partie de moi me dit que ça fait assez longtemps que je tourne dans cette région et qu'il serait temps de continuer mon chemin en direction de Québec et éventuellement Charlevoix. Ma tête essaie de prendre le gouvernail. Rien ne vibre pourtant en moi. Lorsque Sim m'offre un *lift* pour me laisser en ville, je saute sur l'occasion. Je n'aurai pas besoin de descendre la fameuse route deux cent quatre à pied. Je verrai ensuite pour la suite.

Ce qui commence à changer, avec ma question redondante du « quelle direction prendre ?», c'est que j'apprends à être bien même quand je me sens mal. D'inclure et d'accueillir cet état de questionnement lourd dans un bien-être global augmente mon baromètre du bonheur à l'instant. Et si je n'avais qu'à rester dans le moment présent et à le vivre simplement et pleinement, sans me juger, sans me battre contre moi-même ou contre une personne ou une situation? Sans me perdre dans les spéculations du futur? Qui sait, peut-être l'entendrais-je, ma petite voix?

« La magie est juste derrière l'inconfort ». J'adore cette phrase qui est devenue mon leitmotiv dans l'inconnu.

Aujourd'hui, j'aimerais réussir à faire une entrevue d'inspiration avec Lucie. L'expérience avec David m'en a donné l'envie et je trouve son organisme nommé Mini-Compostelle tellement inspirant et courageux. Elle l'a mis sur pied suite au drame de Lac-Mégantic dans un élan de solidarité pour aider la communauté. Elle habitait à ce moment-là encore la grande région de Montréal.

Je me dirige vers une grande épicerie où j'ai déjà pris mes habitudes. Je m'installe au deuxième étage dans un vaste espace vitré où j'ai accès au Wi-Fi. J'ai la grande paix puisque le lieu est désert. Je m'achète un café, sort mon-mini-clavier - plus pratique que de traîner un ordinateur -, le branche sur mon iPhone et commence à laisser courir mes doigts sur les touches. Dans les moments d'égarement, de doute et de lassitude, l'écriture est ma meilleure amie pour dissiper la brume dans mon cerveau, pour me soulager et me connecter de nouveau à mon cœur. Je laisse sortir pensées et préoccupations autant que moments d'émerveillement et de gratitude pendant une bonne heure.

Mon regard se promène à travers la fenêtre vers le bas, en direction de l'entrée de l'épicerie où trônent quelques tables à pique-nique. Que vois-je briller là, dans le soleil? Un sac orange!

À côté du sac orange, un grand sac et, à côté du grand sac, David numéro deux, assis à une des tables de pique-nique, en train de... manger. C'est notre troisième rendez-vous non planifié. Wow! Mon cœur fait un bond. Je prends encore une fois son apparition comme un signe indicateur du chemin et me lance joyeusement à sa rencontre. Je vais le retrouver à sa table et nous nous échangeons le plaisir de nous retrouver.

Je contacte Lucie et la laisse deviner qui est assis à côté de moi. Elle n'en revient pas non plus de nos synchronicités. Elle vient à notre rencontre et, avec sa générosité habituelle, fait le taxi pour nous. Quelques achats pour moi et David veut aller se baigner à une plage. Lucie et moi prendrons ensuite le temps nécessaire pour faire l'entrevue.

Ce nouveau projet est plus laborieux et moins spontanée qu'avec David numéro un. J'ai l'impression que ma décision vient plus de ma tête que de mon cœur. Dans ces moments, de nombreux petits trucs interfèrent et freinent la réalisation. L'installation est compliquée. Ma blouse blanche précieuse, qui me protège du soleil, se déchire pendant que je me change. L'entrevue ne coule pas comme je le souhaite. Lucie reste d'un calme olympien pendant que je travaille fort à faire de mon mieux. Je ne suis pas tout à fait satisfaite et nous recommençons une deuxième fois.

Le résultat est en conséquence. Selon mes critères, notre échange manque de vivacité et d'émotions. Nous retrouvons les hommes pour le visionnement. André, le conjoint de Lucie, aime ce qu'il voit et ses yeux s'embuent même à quelques reprises. Il est fier de sa blonde[52]! Lucie confirme sa satisfaction et David est impressionné par ma prestation d'intervieweuse. Merci pour le compliment! Il est peut-être temps de mettre la pédale douce sur mon auto-critique. Lucie réalise un projet magnifique et je

---

[52]Blonde, au Québec : copine, conjointe, amoureuse

souhaite simplement que la vidéo puisse trouver et inspirer les bonnes personnes.

David et moi sommes de nouveau invités à dormir chez Lucie et André. On dirait que c'est devenu la suite normale des choses. Ces deux-là font preuve d'une telle générosité à notre égard. J'ose espérer qu'ils trouvent leur compte à notre contact. La crainte d'être en dette envers eux se pointe, de ne pas donner assez en retour… Tiens, la comptable est de retour. Coucou!

Pour soulager mon état anxieux et culpabilisant, je me dépêche de me rendre utile dans la maison. Je me rappelle ma mission durant ce périple : contribuer au mouvement « Du bonheur au suivant! », voir le bon et le beau dans chaque lieu, dans chaque situation tout en contribuant selon les circonstances. Lucie n'est pas contrôlante dans sa cuisine. Je peux m'y activer à mon aise et cela m'apaise.

André nous parle de sa jeunesse, des difficultés avec son père et de la violence qui régnait dans la maison. Je sens que son côté guerrier est devenu, au fil des années, un guerrier pacifique « même si je peux encore faire de belles colères! ». Vive l'authenticité, l'humilité et l'humanité! Il m'écrira plus tard une touchante et heureuse histoire de son passé.

Dans la vie, tout n'est jamais tout noir ou tout blanc. Aller à la rencontre des perles cachées du passé permet de changer notre perception et même d'écrire une histoire heureuse. Ce nouveau regard sur notre passé permet de transcender notre empreinte d'origine basée sur le manque et la souffrance.

Pendant ce temps, l'entrevue avec David numéro un cartonne sur Facebook grâce aux nombreux partages. Des milliers de vues, une première pour moi! Mon intuition était bonne : son témoignage inspire effectivement les gens. J'ai suivi une impulsion spontanée et tout s'est fait comme par magie. J'en veux plus de cette magie-là! Suivre mon intuition est MA voie, c'est évident, même si je l'oublie parfois.

J'entreprends l'« opération sac à dos ». Je sors tout ce qui ne sert pas. Des articles réussissent à s'y introduire en catimini et, après quelques jours et semaines, commencent à prendre de la place et à peser. Je fais un don à David. Son sac orange devenu brun est peu appétissant. J'en ai un dans le même matériel ultraléger, neuf, vert fluo. Il accepte mon don. Ça sera maintenant notre nouveau signe de reconnaissance.

12 juin

Je viens de recevoir un courriel de Sim, mon amie des Premières Nations. Alors qu'elle est à finaliser son livre, elle a pris le temps de m'écrire ces mots remplis d'amour, un vrai poème.

> « Heidi, merci pour ta présence hier soir et ce matin. J'apprécie beaucoup ta belle énergie, ton courage et ouverture d'esprit ainsi que ton enthousiasme et flexibilité. Je *repeat* que tu es bienvenue chez moi encore. Je serai très heureuse de t'accueillir de nouveau.
>
> Pour ta route, je te remercie beaucoup avec une prière de reconnaissance pour ta belle lumière que tu portes :
>
> Porte-toi bien dans la Joie de l'Être sur cette Terre Mère, Terre si Magnifique et Généreuse.
>
> Porte-toi bien dans la reconnaissance du moment présent, dans le privilège du mystère et de la magie de vivre, où chacun(e) est tisserand(e) de la trame de vibrations de Joie et Lumière partagées par Choix, par Respect, par Dignité, par Amour, par Gratitude.
>
> Porte-toi bien à travers tes Rêves en train d'être réalisés.
>
> Porte-toi bien à travers tes Rêves encore à venir.

Merci de refléter que le parfait est traduit dans l'imparfait et l'amitié à travers l'inconditionnel.

Merci de partager ton courage et flexibilité et lumière d'Âme.

Merci pour qui tu es.

Merci d'avoir croisé ton chemin avec le mien.

Merci de m'avoir permis d'ouvrir ma Porte à une inconnue,

Qui n'est pas inconnue mais une réflexion plutôt de qui Je suis. Merci pour ce beau cadeau de vie.

Merci pour qui Tu es.

Merci pour qui Je suis.

Bonne route, Bonne Santé,

Meegwetch

Ma Sim »

Tu touches mon cœur, chère Sim. Merci pour ce cadeau magnifique! Quel privilège de te connaître! Merci à la VIE de nous avoir réunies.

Une autre bonne nouvelle m'arrive de Bury. Alice a trouvé mes lunettes fumées dans le gazon chez elle. Ah, magie! Je suis toute heureuse et ça tombe bien car j'ai essayé sans succès de trouver des clips pour mes lunettes. Me voilà partie pour un tour en auto-stop pour les récupérer. Un jeune homme s'arrête. Il est en route vers Montréal où il étudie en médecine dentaire. J'ai justement besoin de soins dentaires pour retrouver mon mordant! Il m'explique le pourquoi des prix ridiculement élevés des implants. À défaut de régler mon problème, je reçois de précieuses informations, c'est déjà ça.

Il est d'une grande gentillesse et je passe un excellent moment en sa compagnie. Il me fait ses adieux avec un soucieux : « Faites attention avec qui vous embarquez! » Je ne peux m'empêcher de sourire. Ma mère me donnait les mêmes conseils dans ma jeunesse. Venant d'un jeune homme, les rôles s'inversent et c'est encore plus charmant.

J'arrive de Woburn. Je suis tombée sur Jimmy en route avec son *pick-up*. En route est un grand mot puisque sa remorque s'est ramassée dans le fossé. Je l'ai aidé à la sortir. Incroyable ce que la force de bras d'une pèlerine peut accomplir! Il m'offre un *lift* pour me remercier. Une fois chez lui, il me fait prendre place dans une voiture remplie de boîtes et d'articles de maison pêle-mêle jusqu'au plafond. Je dois me faire toute petite et je respire à peine.

Jimmy me conduit chez Sim dont la maison toujours ouverte pour moi est devenue une sorte d'ancre, que sa propriétaire y soit ou pas. Elle en est absente aujourd'hui. En route, je reçois une chaleureuse invitation d'une certaine Juliette. Je ne fais ni une ni deux et demande à Jimmy de changer de direction. En tant que livreur de pizza à ses heures, il connait les rues de la ville comme le fond de sa poche.

Juliette fait partie de ces personnes avec qui je me sens bien même avant notre rencontre. Me voici arrivée dans un joli appartement à Lac-Mégantic chez cette femme toute en délicatesse qui se montre si généreuse, tellement aux petits soins avec moi. C'est André qui lui a parlé de moi. Vive le réseau!

Juliette vit toute une histoire. Après avoir passé la majeure partie de son existence dans une communauté religieuse très fermée et s'y être donnée à cent pourcent, elle a écouté son corps devenu malade, son cœur et son âme. Elle a tout quitté et se construit maintenant une nouvelle vie et de nouveaux repères. Famille et amis suivent les règles strictes (et cruelles!) de la communauté stipulant qu'un membre qui sort de leur rang est exclu de tout contact. La voilà lancée dans un vide que je peine à m'imaginer. Ma petite aventure n'est pas grand-chose à côté de la sienne, gigantesque! J'ignore où elle puise son courage. J'ignore comment elle trouve la force nécessaire.

Juliette, pour moi, c'est l'éloge de l'envie folle de vivre.

13 juin

Juliette s'est bâti un cocon chaleureux et accueillant. Au déjeuner, son café latte exquis et ses bouchées tout aussi exquises me transportent en Europe.

Lors d'une de nos sorties, nous nous amusons à sauter sur les hamacs géants que la ville de Lac-Mégantic met à disposition de ses petits et grands enfants. Sans m'en apercevoir, mon cellulaire tombe de ma poche. Petit moment de panique lorsque je m'en aperçois. Je refais tout le trajet de notre promenade.

L'important n'est pas la perte en soi. L'important est de garder son calme et de savoir qu'on va RETROUVER ce qu'on a égaré. Tôt ou tard. Bâtons, chandail, lunettes fumées, téléphone… Encore une fois, à mon grand soulagement je le retrouve et j'avoue que j'ai eu chaud. Ils sont attachants ces petits bidules! Dire qu'ils contiennent une partie de notre vie…

Ce matin, c'est le grand jour de départ des Cantons-de-l'Est. Après neuf semaines à sillonner ses routes et à rencontrer tous ces gens, je suis à la fois heureuse de quitter cette région et en deuil. Une partie de moi aurait voulu rester et je suis déçue mais sereine.

Juliette me donne un *lift* jusqu'au Premier Rang d'Audet et m'accompagne dans le début de ma marche. Aujourd'hui, j'aimerais arriver à Saint-Ludger ou, mieux encore, à Saint-Gédéon-de-Beauce. Comme je n'ai pas encore de gîte pour ce soir, je lance un appel à David numéro un. Il a des contacts en Beauce. Je contacte également Renée, mon amie à Saint-Georges-de-Beauce qui m'accueillera d'ici quelques jours. J'espère vraiment qu'ils vont m'aider à trouver un gîte pour ce soir.

Juliette m'offre une belle occasion de m'adapter à un autre rythme que le mien. Contrairement à moi, et comme beaucoup de femmes, elle a besoin de temps pour se préparer. Beaucoup de temps. Je suis très masculine à ce niveau. Pas besoin de me maquiller ni de placer mes cheveux ou d'agencer les habits avec des accessoires. Toujours prête, comme les pompiers.

Le Premier Rang est tout simplement magnifique. Une fine pluie commence à tomber. Nous sommes de bonne humeur et admirons le beau paysage vallonné en longeant la rivière Chaudière. Juliette rebrousse chemin après quelques kilomètres. Nous nous faisons nos adieux et je continue seule en reprenant mon rythme à moi. Je suis certaine que je resterai en contact avec elle.

La marche va bien et il fait froid. C'est le temps idéal pour moi. La température baisse même encore un peu avec les heures. J'aurais mis gants, bandeau et tuque si je ne les avais pas entreposés chez Christine à Magog, croyant la saison chaude arrivée pour de bon.

Un lunch dans un petit resto à Saint-Ludger et me voilà repartie pour la deuxième partie de ma marche quotidienne en direction de Saint-Gédéon. Je continue à longer la rivière Chaudière bordée de part et d'autre de fermes nichées dans une verdure luxuriante et abondante.

Il est dix-sept heures passés lorsque j'arrive au village. Je n'ai pas de réseau téléphonique. Renée ou David m'ont-ils laissé un message avec une bonne nouvelle? Je l'ignore. L'hôtel de ville est fermé. Je m'arrête au bureau de poste mais la dame n'est pas de la région. La jeune femme au dépanneur ne répond pas. Je demande le gîte à trois ou quatre personnes devant la cantine du village. Soit ils viennent d'ailleurs soit ils m'ignorent carrément. Il fait maintenant un froid de canard. Onze degrés en juin, ça ne réchauffe pas le moral. Prendre une chambre ici? Je ne vois rien d'ouvert. Là, j'ai atteint mon quota de refus et n'ai pas le goût de chercher plus longtemps.

Rien pour oublier les Cantons-de-l'Est!

Il doit y avoir une autre solution. Renée est mon dernier recours et j'espère vraiment une bonne nouvelle de sa part. Ça commence à presser, je suis toute gelée. Les gens de la cantine ont la gentillesse de me laisser téléphoner à l'intérieur avec un vieux téléphone à fil. Coincée entre des bacs de patates pelées et la friteuse, je contacte Renée. Les nouvelles ne sont pas bonnes : elle ne connaît personne dans ce patelin. Je suis déçue pendant deux secondes car sa prochaine phrase est la plus douce à mes oreilles dans les circonstances : « Sais-tu quoi, Heidi, on vient te chercher! ». Je n'offre aucune résistance. Sauvée! Je suis sauvée! Renée sauve en même temps l'honneur de la Beauce.

Quelle chance de pouvoir séjourner chez Renée et Jean-Michel et d'être entourée de leur bienveillance, de leur générosité, de leur humour et de leur sagesse lumineuse. Renée et moi nous connaissons depuis quelques années. Prof à la retraite, elle dégage une rare force et une conscience qui m'ont tout de suite interpellée. Elle m'invite à me déposer et à profiter pleinement du temps chez eux, sans penser à donner quelque chose en retour. Tu as compris, madame la comptable?

16 juin

Depuis quelques jours, nous formons un joyeux trio et visitons les beautés de la région, de magnifiques jardins et sentiers. J'apprécie particulièrement les œuvres du Symposium international de la sculpture de Saint-Georges. Les sculptures sont disséminées dans une belle nature tout au long de la rivière Chaudière et je m'amuse à m'y balader à plusieurs reprises. Quelqu'un joue sur le piano public, le soleil estival, la douceur de vivre, j'admire les villes qui rendent la beauté de la vie culturelle accessible à tous.

Le couple m'introduit à la pratique du « vindredi », ce joyeux rituel qui inaugure la fin de semaine. Même si les journées de semaine s'entremêlent joyeusement dans ma tête, et même si ma résistance à l'alcool s'épuise rapidement, je suis prête pour la *Dolce Vita* et à honorer ce rituel.

Au contact de ce couple, mon désir d'une relation amoureuse se réactive. Est-ce étonnant? En même temps, je sais que mon sentiment de manque, même s'il est moins cuisant que la dernière fois avec David numéro deux, mon vagabond favori, ne donnerait rien d'édifiant. C'est la vibration de plénitude qui attire à soi son semblable et non le manque. Je suis prête à déterrer mes peurs cachées d'une relation amoureuse quelque part dans mon angle mort et je me promets un changement.

Renée et Jean-Michel, merci pour votre cocon d'amour et votre bienveillance qui ont fait tant de bien à mon cœur. Merci d'être un couple si inspirant!

17 juin

La vie a de la suite dans les idées et je sens le moment venu pour mon exercice de pardon. En lisant des récits de marcheurs sur le chemin de Compostelle, j'ai cru comprendre que les pèlerins apportent une pierre qui représente un fardeau dans leur vie et dont ils veulent se libérer. Ils la déposent ensuite sur un gros tas formé par des milliers d'autres pierres destinées à la libération et au pardon.

Cette idée m'a plu. Au lieu d'une lourde pierre, j'apporte dans mon sac à dos quelques morceaux de bois de grève ramassés aux Îles-de-la-Madeleine. Ils sont légers comme des plumes. Pas besoin de réfléchir sur le sujet. Ma dernière expérience de couple avec un certain Louis s'est terminée en catastrophe. Alors qu'habituellement, je me faisais un honneur de terminer mes relations avec classe, cette fois-ci fut très différente. Je porte encore les cicatrices de cette relation, une des expériences les plus difficiles de ma vie. Pas étonnant qu'un long célibat ait suivi cette expérience.

Qu'est-ce qui n'a pas encore été accueilli, transformé et pardonné? Quel virus œuvre encore dans ma vie à mon insu? Il me semble que j'ai tourné la situation de tous bords, tous côtés. Pour libérer cette situation, j'ai besoin d'habiter un nouvel espace intérieur. Un espace où il n'y a plus ni accusations, ni victime, ni bourreau.

De quoi ai-je besoin de me libérer ? La seule réponse qui monte est la colère envers moi. La colère d'avoir dépassé mes limites, d'avoir accepté des choses de plus en plus inacceptables et d'être ainsi devenue mon propre bourreau. J'ai besoin de me pardonner ce manque d'amour, ce sabotage, cette violence à mon égard. Louis aura servi à me les révéler à la puissance mille pour me faire comprendre ma responsabilité. Comprendre dans mes tripes que ce n'est que moi qui peut accepter ou refuser une expérience, créer mon bonheur ou mon malheur et agir avec amour pour moi, ou pas.

Le voilà, le cadeau : AMOUR ET RESPECT POUR MOI!

Merci à l'humilité et merci à l'amour de permettre que la catastrophe se transforme en bénédiction. Mon tas de pierres sera ici, à Saint-Georges-de-Beauce. L'empreinte de Louis va rester ici ainsi que le manque d'amour à mon égard. Je porte un *toast* à Louis et lance dans la rivière les morceaux de bois sur lesquels j'ai inscrit des mots d'amour, de légèreté et de pardon. À partir de maintenant, la rivière Chaudière s'occupera du dossier. Elle le fera beaucoup mieux que moi.

Il reste maintenant à m'occuper de mon cœur et de mes besoins.

****

Depuis le début du périple, mes rencontres avec les hommes sont du style amical. Jusqu'à maintenant, je n'ai rien de croustillant à raconter. Il y a des gens qui associent mon titre d'aventurière automatiquement à la sexualité mais il n'en est rien. Sans y être fermée, l'aventure amoureuse et/ou sexuelle ne faisait pas partie de mon intention de départ. J'apprécie en général beaucoup le contact avec les hommes. Leur énergie, leur façon si différente de voir la vie et le monde me font le plus grand bien.

Mon projet en a intrigué plus d'un. Ceux qui ont une sensibilité féminine très présente, comme Carl, photographe auto-attitré lors de mon repas de départ, le saluent spontanément. D'autres le saisissent moins bien et certains ne trouvent aucun sens à tout ça. « C'est quoi cette histoire de marcher d'une maison à l'autre? De coucher chez les gens? À quoi ça rime? » Je dois emprunter d'autres moyens pour me connecter à eux.

Certains se laissent impressionner par le kilométrage parcouru à pied et avec le sac à dos, ou la durée de mon périple, au fur et à mesure que j'avance. La performance physique les interpelle ou le côté aventure. Ces hommes s'ouvrent lorsque je m'intéresse à leurs passions et réalisations passées ou présentes. C'est une belle façon de créer un contact nourri et des moments de bonheur. Je suis toujours émerveillée devant la richesse des gens qui a juste besoin d'être reconnue pour mettre des étoiles dans leurs yeux.

J'ai fait de belles rencontres. Gérard, avec son sirop d'érable produit dans son cabanon. Jean-Paul, avec le portfolio de ses créations d'enseignes, son jardin et la *ride* offerte dans son *pick-up* de mille neuf cent cinquante-quatre. Nicolas, le comptable devenu camionneur. Les deux David, très différents, l'un décrocheur du système, l'autre complètement marginal, chacun inspirant à sa façon. Marc, qui a pris soin de mes vêtements à laver, incluant mes petites culottes. Samuel, « mon » boulanger, avec sa vision inspirante du partage en affaires et dans la vie. André, avec qui j'ai connecté naturellement. Luc, mon collègue coach et cuisinier accompli. Philippe, le nouveau maire et écrivain, résolument écolo et humaniste. Daniel, avec qui j'ai chanté à tue-tête. Jean-Luc, qui m'a ouvert la porte dans un moment de détresse. Étienne, qui est venu saluer « la survenante » deux fois plutôt qu'une. Richard, mon sauveur en *pick-up*. Mathieu, le cowboy et amateur de plein air. Jimmy, le chauffeur de taxi coincé dans le fossé. Alex, un autre collègue coach, avec sa belle présence. Alexandre, le gérant de boulangerie, et plusieurs autres. Que de belles rencontres, que de beaux moments. Merci à vous tous d'avoir croisé mon chemin!

J'ai été surprise une seule fois par un homme qui m'a présenté son lit en guise de chambre ainsi qu'une baignade nue dans son spa. Il ne m'a cependant plus incommodée après mes refus. Une autre fois, je suis montée dans une voiture où je me suis sentie fortement incommodée par l'attitude arrogante du conducteur.

Heureusement il m'a laissé descendre dès que je lui en ai fait la demande.

Mon habillement est neutre et, comme je n'ai généralement pas peur, tout se passe bien. C'était pareil lors de mes voyages en auto-stop à vingt ans.

Il n'est pas étonnant que mon pèlerinage interpelle surtout les femmes puisqu'il est porté par des valeurs féminines. Cerveau droit, intuition, cocréation, collaboration, amour, entraide, partage, cœur, connexion, don, réception, bonheur… Même mes performances, en apparence yang, sont accomplies avec la force du yin. Une expérience très bienfaisante pour la femme que je suis devenue puisque j'ai fonctionné une bonne partie de ma vie en mode masculin.

19 juin

Je savoure une halte chez Suzanne et Jean-Paul, un couple dans les soixante-dix ans. J'avais prévu me rendre jusque chez Laurianne mais, hier soir, je n'avais même plus l'énergie pour faire du stop. Au téléphone, Laurianne a senti ma grande fatigue et m'a organisé cette halte chez son oncle et sa tante à Sainte-Marie-de-Beauce.

Suzanne, une infirmière à la retraite, a sauté dans sa voiture et est venue me chercher tout de suite, sans me connaître. Elle est vive, dynamique, rien que sur une patte[53]. Jean-Paul ressemble à s'y méprendre à Ernest Hemingway sur la couverture du livre *Le vieil homme et la mer*. Très posé, centré, intrigant. Ils vivent avec leur fils adulte et je passe de superbes moments avec eux.

---

[53]Rien que sur une patte, en québécois : ne pas tenir en place

Ce matin, Suzanne m'a préparé un méga lunch qui doit bien peser un kilo en incluant les petits jus. Il m'était impossible de refuser cette cargaison d'amour. Je ressens tellement de gratitude et d'amour pour ces deux-là.

Jean-Paul me fait visiter ses trois poulaillers dans son immense jardin luxuriant, un vrai paradis avec de multiples cachettes, des sentiers et une végétation à hauteur d'homme. C'est son royaume bien à lui et Suzanne n'a pas un mot à dire. Jean-Paul me fait alors un grand honneur : il me propose un *lift* jusqu'au prochain village avec son *pick-up*, une pièce de collection datant de mille neuf cent cinquante-quatre qu'il soigne comme la prunelle de ses yeux.

Me voilà assise dans son charmant bijou et nous partons à la vitesse d'un autre temps, celle de la contemplation. Il me dit avoir aimé me rencontrer et qu'il a appris beaucoup. Et moi donc! Je me sens riche de cette connexion privilégiée que j'ai partagée avec cette famille.

Jean-Paul me dépose à l'église du village. Je fais un détour à l'épicerie où j'en profite pour écrire et utiliser le Wi-Fi avant de me mettre en marche sous un soleil radieux. Croyant choisir une route secondaire en gravier, donc bucolique et calme, je me retrouve plutôt dans un environnement industriel où circulent sans cesse un million de camions bruyants qui m'ensevelissent sous des nuages de poussière.

Une voix plaintive veut monter en moi. Non, Heidi, on ne va pas là! Je fais l'effort de me rappeler les belles et bonnes choses. Les feuilles sont vertes sous la couverture de poussière. Le ciel est bleu derrière les nuages de poussière. La température est agréable et je me dis que bien des personnes seraient très heureuses de pouvoir marcher sur ce chemin poussiéreux. Des gens qui vivent des conditions drôlement plus difficiles. Des situations de guerre, de maladies, de détresse. Rapidement, la *drama queen*[54] se dégonfle.

J'arrive à Saint-Étienne-de-Lauzon épuisée et affamée. Il est temps d'honorer le généreux lunch de Louise. Mon sac à dos s'allège mais mon ventre s'alourdit drôlement avec tous ces jus que je n'ai pas l'habitude de boire. Mea culpa! Un bon rappel des vertus de la frugalité. Je poursuis mon chemin sur la route principale. Aujourd'hui, on ne me reprendra pas une deuxième fois sur un chemin secondaire « bucolique ».

À l'approche du croisement avec l'autoroute, un immense chantier de construction paralyse le trafic. J'avance lentement, sur plusieurs kilomètres, en frôlant les véhicules et en respirant les veloutés bleus émanant de leurs tuyaux d'échappement. Contrairement aux voitures, j'avance et c'est avec un plaisir certain que je les dépasse.

Quelle journée!

J'arrive enfin à la petite ferme équestre de Laurianne. Ma tension intérieure commence à baisser pendant que j'attends qu'elle termine son travail dans l'enclos des chevaux. Le fait de pouvoir visiter un tel lieu exerce un attrait irrésistible sur moi. Elle arrive avec son grand calme et son sourire. Ma pression sanguine baisse de quelques crans.

Je dois passer un petit test à l'entrée dans la maison où quatre petits chiens, des chihuahuas me dit-on, me sautent dessus en aboyant de façon aiguë à percer les tympans. Exactement ce que je déteste! Heureusement que ça ne dure pas. Je me calme le pompon et eux aussi.

J'ai brièvement fait connaissance avec Laurianne l'automne dernier dans un cours d'apprentissage de vidéos sur Facebook

---

[54]*Drama queen*, en anglais : personne qui dramatise tout

avec Bernard. Je sais qu'elle a vécu une sorte d'illumination et suis très curieuse d'en savoir davantage.

Laurianne m'assure que sa maison m'est ouverte, que je peux accéder librement au frigo et à tout ce dont j'ai besoin pour me sentir chez moi. J'apprécie beaucoup son accueil chaleureux et sa présence attentive.

Les soins aux animaux lui demandent beaucoup de temps. Une de ses chiennes est en fin de vie et elle veut l'accompagner tant et aussi longtemps que cette dernière s'alimente et ne souffre pas. Laurianne lui assure une bienveillante présence jour et nuit et ne souffre pas du manque de sommeil. Elle coule dans la vie avec aisance et fluidité, sans résister ou se forcer. Les soins aux animaux, les soins à sa famille, l'animation des ateliers et les conférences qu'elle offre maintenant à l'international se déroulent dans cette aisance et cette fluidité.

Au fil de nos moments partagés ensemble, elle me raconte son expérience d'éveil, qu'elle appelle « retournement » ou « réalisation », et le changement de vie qui en découle. L'égo et la personnalité disparaissent, comme le fait le « je ». J'essaie de m'imaginer la disparition des jugements, des opposés, de la dualité. Pour elle, toutes les expériences de vie, douloureuses ou joyeuses, ne demandent qu'à être accueillies et pleinement ressenties. Ainsi vécues dans la conscience du moment présent, sans fuite ni dans le passé ni dans le futur, les expériences s'effacent par cette action simple. L'attachement n'a pas sa place.

Elle n'adhère à aucune doctrine spirituelle ou religieuse. Je la sens complètement abandonnée à la vie, pleinement en confiance et en foi. Son enseignement me fait penser au Cours en Miracles et à l'enseignement d'Eckhart Tolle mais elle ne connaît ni l'un ni l'autre.

Sa démarche rend l'égo superflu alors qu'il s'affaire à prouver son rôle incontournable chez le commun des mortels dont je suis. Ne sommes-nous pas tous affligés par son impact trop grand et souhaitons une solution pour sortir de son emprise, de préférence par un simple claquement de doigt? Et si c'était trop simple?

Les demandes pour les services de Laurianne augmentent autant au Québec qu'en Europe. Des personnes se sont présentées sur son chemin pour organiser ses activités sans autres démarches de sa part. Elle ne prépare rien pour ses prestations. Elle écoute simplement sa guidance intérieure. Wow, c'est mon rêve!

20 juin

Le téléphone sonne et me tire brusquement de mon sommeil. C'est Stéphane, un de mes clients. Zut, j'ai oublié notre séance! Je me lève, m'habille à la va-vite et, pour avoir une meilleure réception du Wi-Fi, je monte au rez-de-chaussée. Mauvaise idée! Les quatre chiens me courent après et se mettent à aboyer dans un concert infernal. Stéphane, toujours au bout du fil, me demande si je suis dans un chenil. Il n'a pas tort. Pour fuir le bruit, je me dépêche de sortir dehors avec seulement mon t-shirt sur le dos alors qu'il fait encore très frais. Pendant une heure je coache assise sur une botte de paille en m'exposant à un soleil trop timide pour me réchauffer. Tout un retour sur le plancher des vaches!

Laurianne a un rendez-vous ce matin et nous mangeons et partons rapidement. Elle reste calme, même en mode accéléré. Elle me donne un *lift* sur le chemin qui porte le plus joli nom qu'il m'ait été donné d'entendre, le « Chemin Vire-Crêpes », moi qui adore les crêpes! Il ne porte pas juste un nom appétissant, il est tout simplement magnifique.

J'y découvre de mini-fermes coquettes et une vue imprenable sur les montagnes et la ville de Québec qui me donnent le goût de marcher dans ce rang pour le mettre « dans mon corps ». Une bleuetière[55] avec un resto du même nom attire les foules et Laurianne m'y invite pour un futur déjeuner.

Sans vouloir la mettre sur un piédestal, j'ai encore tout à saisir de son enseignement et de son exemple. J'aspire depuis toujours à embrasser et à transcender la dualité, à exprimer l'unité, la joie et l'amour. Ma visite chez elle ouvre en moi un espace que j'ai, certes, déjà aperçu et visité mais qui reste éphémère et peu ancré dans ma vie terre à terre. Ce ne sont pas les gourous de tout acabit qui m'ont été d'une grande aide du haut de leur chaire de prêche. Grâce à mon hôtesse, cette potentialité d'éveil de conscience a pris une forme concrète, « normale » et observable dans le quotidien.

Et si c'était justement cet état de conscience élargi que je cherche dans mon pèlerinage, au plus profond de moi, sans même le savoir? À suivre. Je fais confiance à mon GPS intérieur, mon intuition.

Je me suis arrêtée dans cette petite ferme équestre située dans un rang au sud de la ville de Québec. J'ai pu y observer une vie en expansion, en toute simplicité, au-delà de mes repères habituels. Même si je n'ai pas vécu une expérience spirituelle transcendante sur place, j'ai un sentiment que le voile s'est aminci. Je viens d'y recevoir un immense cadeau.

---

[55] Bleuetière : champs de production de bleuets, au Québec, qui ressemblent aux myrtilles.

****

Quand je pars à l'aventure, je veux explorer par moi-même et ne pas suivre un chemin déjà tracé. Lire des guides touristiques ne m'a jamais intéressée. Manquer les soi-disant incontournables ne me dérange pas. Je fais la même chose avec les pièces de théâtre, films et autres prestations artistiques. J'en lis juste assez pour me mettre en appétit et j'arrête aussitôt si j'ai un appel pour voir une œuvre. Cette façon de me mettre en appétit me permet de choisir ce qui me fait vibrer sans être influencée par les commentaires, suggestions et critiques. Lorsque j'en lis trop, c'est comme si j'avais déjà vécu l'expérience par procuration et il y a de fortes chances que ça me suffise.

Mes explorations m'amènent habituellement à découvrir de petits trésors qui se dévoilent le plus souvent à l'écart des attraits touristiques de masse. Ils se cachent au fil de mes pas et de mes contacts et dans des situations en apparence ordinaires. L'intuition est mon guide touristique, les synchronicités et les « heureux hasards » sont mes indicateurs de chemin, à ma plus grande joie.

La fin officielle de mon périple approche, il ne reste qu'une dizaine de jours. Je n'ai aucune idée de l'après. Rien ne m'appelle ni ne vibre. Je sais que je peux atterrir chez Maryse, ce qui me rassure. J'ignore où la vie va me mener. Il est intéressant de voir comment la notion du moment présent se dilue rapidement lorsque le besoin de savoir à l'avance se pointe avec, en prime, sa charge d'anxiété. L'inconnu n'est pas toujours bienvenu, même pas pour l'aventurière intuitive que je suis, surtout quand elle se sent un peu perdue.

Le retour à une certaine normalité ne m'attire pas mais faire l'autruche n'est pas mieux. Et si, cette fois, j'essayais simplement d'accueillir ce qui est, en vrai et sans juger?

Je me rappelle très bien le retour en Suisse de mon voyage autour du monde dans ma vingtaine. Sans pouvoir la nommer alors, je vivais une bonne déprime. J'avais aussi tout vendu avant le départ. Ma sœur m'avait accueillie chez elle à mon retour. Je dormais sur une couverture à même le sol – mon corps en était encore capable à l'époque – et j'étais retournée travailler comme infirmière. Non pas par choix ou par passion mais « parce qu'il le fallait ». Ma présence arrangeait ma sœur : elle était enceinte et son conjoint vivait au loin. Ce bel événement à venir – j'allais devenir marraine – ne changeait cependant rien à mon manque d'enthousiasme ni aux lunettes grises à travers lesquelles je regardais ma réalité.

J'ignorais que je vivais un deuil, le deuil de ma vie de voyage, d'une vie hors de l'ordinaire. Personne ne m'avait parlé du choc du retour. Ce n'était pourtant pas la première fois que je partais pour une longue période. Le temps a heureusement fait son œuvre et ma vie a repris une allure plus joyeuse après quelques mois. J'ai pu m'installer dans un bel appartement déniché par pure magie. Une nouvelle vie et une nouvelle mission ont alors pris forme plus vite que je le pensais. Ce deuil ne s'est alors pas vécu consciemment. Aujourd'hui, grâce à cette expérience, je me sens mieux préparée et mieux équipée. Je ne serais cependant pas surprise de rencontrer les relents d'anciens deuils non résolus ou autres reliques du passé après mon retour à la vie « normale » bientôt.

Ai-je envie de retrouver la stabilité? Pas vraiment, pas tout de suite du moins. Je décide de prolonger mon périple de deux semaines. Date butoir : le mariage de Jeanne et Pierre-Luc à la mi-juillet. J'ai reçu leur invitation il y a quelques semaines et elle m'a fait chaud au cœur. Cette fête sera le point tournant qui inaugurera un « après » encore inconnu et rempli de possibilités. J'espère me rappeler de ces potentialités lors de la prochaine poussée d'anxiété.

L'arrêt chez Laurianne a été significatif dans mon évolution et je suis certaine d'y retourner. Les apprentissages n'ont-ils pas besoin de répétition pour s'intégrer?

Je marche en direction du pont de Québec. Un orage se prépare, le ciel est noir. Je suis confrontée à une de mes peurs d'enfant. SVP, pas d'orage, pas pendant ma traversée, pas dans cette structure métallique! Ma deuxième peur est celle des hauteurs. Deux pour le prix d'une, je suis bien servie!

Me voici en-dessous de ce pont imposant. Dès que je mets le pied sur le passage pour piétons et que je perds le contact avec le plancher des vaches, mon cœur commence à battre la chamade. Un homme avec un gilet orange me précède et semble faire des vérifications. Je le suis et espère qu'il va me précéder tout au long de la traversée. Ce ne sera malheureusement pas le cas.

J'avance le regard droit et fixe devant moi. Je n'ose pas regarder le fleuve loin, loin en bas. Moi qui voulais faire une vidéo *live* sur Facebook au milieu du pont! Oublie ça... Mes mains sont moites. Le vent s'est levé et je tiens ma visière avec une main pour ne pas qu'elle s'envole. Je m'agrippe, avec l'autre main, à la rampe intérieure du côté des voitures. Tant pis si je coupe la voie des cyclistes qui arrivent en sens inverse et doivent me contourner. Je suis remplie d'adrénaline. Le métal sous mes pieds est vieux et rouillé. Va-t-il tenir? J'observe ma peur, et – comble de l'héroïsme – j'arrive à me sourire et à m'accompagner dans mon stress.

Dix ou quinze longues minutes plus tard, arrivée de l'autre bord du pont et du fleuve, je réalise combien d'énergie cette traversée m'a coûté. Je vis un soulagement intense comme si je venais d'échapper à l'enfer. Dire que d'autres le font en sifflotant. Et dire que les phobies, ça se soigne, madame la coach!

En même temps, je suis très fière d'avoir confronté mes peurs. Je remarque que les nuages menaçants se sont dissipés sans se décharger.

Je viens de quitter une personne qui vit dans l'éveil et voilà que je traverse mon fleuve de peurs. Vive le contraste!

De belles retrouvailles justement, avec ce fleuve que je retrouve après presque trois mois de marche. J'ai eu la chance de l'avoir devant mes yeux pendant seize ans, déployé dans toute sa splendeur devant mes grandes fenêtres de cuisine à Montréal. Sa mouvance et sa force tranquille m'ont toujours fait le plus grand bien et m'ont donné la sensation d'être éternellement en vacances. Ici, à Québec, il est moins large mais tout aussi impressionnant. En longeant sa rive sur plusieurs kilomètres, je laisse glisser mon regard sur sa surface gris-bleu-acier. Je le hume et le salue tel un vieil ami.

Québec est la porte d'entrée de la dernière partie de mon périple. Le chemin traverse un parc sur de beaux sentiers. Je cueille les premières fraises des champs à quatre pattes (ouf, mon genou!), un moment joyeux à chaque année. Je continue la traversée de plusieurs quartiers de la ville avant de me retrouver dans une zone industrielle nettement moins sexy ou les piétons n'ont plus vraiment leur place. La pluie s'en mêle. Je fais une halte dans un café pour me déposer, me faire sécher et me préparer à ma prochaine rencontre.

Un séjour des plus agréables se dessine chez Alex, mon collègue coach que j'ai connu dans des circonstances professionnelles, et sa nouvelle conjointe Joëlle. Sa réputation semble dépasser la région de Québec puisque j'ai entendu quelque part que sa pratique de coaching déborde. Seule une minorité de coachs peuvent s'en vanter.

Je suis accueillie dans une maison agréable située dans un quartier récent. Alex arrive et me souhaite la bienvenue. Tout est soigné chez lui et respire l'aisance. Je dors dans la chambre de la fille de Joëlle et j'ai tout le sous-sol pour moi.

Alex veut en savoir davantage sur mon périple. J'admire son leadership naturel et sa conscience humaine qui le rendent très sympathique. De plus, il est bel homme, ce qui est toujours un atout. Grâce à son côté terre à terre, il ne s'enfarge pas dans les fleurs du tapis. Avec Joëlle, ils forment un couple amoureux, dynamique et élégant même dans leurs exploits sportifs en vélo.

Encore empreinte de l'expérience vécue chez Laurianne, j'essaie d'expliquer ce que j'en ai compris à Alex. Peine perdue, je suis incapable de mettre cette expérience en mots compréhensibles. Je veux vraiment y retourner et expérimenter ces dimensions davantage par moi-même avant d'en parler.

20 juin

Alex m'invite au Monastère des Augustines pour le lunch, un magnifique lieu historique au cœur du Vieux Québec. Il accompagnera un groupe de gens d'affaires toute la journée et il veut me donner la chance de connaître les participants lors de ce dîner. Un beau cadeau que cette incursion dans le monde professionnel. J'ai toute la matinée pour redécouvrir les beautés de Québec en commençant par un café sympa.

Je continue ma balade vers le château Frontenac, la terrasse Dufferin, les plaines d'Abraham… La vue époustouflante sur le fleuve, l'Île d'Orléans, la rive sud, les montagnes, la Côte de Beaupré, les montagnes de Charlevoix... que c'est beau! Comment faire autrement qu'être béate d'admiration? Sous le soleil splendide et l'air cristallin, il est encore plus facile de tomber en amour avec cette ville que je n'ai traversée, ces dernières années, que pour arriver au plus vite dans ma région adorée de Charlevoix.

Tout aussi impressionnante est la plongée dans le passé du Monastère avec les us et coutumes de ces sœurs autrefois cloîtrées. Le sacrifice humain de ces femmes me fait frissonner. Ça goûte le « revenez-y », là aussi, pour mieux connaître et honorer ces femmes.

Joëlle, Alex et leur groupe arrivent pour le dîner. Je fais connaissance avec Philippe, l'expert invité, un français intello-verbomoteur. Il catégorise tout de suite chaque mot que j'ai le temps de glisser dans la conversation. Je me sens un peu comme E.T. dans ce groupe de leaders ambitieux et soucieux de progresser.

Que ce monde est rendu loin de moi! Je m'amuse de mon décalage. Assise au milieu de la table, bien ancrée dans mes bottines, je suis leur discours avec détachement, fais quelques échanges, savoure le délicieux repas et ne me gêne pas pour retourner au buffet. Encore là, tout est de qualité, rehaussé par l'environnement historique.

Le repas se termine, pour mon plus grand bonheur, avec un échange à cœur ouvert avec Alex. Cette connexion m'avait manquée jusqu'à maintenant.

Ma route se poursuit ensuite vers la prochaine destination encore secrète. J'ai rendez-vous avec Édith, une amie Facebook, qui m'a, elle aussi, invitée dès ma première vidéo. Le point de rencontre est au marché du Vieux-Port « entre le fromage et la saucisse », me spécifie-t-elle. Tout un décalage avec ce que je viens de vivre! Après une longue attente d'une heure, elle sort de sa Beetle[56] de couleur vert lime. Elle a dû s'arracher à sa pratique professionnelle en esthétique pour venir à ma

---

[56]Beetle : version la plus récente de la Coccinelle de Volkswagen.

rencontre. Nous voilà parties ensemble et j'ignore où elle m'emmène. À ma grande surprise, elle file tout le long de la Côte de Beaupré jusqu'à Cap Tourmente, là où j'aimais aller me promener et observer les oies blanches. Ce grand saut en voiture me déroute quelque peu. Je m'attendais à marcher au moins une partie du chemin.

Je découvre une femme de mon âge, chaleureuse et généreuse. Je découvre aussi rapidement un de ses dons, celui de transformer même les plus petits événements du quotidien en célébration de la vie et ce, avec un dynamisme débordant souligné par sa voix haut perchée. Elle m'a préparé crèmes et onguents dans la chambre pour me permettre de me « refaire une peau ».

21 juin

Edith m'invite à une baignade matinale dans une piscine extérieure (température arctique, même au mois de juin) à sept heures du matin, au cœur d'un jardin luxuriant en haut de la Côte de Beaupré. C'est une de ses amies, Marlène, qui nous invite. Elle prend soin de ce lieu magnifique entouré d'un immense jardin débordant de fleurs. Je les accompagne avec plaisir, affublée d'un bikini multicolore qu'Édith m'a prêté, à bonnets grandeur D dans lequel je flotte. L'entrée dans l'eau est un supplice que j'écourte par une plongée capable de réveiller un mort. Le corps s'habitue à la température glaciale après quelques minutes. La grande récompense arrive quand nous passons ensuite dans le spa chaud. Il me fait oublier instantanément le froid polaire et tous mes sens sont intensément éveillés. L'expérience se termine avec un savoureux café et un échange très intéressant. Nous quittons ce paradis avec un gros bouquet de fleurs du jardin.

Édith vaque à ses activités et je lui promets de m'occuper du souper. C'est rare que je m'active aux fourneaux et je prévois lui mitonner un poulet chasseur. Il manque une boîte de tomates. Comme l'épicerie est à huit kilomètres, j'attends son retour en espérant qu'elle ait une telle boîte cachée quelque part. Édith plonge dans son garde-manger, fouille, cherche et, après un bon moment, sort sa tête et brandit à grands cris de joie, tel un trophée, une boîte de… lait de coco. Elle est irrésistible, cette Édith.

Je décide de lâcher prise sur ma recette et de danser avec la situation. Le résultat final sera finalement tout à fait honorable et nous fournit une autre belle occasion de célébrer la vie.

Que de moments joyeux en sa compagnie! Je trouve si fascinant de voir comment des gens au parcours de vie difficile réussissent à faire preuve d'optimisme, de reconnaissance et de joie débordante. Ils inspirent non pas en paroles mais par leur façon de vivre, ce qui est encore plus puissant. J'aime et j'admire ce trait de caractère et Édith incarne à merveille le mouvement « Du bonheur au suivant! ».

24 juin

Élise, mon amie qui m'a hébergée avant mon départ de Montréal, vient à ma rencontre chez Édith. Elle m'accompagnera sur mon pèlerinage pendant quelques jours, du moins était-ce notre entente de départ mais, surprise, elle veut m'offrir des vacances en cadeau. Je ne suis pas du genre à refuser des cadeaux, d'autant plus qu'il s'agit d'une virée en voiture dans Charlevoix et des marches dans les environs. De sa façon minutieuse, elle a tout prévu, même une possibilité de halte chez une personne référée à Baie-Saint-Paul. Elle a tout l'équipement pour le camping à deux, de la nourriture en abondance et tous les en-cas imaginables. Comment refuser une telle offre?

Charlevoix et moi, on s'aime tendrement et depuis toujours. Dire non à cette région m'est tout simplement impossible. J'y ai mes habitudes de randonnées mais, aujourd'hui, y passer en mode vacances m'indispose. J'ai le sentiment que mon projet m'échappe depuis mon départ de Québec. D'autres personnes décident à ma place et je ne fais que suivre. Je veux dire oui à ce que la vie m'offre mais à quel point honorer mon pèlerinage est-il important? Je suis perdue et me sens prise entre mon projet et Élise qui veut me faire plaisir. Je décide d'honorer son offrande si généreuse et si bonne.

Nous partons en randonnée avec notre hôtesse de Baie-Saint-Paul, Irène, l'amie d'une connaissance d'Élise qui est une guide professionnelle de plein air. Elle nous fait découvrir des sentiers moins fréquentés. Je finis par me souvenir que nous avions déjà discuté longuement au sommet du mont du Lac des Cygnes lors d'une randonnée il y a quelques années et que je l'avais trouvée bien sympathique. Encore une fois, je trouve un fil de connexion qui m'unit à une personne rencontrée « par hasard ».

On se promène, on randonne, on visite, on mange ensemble. C'est agréable mais je ne suis plus en pèlerinage. Je ne suis plus dans mon projet et je sens que ça m'irrite de plus en plus. Élise et Irène ont bien connectées ensemble, se racontent leur vie et se font des confidences. De mon côté, je fais un saut à l'ancien hôtel La Ferme, maintenant Le Germain, un lieu magnifique que je ne manque pas de visiter à chaque passage pour au moins prendre un café et me promener vers la plage. Mes cellules s'imprègnent de la beauté des lieux où l'art est à l'honneur.

François, un ami, m'y accueille. C'est toujours intéressant d'échanger avec lui. Il œuvre en massothérapie dans ce lieu luxueux et vit de façon alternative. Il a coupé sa longue queue de cheval grise ce qui lui donne des airs de « Monsieur ».

« Apporte ton maillot de bains! », m'a-t-il dit au téléphone et voilà que je me prélasse dans le spa à relaxer dans l'eau chaude et entourée de toute cette beauté. Il fait magnifiquement beau. Les paysages sont à couper le souffle. Charlevoix est à son meilleur!

Le courant entre Elise et moi passe de moins en moins bien. Je devrais simplement être heureuse de cette escapade, de ce cadeau qu'elle m'offre, mais mon insatisfaction et mon irritation ne cessent de grandir. La culpabilité se met de la partie. Je devrais avoir de la gratitude mais je me bats plutôt contre mon irritation et me force à la refouler, ce qui n'arrange rien, au contraire. J'en viens à me sentir ingrate voire, pire, méchante. Tiens, tiens, le retour d'un vieux discours bien connu qui date de la nuit des temps! Enfant, je n'ai pas toujours été gentille avec ma petite sœur, celle qui, née prématurément, était venue accaparer toute l'attention de ma mère. L'étiquette de méchante m'est restée collée longtemps. À l'époque, les enfants n'apprenaient pas à composer avec une telle situation. C'était plutôt le principe du « sois sage, débrouille-toi, tu es la grande ». On sait aussi qu'à l'adolescence, j'ai mis ma mère à rude épreuve.

Je me ramène à ma mission : marcher, entrer en relation avec des gens et propager le mouvement « Du bonheur au suivant! ». C'est dans cet espace que je choisis d'évoluer durant ce périple mais là, je ne le sens plus. Je fais du tourisme. Mon projet a pris une autre direction et je n'arrive pas à faire en sorte d'arrimer les deux mondes ensemble. Suis-je en train de me saboter ou mon désir de rechausser mes bottines de pèlerinage est-il vrai? Je suis perturbée.

Alors que nous avons déniché la place de rêve pour notre camping sauvage directement au bord de l'eau sur l'Île-aux-Coudres, et qu'il fait un temps parfait, notre bonne entente fout définitivement le camp. Je me sens mal. Elle se sent blessée. Je me confonds en excuses mais rien n'y fait. Nous sommes prisonnières d'un cercle vicieux.

Après une courte nuit sous la tente, je pars pour une longue marche dans la fraîcheur matinale du bord du fleuve. Nous désinstallons la tente à mon retour et plions bagages. Nous nous aventurons sur un dernier essai pour sortir de notre impasse, sans succès. Comment est-ce possible que nous restions prises dans ce sacré cul-de-sac communicationnel? Nous sommes deux personnes d'expérience œuvrant toutes les deux en relation d'aide depuis toujours et avons une vie spirituelle active. Nous voilà captives de notre angle mort. Quel mystère m'échappe? Je sors de notre expérience incrédule et habitée d'un sentiment d'échec comme si je sabotais à la fois mon lien avec Élise et mon pèlerinage.

Je ne peux pas croire que je me retrouve dans une telle galère! Même si j'ai un peu honte, je refuse de jouer le rôle du bouc émissaire. *Been there, done that*[57]*!*

Je vais avoir besoin d'une saine distance, de douceur et d'amour pour distiller les apprentissages de cette histoire. En ce moment, je suis juste contente d'être de retour à Baie-Saint-Paul. Seule, libre de laisser marcher mes bottines à leur guise. Mon chemin se dessinera devant moi un pas à la fois comme il le fait depuis le début.

Ce soir, j'ai une occasion de halte chez France qui habite près des chutes Montmorency. Je l'ai rencontrée à Cap Tourmente, chez Édith. Nous avons connecté spontanément et elle m'a

---

[57]*Been there, done that*, en anglais : une situation analogue a déjà été vécue

invitée chez elle. Son regard en conscience sur ce que je viens de vivre avec Élise me fera le plus grand bien. France a le don de réveiller la « cocréatrice de bonheur » en moi. Chaque fois qu'elle la nomme, des ailes me poussent dans le dos et, à ce moment précis, ces ailes sont particulièrement bienvenues!

Après un court arrêt bien sympathique à la boulangerie « À chacun son pain », je traverse la petite ville. Le haut de mon corps est protégé du soleil cuisant par ma blouse blanche déchirée sous les bras depuis Lac-Mégantic. Je m'arrête spontanément, lève les yeux et que vois-je? Une friperie. J'entre. « J'ai besoin d'une blouse blanche en coton grandeur large aux manches longues ». Une seule blouse présente dans la boutique répond à tous ces critères, comme si elle m'attendait. Belle et de qualité, en plus, elle est exactement ce que je recherche. Le col large protègera mon cou et les longues manches m'arrivent à la moitié des mains, parfaites pour abriter ma petite peau sensible de nordique. La fin du voyage a sonné pour l'ancienne blouse laissée à la friperie. Elle m'a rendu d'excellents services.

Je suis contente et je reprends confiance en mes capacités de manifester du positif. Ma vibration va en augmentant même si le sentiment d'échec me collera à la peau pour un bout de temps encore.

Je marche jusqu'à la plage et observe les vagues. Baie-Saint-Paul la belle! Je laisse flotter mon regard en marchant sur le sentier longeant la plage. Je n'ai pas envie de me changer pour me baigner. J'ai encore une bonne route à faire. J'hésite pendant un moment. Ne ferais-je pas mieux de rester dans ce beau décor et de trouver un gite ici? Peut-être même qu'Irène accepterait de m'héberger une autre nuit? Non, j'ai besoin de prendre mes distances et d'une présence amicale. Je reviendrai ici comme je le fais depuis toujours.

Je pars pour une longue trotte sur la route cent trente-huit qui monte, qui monte et qui monte encore. La chaleur m'accable. Le bruit des camions m'étourdit alors qu'il y a peu de temps, je humais l'air pur du large.

Je repère enfin une entrée de maison assez grande pour permettre à une voiture de s'arrêter. Je dépose mon sac, essuie mon front et sors mon pouce pour qu'une voiture s'arrête et que je puisse y monter. J'attends une quinzaine de minutes et j'en profite pour contempler la belle vue sur Baie-St-Paul quand une jeune femme immobilise sa voiture et commence à faire de la place à l'intérieur qui est rempli de cages à poules. Karine n'est pas fermière. Elle a emprunté les cages à un ami pour transporter des poules chez sa mère. Elle vit à Saint-Ferréol-des-Neiges et propose de me déposer à l'embranchement du mont Sainte-Anne. Parfait!

Cycliste et randonneuse passionnée, elle connaît Irène, notre hôtesse à Baie-Saint-Paul. Vive les connexions qui favorisent la confiance! Elle adore mon projet. En arrivant à l'embranchement de Beaupré, elle s'arrête devant la boulangerie, celle de son *chum*[58], qui s'avère être une filiale de « À chacun son pain » de Baie-Saint-Paul et que j'ai visitée il y a quelques heures à peine. Que j'adore ces croisées de chemins!

Elle convainc son *chum* de me donner un *lift* jusqu'aux chutes Montmorency. Ce que femme veut… Nous filons bientôt sur l'ancienne route bordée de maisons patrimoniales et de vues superbes sur le fleuve St-Laurent et l'Île d'Orléans. Le jeune couple me parle de ses défis, particulièrement Alexandre qui trouve difficile de gérer du personnel. Ils m'invitent à passer chez eux, m'assurent qu'ils ont une chambre pour moi et qu'ils

[58] *Chum*, au Québec : conjoint, amoureux, copain

viendront me chercher. Quelle belle promesse! J'enregistre bien l'information dans mon calepin mental.

Arrivée chez France, je trouve des notes pour le fonctionnement de son appartement, avec l'invitation de faire comme chez moi. Merci pour ce bel accueil plein de confiance et d'attention.

Une journée chargée. Je tombe de fatigue.

27 juin

Nos salutations de ce matin sont très joyeuses quand France et moi nous retrouvons pour le déjeuner. Qu'il est formidable de pouvoir partager! Sa vision de ma situation avec Élise dédramatise le tout, met du baume sur mon cœur en compote et m'aide à accueillir ce qui s'est passé. Il est si facile de se perdre dans l'illusion, de croire que nos souffrances, nos blessures, nos perceptions sont réelles alors que ce ne sont que nos vieux *patterns* qui ont repris du service. Il sert à nous ouvrir les yeux sur une réalité importante que, j'avoue, je ne saisis actuellement pas encore.

France part pour son travail et j'ai toute la place pour moi. Le ciel est couvert et je m'organise une belle journée de… RIEN. Ce à quoi mon corps me demande l'ajout d'une sieste. Accordée. Je me délie les jambes avec une marche de santé en fin de journée. Je passe à côté du pont suspendu des chutes Montmorency. Non, la traversée n'est pas pour aujourd'hui. C'est mon vertige qui me le dit.

28 juin

Après un dernier échange sur sa terrasse, France part pour un déjeuner avec son fils. Nous rions beaucoup ensemble. En tant que spécialiste du corps humain, elle m'encourage à aimer le mien, mon genou douloureux en particulier. Elle se dit stimulée par ma présence et par la simplicité de notre cohabitation Elle nous rappelle que nous sommes des cocréatrices de bonheur. C'est devenu notre leitmotiv.

J'ai une séance de coaching avec une cliente à l'agenda et je prépare ensuite mon sac. Il est plus de quinze heures lorsque j'enfile mes bottines et les mets en marche en mode turbo sur la route de la Vieille-France en direction de Beaupré. Ce n'est pas aujourd'hui non plus que je traverserai le pont suspendu des chutes Montmorency! Je me le dis à regret. Je n'aime pas rester avec des défis en suspens, sans jeu de mots, mais ne me force pas non plus, ce qui représente une nette progression pour la performeuse qui n'hésitait pas à forcer la note que j'ai toujours été.

Au cours de ma marche, je contacte Maryse pour vérifier si je suis toujours la bienvenue chez elle à la fin de mon périple. On dirait que j'hésite et ne suis pas pressée d'être arrivée. Dans les faits, je retournerai bientôt dans la grande région de Montréal pour le mariage de Jeanne et Pierre-Luc. Une boucle va se boucler, indéniablement, et fermer les yeux n'y change rien.

Son atelier - ma future chambre - doit être comme un four par temps chaud. À choisir entre plus trente et moins trente degrés, je préfère nettement la deuxième version. Dans les faits, je n'ai pas le luxe de choisir la météo. Une canicule prolongée est annoncée dans les prochains jours. Maryse se fait rassurante.

Je suis partie sans autre but que de découvrir la Côte-de-Beaupré à pieds. Je veux marcher le chemin parcouru en auto hier en sens inverse. Où vais-je passer la nuit? L'image de Karine et d'Alexandre, à Saint-Ferréol-des-Neiges, me revient en tête. Le nom de ce village m'interpelle. Karine ne m'a pas contactée mais je pourrais passer par la boulangerie. Sa mère vit à Saint-Hilarion et, selon Karine, serait peut-être intéressée à m'accueillir. L'idée de passer dans l'arrière-pays de Charlevoix me plaît. Il y ferait certainement plus frais.

Je dois toujours passer par-dessus une certaine gêne lorsque je demande pour un gîte. Je contacte Alexandre à la boulangerie. Il semble un peu surpris mais répond par la positive, non sans d'abord valider auparavant avec Karine. Il m'attend à la boulangerie à dix-neuf heures.

Il n'y a pas de temps à perdre. Le pas s'accélère à la vitesse supérieure, les pieds moulinent. Je réussis à jeter des coups d'œil à droite et attrape des vues panoramiques sur le fleuve, les maisons majestueuses et les fleurs de toutes les couleurs dans les champs. Mon cœur s'envole! Mes pas se cadencent sur les « merci, mer-ci, mer-ci ».

Je réussis à parcourir vingt kilomètres. La température baisse et, comme le temps presse, je sors le pouce tout en continuant à marcher. Une voiture décapotable s'arrête et un monsieur d'âge mûr m'offre le *lift* jusqu'à ma destination. Quel soulagement! Savourer le confort luxueux après mon sprint, avec les cheveux au vent, est d'autant plus grisant. Denis est originaire de la Gaspésie et vit à Sainte-Anne-de-Beaupré. Stimulé par mon aventure, il me raconte son *trip* à travers le Canada en auto-stop quand il avait tout juste seize ans. C'était le bon vieux temps. Aujourd'hui, on appellerait la DPJ[59] qui accuserait ses parents de négligence. Il pense retourner vivre dans la Baie-des-Chaleurs, à Carleton-sur-Mer en Gaspésie.

---

[59] DPJ, au Québec : Direction de la protection de la jeunesse

Beaucoup de calme et de gentillesse émanent de lui. Je suis toujours surprise par la quantité et la qualité d'informations et de confidences qui s'échangent pendant un court trajet dans l'habitacle restreint d'une voiture. Un peu comme dans un confessionnal. C'est une des raisons qui m'ont toujours fait aimer l'auto-stop.

Alexandre m'accueille à la boulangerie, me pardonne mon petit retard et on part faire une livraison avant de se rendre à leur appartement de Saint-Ferréol-des-Neiges. Leur nid est très sympathique et offre une belle vue. La décoration me rappelle les appartements de mes jeunes années. Comme Karine héberge une amie pour cette nuit, j'hérite du futon au salon.

Karine et Alexandre sont des opposés, elle Québécoise et lui Français. Ils s'offrent des joutes verbales sans merci. Leurs opinions s'entrechoquent et génèrent beaucoup de flammèches entre eux. Ils sont jeunes, authentiques et je ne mettrais pas ma main au feu pour la durée de leur couple. Quoique… j'adore me tromper.

30 juin

La date d'aujourd'hui est mémorable pour ma petite famille. Tard le soir, complètement épuisée et après bien des détours, je suis arrivée au Québec avec un bébé de trois mois dans les bras pour venir rejoindre son père. Ça fait déjà trente-cinq ans! J'appelle mon fils pour nous féliciter. Contrairement à moi, il n'en a aucun souvenir conscient alors que je me rappelle de tous les détails. Quelle aventure c'était, bien plus folle que celle que je suis en train de vivre!

La mère de Karine ne peut pas m'accueillir à Saint-Hilarion. Je décide de prendre la route du rang Saint-Antoine. Je verrai ensuite jusqu'où je me rendrai. Je réalise que ce rang est nouvellement asphalté, ce qui rend la marche plus dure et moins agréable. Heureusement, la nature est belle, de nouvelles fleurs éclosent jour après jour et créent de magnifiques jardins.

Il pleut, pleut pas, pleut, pleut pas. J'ai moins de plaisir à marcher et je sens que mon aventure tire à sa fin. Je fais une pause lunch près de la rivière Sainte-Anne. Je n'ai pas envie de me dévêtir pour me baigner. Mon poncho est tout mouillé et tout mon linge me colle à la peau.

J'arrive à la ferme Québec-Oies et y rencontre Fanny, une globetrotteuse polyglotte au passé riche et à l'allure jeune. Mon projet l'interpelle. Je ne suis pas friande de foie gras pour des raisons éthiques mais accepte son offre de visiter la ferme. Des centaines et des centaines d'oies paissent paisiblement dans les champs et ignorent qu'elles finiront tôt ou tard en produit transformé. Je trouve que Fanny représente bien la ferme. Deux tresses sortent de son foulard et elle est rondelette. Elle garde fièrement le fort pendant que ses patrons sont en vacances.

Elle me parle de son long séjour de vingt-six ans en France, de son fils qui lui donne des soucis. Elle a récemment été à Cuba où, grâce à son espagnol et à ses connaissances politiques, elle a pu expérimenter la vie hors des sentiers battus des touristes. Si elle avait pu, elle m'aurait hébergée mais elle attend de la visite. Elle me sert un jus de tomate à défaut d'un café et m'embrasse cordialement en me souhaitant bonne chance pour la suite. Sa chaleur, sa bienveillance et son histoire de vie mouvementée me touchent.

J'entreprends les derniers kilomètres jusqu'à Saint-Tite-des-Caps. J'espère trouver un café à la station d'essence, au bord de la route cent trente-huit, et y faire une pause, même si le trafic est ultra-bruyant à cette hauteur-là.

Où se cache mon enthousiasme de départ? Je m'installe sur une table de pique-nique face à la route et commence à chercher un gîte pour ce soir. Je n'ai pas de réponse chez Édith. Mon genou me fait mal. Il n'est pas question de continuer la marche.

Et tout d'un coup quelque chose bouge en moi. Que dis-je, ça crie!

J'EN AI ASSEZ!

Assez de vivre le stress du gîte quotidien. Assez de marcher et de porter le sac à dos, maintenant dans la chaleur estivale. C'est ici, à Saint-Tite-des-Caps, sur ce banc de pique-nique devant la station d'essence, au bord de la route cent trente-huit , que prend fin mon périple.

Cette décision m'amène un tel soulagement! Je me rappelle la date d'aujourd'hui. Cela fait trois mois jour pour jour depuis mon départ, soit exactement la durée que j'avais prévue en novembre dernier. Les astres sont alignées!

En l'absence d'une réponse chez Édith, je laisse un message chez France pour savoir si je peux revenir chez elle. Ce n'est qu'hier que je l'ai quittée mais je me sens à l'aise avec elle et j'ai besoin de facilité.

Mon pouce est sorti au bord de la route. Je ne dois probablement pas afficher la fière posture que David m'a enseignée car l'attente est longue. Une belle Sophie fait un détour et finit par s'arrêter devant moi. Tout en sourire et en bonne humeur avec ses vingt-quatre ans, elle vient de Chute-aux-Outardes - quel nom intrigant! - sur la Côte-Nord, à quatre cents kilomètres de Québec. Elle a perdu sa mère très jeune et a été élevée par ses grands-parents.

Son histoire de vie me subjugue. Certains jeunes sont habités d'une telle sagesse! J'admire cette vieille âme qui a choisi d'œuvrer du côté soleil malgré les nuages. Mon ras-le-bol de toute à l'heure a disparu comme par magie. J'aurais voulu rester avec elle plus longtemps.

Durant le trajet avec Sophie, mon cellulaire fait *bing*. C'est France qui répond favorablement à ma demande. Youpi! Sophie me dépose au pied des chutes Montmorency. Cette fois-ci, je sens que je vais m'aventurer sur le pont suspendu. Chargée de mon sac à dos et malgré l'état de mon genou, je monte les quatre cent onze marches. Je profite du spectacle grandiose de ces chutes dont je n'ai gardé qu'un vague souvenir datant de bien des années. Nous avons accès à cette belle richesse ici à Québec! Je m'imprègne des ions négatifs produits par le torrent et de la bruine dispersée qui me ravigote en compagnie de tous ces visiteurs venus d'ailleurs.

Je croise un couple d'Américains bien gentils lors de ma lente ascension vers le sommet des chutes. La dame doit être de mon âge et affiche une super forme physique. Elle est allumée, belle et dégage une puissance naturelle. Des femmes comme elles m'inspirent et me fascinent. En m'approchant du pont suspendu, je sais d'avance que cette fois sera la bonne, que je serai capable de le traverser. Je retrouve le couple d'Américains au milieu du pont. J'avance sans regarder ni à gauche ni à droite. Je suis crispée et focalise mon regard vers l'avant. Arrivés sains et saufs de l'autre côté, nous échangeons un cordial *High-Five*[60]de reconnaissance. J'ai relevé mon défi!

Aujourd'hui, je fête triplement : la traversée du pont suspendu des chutes Montmorency, mes trente-cinq ans au Québec et la fin non-officielle de mon périple. D'excellentes raisons de célébrer avec France jusque tard dans la nuit, dans sa balançoire, un verre de vin à la main.

---

[60]*High Five* = se congratuler

1er juillet

Je coule des heures tranquilles, seule chez France, avant d'aller faire une promenade le long de la rivière Montmorency jusqu'aux cascades où je me laisse tenter par une baignade. Je pense à David numéro deux, si friand de faire corps avec les ruisseaux et les lacs sauvages qu'il rencontrait au fil de ses pérégrinations. Ce souvenir me stimule et je suis nostalgique de nos aventures. Quel beau duo improbable nous formions!

Mon arrivée prochaine dans la région de Montréal m'indispose. J'aimerais bien célébrer mon retour - qui, dans mon rôle de future nomade et en absence d'un habitat, n'en est pas vraiment un - mais comment? J'ai placé un appel à Jessica et Judith, mes deux amies présentes à la fête du départ, espérant une bonne idée de leur côté.

Comme je ne sais pas ce que je veux, leurs propositions ne résonnent pas vraiment en moi. De quoi ai-je vraiment besoin? J'écoute ma petite voix et réalise que ce n'est pas de bruit extérieur dont j'ai besoin mais d'intériorité et de partages sentis. C'est là qu'émerge le désir de finir mon périple à l'Abbaye de Saint-Benoît-du-Lac, au sein de mon groupe de méditation, qui, heureux hasard, se déroule la fin de semaine prochaine. Tiens, ça ne pouvait pas mieux tomber.

Au retour, je traverse une nouvelle fois le pont suspendu. On est dimanche et il y a foule. J'avance dans une masse humaine (est-ce que le pont est assez solide pour toutes ces personnes?) et marche prudemment, en jetant quelques regards vers le bas. Il y a de la progression. La peur diminue et j'en suis bien fière.

2 juillet

France et moi partageons le dernier déjeuner ensemble. Elle me propose de m'amener en voiture jusqu'au pont de Québec. Cette traversée en sens inverse me permet d'apprivoiser une nouvelle fois mon vertige, un peu comme j'apprivoise la suite inconnue de mon après-périple.

Nos adieux sont très cordiaux. Elle restera certainement une amie. Elle me suggère de voir le pont comme un ami et de lui donner de l'amour. Quelle bonne idée! Je me sens tout à coup légère en le voyant. J'embarque sur la structure métallique au rythme des « je t'aime » que je répète durant toute la traversée. Je suis même capable de prendre quelques photos. Jamais un pont n'aura reçu autant de déclarations d'amour, j'en suis persuadée.

Je réalise que suis toujours bien vivante et peut-être même un peu plus.

Le seul bémol est que la canicule me pèse. Quel supplice que de marcher dans cette chaleur! Je me réfugie dans un café à la sortie du pont à Lévy où Geneviève, mon hôtesse de ce soir, vient me rejoindre. Elle m'a déjà généreusement accueillie lors d'une formation que nous suivions ensemble dans la région de Québec. Nos retrouvailles passées, elle me met tout de suite au défi de retraverser le pont aller-retour avec elle. Le défi est joyeusement accepté et relevé avec brio ensemble dans la température plus fraîche de fin de journée. Cette fois-ci, la belle présence de Geneviève aidant, je suis capable de faire ma vidéo sur le pont. Je parie : encore une traversée ou deux et je vais les faire en sifflotant!

Ces traversées des ponts de la belle région de Québec me préparent à mon prochain saut dans l'inconnu, qui arrivera tôt ou tard.

À part ses défis personnels, il s'avère que Geneviève vit une crise familiale avec les grands garçons de son conjoint en l'absence de ce dernier. L'atmosphère est lourde. Heureusement qu'elle a l'air climatisé et une piscine, d'excellents alliés des canicules mais malheureusement inefficaces pour alléger le poids de la crise. Je me demande comment je peux soutenir Geneviève à part être physiquement présente pour elle?

Geneviève porte mon attention sur le livre *Nouvelle Terre* d'Eckhart Tolle, le même que j'ai déjà aperçu chez France, le même qui dort également dans ma boîte de livres précieux entreposé quelque part dans un entrepôt. Juste voir sa couverture me fait du bien, me calme et m'aide à me détacher de sa situation. À défaut de pouvoir l'aider autrement, j'insiste pour laver la vaisselle. Me tremper les mains dans l'eau me fait toujours du bien et m'aide à retrouver mon état zen.

En soirée, nous écoutons un film rose bonbon pour adolescentes. Sa légèreté est grandement bienvenue dans la situation. C'est la première fois depuis des lunes que je suis assise devant un grand écran et ça me fait vraiment bizarre.

3 juillet

Ma nuit est agitée et remplie de questions sur mon retour. Je choisis de les coucher sur papier. Où vais-je dormir le premier soir à Montréal? Qui va m'accueillir? Comment me rendre à Chambly pour récupérer ma voiture après ma fin de semaine à l'Abbaye? L'incertitude me garde éveillée. Toutes ces pensées tournées vers le futur! Toutes ces préoccupations qui me ravissent le sommeil! L'égo prend trop de place dans le lit. L'anxiété cherche à se nicher dans mon oreiller.

Je me ravise et mets un STOP! aux préoccupations, à l'égo et l'anxiété. Ils se font cavalièrement remplacer par ma joie, ma fierté et ma gratitude d'avoir été au bout de mon périple.

Je plonge au milieu de mon projet devenu expérience et réalisation. WOW! Mon cœur se gonfle à bloc quand je pense à toutes ces personnes formidables que j'ai pu rencontrer, à tous ces chemins que j'ai marchés, ces lieux que j'ai visités et à toutes ces situations inusitées auxquelles je me suis frottée. À tous ces moments de pure magie arrivés sur un plateau d'argent, souvent dans des moments d'adversité et dans des endroits peu évidents.

Mon projet n'est pas encore terminé. Je continue mon chemin même si les indications ne sont pas toujours évidentes, même si le doute essaie de se mettre en travers.

En fait, pour avancer, il suffit de faire le prochain pas. Me donner la permission de suivre mon élan et de réaliser ce périple est le plus beau cadeau que je pouvais m'offrir. Immense, mémorable, transformateur, et la suite sera à sa mesure, j'en ai la certitude.

Mes prochaines haltes me mènent tout d'abord chez Laurianne à Lévis. Je ferai ensuite un saut en auto-stop chez Marie-Claire à Magog. De chez elle, je marcherai jusqu'à l'Abbaye de Saint-Benoît-du-Lac à Austin et je verrai ensuite. La date butoir de mon arrivée est le quinze juillet pour le fameux mariage dans la région de Montréal. Ça fait une éternité que j'ai assisté à une telle célébration et je me réjouis.

Avoir un vrai plan pour les prochains jours me calme.

Laurianne vient à ma rencontre chez Geneviève et je l'accompagne chez Costco, ce temple sacré de la consommation. Quel *clash*! Même les gens éveillés ont une famille et des animaux à nourrir et vivent sur le plancher des vaches. Je pousse le chariot et vis un véritable choc culturel à voir ces étals qui ploient sous des tonnes de marchandises, ces gens avec leurs mines affairées et ces chariots surdimensionnés débordants. Quelle famille peut venir à bout d'autant de bouffe? Bienvenue gaspillage! J'observe Laurianne, la façon dont elle choisit ses produits, le tout dans le calme, centrée au milieu de tout ce brouhaha.

Arrivées chez elle, nous sentons que la chaleur pèse. Les quatre chiens sont toujours aussi enthousiastes, même Fleur, la chienne en fin de vie. Je rencontre son fils, un grand jeune homme tout en muscles qui joue au hockey chez les juniors aux États-Unis, et sa fille, par Skype, qui étudie à Londres. Nous soupons tard et prenons un verre de vin. Elle m'invite à « fêter les vacances sur terre ». Rafraîchissant et surprenant comme souhait! Je dors bien, enfin.

4 juillet

Geneviève me fait parvenir un message émouvant :

« .... Tu es passée tel un ange pour me permettre de m'accomplir plutôt que de m'écrouler. Si tu n'avais pas été là cette journée-là précise, la peur, les traumatismes auraient pu être délirants. Je n'ai pas fait les choses parce que tu étais là. Je les aurais faites mais la répercussion et l'anxiété qui m'auraient envahies auraient été décuplées. Merci belle Amour :-) xxx

Tu aurais pu passer bien avant. Tu aurais pu passer le week-end et tu aurais été repartie mais les choses se sont placées pour que tu viennes précisément cette journée-là. Je suis convaincue que j'avais besoin de ta présence. De ne pas être seule à travers cela. Je remercie la Vie de ne pas m'avoir laissée seule. Je t'aime » xxx

Ma surprise est grande. On ne sait jamais quel impact on a sur autrui, surtout lorsqu'on a vraiment l'impression de n'avoir rien fait. Peut-être ne rien faire était exactement ce que la situation demandait?

Merci la vie et merci Geneviève. Encore un apprentissage précieux de ne pas juger selon les apparences et impressions. La vie a plus d'un tour dans son sac.

J'aide Laurianne à la ferme. Nous réussissons à soulever le petit tracteur pour redresser et gonfler un pneu. *Girl power*! Une de ses amies vient m'aider à désherber. Le soleil plombe. Tout est au ralenti et nous cherchons rapidement l'ombre. La récompense vient au Café du Vire-Crêpes, cette halte gourmande sur le rang du même nom qui m'a fait rêver lors de mon premier passage. Nous dégustons des muffins débordants de bleuets cultivés sur place. Jouissif!

De retour à la ferme, je me rends utile en ramassant les crottins dans l'enclos des poneys et en brossant les chevaux avant que Laurianne ne les enduise de chasse-moustique pour qu'ils soient plus confortables dans cette chaleur.

J'apprends sur la hiérarchie à respecter entre les chevaux. Le plus gros est le roi. Il est gigantesque et massif, un leader naturel et incontesté. Il contrôle l'enclos. Tout commence par lui et avec lui. Je ne voudrais pas être seule en sa présence. Chez les deux autres, il y a aussi une hiérarchie : c'est celui qui fait bouger l'autre qui a le dessus. À bien y penser, ça ressemble drôlement à ce qui se passe chez nous, les humains.

L'exemple de Laurianne continue de me nourrir par ses gestes autant que par ses mots. Et si le véritable but de ce pèlerinage était la rencontre avec cette simplicité d'être, dans cet accueil entier de ce qui est et cette connexion que j'oublie trop souvent?

5 juin

Le même client qui m'a fait sortir du lit lors de mon premier passage chez Laurianne annule la séance de coaching prévue tôt ce matin. Oui Stéphane, je suis encore dans le chenil! Son désistement m'arrange et me permettra de partir plus tôt. Aujourd'hui, j'ai deux cent cinquante kilomètres en auto-stop à parcourir sous des températures caniculaires. J'aimerais arriver à Magog ou, mieux encore, à Eastman entre midi et treize heures.

Mon hôtesse me propose un *lift* jusqu'à la bretelle de l'autoroute. Il est neuf heures et le lieu est bloqué par un accident. Police, ambulance et pompiers sont tous en action. Laurianne remarque calmement : « Bon, ben, c'est ça pour ce matin ». Nous nous saluons cordialement. Mon cœur est rempli de gratitude pour cette magnifique expérience vécue en sa présence. Je veux la graver dans ma mémoire.

Le trafic est détourné et je ne sais pas trop où me mettre. Le temps passe. J'attends depuis un bon trente à quarante-cinq minutes et mon objectif semble de plus en plus irréaliste. Mes mollets exposés au soleil me brûlent. J'ai trop attendu avant de mettre de la crème solaire, une première. Je n'aime pas utiliser ce truc collant et préfère habituellement recouvrir mon corps de tissus légers.

Je me rappelle mon but : un long *lift* en direction d'Eastman. Pour être prête, je passe à la salle de bains de la station d'essence. Peu de temps après, une camionnette s'arrête. Que je suis contente! Le monsieur est en route vers Montréal. Comme moi, il a fait un arrêt et m'a vue lorsque j'attendais de l'autre côté de la route. Il paraît que je lui ai insufflé confiance. Parfait!

Réjean me raconte sa vie. Il a soixante-neuf ans. Après quelque temps à la retraite, il a repris le volant et transporte de nouveau des véhicules partout en Amérique du Nord.

Aujourd'hui, il s'en va jusqu'à la Rive-Sud de Montréal où il prendra le taxi pour Ville Saint-Laurent. De là, il conduira un véhicule jusqu'à Toronto pour revenir ensuite en avion. Je suis impressionnée! Il vit seul dans sa maison à Disraeli et me parle avec enthousiasme de son récent voyage, une magnifique croisière dans les Caraïbes avec toute la famille de sa fille.

Il a la gentillesse de descendre un peu sur l'autoroute cinquante-cinq sud, à Drummondville, pour me laisser à une place propice au stop. Quelle belle trotte j'ai pu faire avec lui!

Je me prépare pour la deuxième moitié du trajet en commençant par faire pipi derrière un bosquet. Après un bon moment à cuire au soleil, un jeune homme s'arrête, Nicolas. Il termine sa semaine de travail et est pressé de rentrer chez lui au nord de Sherbrooke. Il a hâte de partir en camping. Il doit faire quelques petites emplettes et n'attend que sa blonde. On discute de choses et d'autres. Il était comptable dans une carrière précédente. Étouffant dans cette profession après quelques années, il s'est converti en chauffeur de camions.

Il tient des propos très critiques et défaitistes envers notre société et les politiciens qui nous gouvernent. Son côté intello n'est pas sollicité dans son nouveau métier mais il apprécie la liberté. Il vérifie si je suis attentive au trafic, ce qui n'est absolument pas le cas. Je profite entièrement du luxe de me faire conduire. Il finit par me laisser à ma destination, un petit détour de… quarante kilomètres. Oh, magie! Et étonnant venant d'un homme pourtant si pressé de rentrer chez lui!

En fait, nous étions en pleine séance de coaching et, comme elle n'était pas terminée quand nous sommes arrivés à l'embranchement entre sa route et la mienne, Nicolas a décidé de continuer sur l'autoroute pour m'amener à destination.

Je fais remarquer à Nicolas les efforts que fait sa blonde pour s'ajuster à ses horaires de fou. « Est-ce que tu la reconnais et la remercie pour ça? » que je lui demande. « Pas assez » m'avoue-t-il avec un petit sourire en coin. Me voilà en train de lui donner un « Cours pour les nuls des femmes heureuses en couple » dont j'ignore la provenance. Je lui montre comment nous, les femmes, fonctionnons, et de notre grande capacité à nous adapter si l'homme que nous aimons le reconnaît et l'honore. Qu'à défaut, nous pouvons devenir critiqueuses, insatisfaites, mécontentes, agressives, dépressives, amères…

Au moment de nous quitter, il me promet d'exprimer sa reconnaissance à sa blonde et ce, pas plus tard que CE SOIR. Qui sait, peut-être ai-je aidé un couple à être plus heureux, voire à durer? Je souris et ressens une grande satisfaction au fond de mon cœur.

Me voici rendue à Eastman à midi tapant!

Ma visite semble mal tomber. Monique vit des inquiétudes face à la santé de son conjoint. Elle me fais choisir le konfo qu'elle m'a promis lors de mon premier passage en mai. Il est trop gros pour être apporté dans mon sac à dos. Je viendrai le chercher une autre fois. Nous partageons le dîner et partons ensuite pour une balade dans sa voiture de sport. Quelle sensation agréable de laisser flotter les cheveux dans le vent. Merci Monique pour ce beau cadeau! Elle me laisse à Magog où m'attend Marie-Claire, une personne qui m'a suivie sur Facebook depuis un bout et qui me propose le gîte et une baignade dans le lac. Comment résister à une telle invitation en pleine canicule?

Une belle femme souriante et soignée m'ouvre la porte. La connexion se fait tout de suite entre nous, comme si nous étions des amies de longue date. Nous connaissons les mêmes personnes, partageons les mêmes lectures spirituelles et aspirations, référons aux mêmes lieux. C'est comme venir à la maison et recevoir un immense cadeau lorsqu'une telle connexion arrive.

Elle me sert un délicieux smoothie. Mon Dieu, j'avais oublié combien c'est bon.

Son appartement est à distance de marche du lac Memphrémagog. Elle adore « son » lac et me présente sa place préférée pour pique-niquer à l'ombre des arbres. Je savoure la vue sur lac et montagnes, illuminée par le soleil de fin de journée. Nous dégustons un délicieux repas santé et profitons du moment.

Marie-Claire fonctionne à l'intuition et sa vie est tout sauf banale. Elle a voyagé beaucoup et, comme moi, elle a recommencé à zéro plusieurs fois. Elle a même travaillé à la Migros, une institution omniprésente dans l'alimentaire en Suisse. Hein? Je la regarde avec de grands yeux. Il me fallait bien venir ici, dans cette ville de province au Québec, pour connaître quelqu'un qui non seulement connaît mais a travaillé à la Migros, en Suisse allemande en plus, à servir des clients au comptoir du resto sans maîtriser la langue.

J'adore ce genre d'histoires! Ah oui, j'oubliais : elle a aussi élevé trois enfants.

Marie-Claire veut exprimer davantage sa créativité et pense à quitter les fonctions qu'elle occupe au spa de Johanne. Tiens, un autre lien commun, on aurait pu se rencontrer là-bas. Mon périple la stimule beaucoup. C'est une de mes grandes joies, et mon but, de stimuler et encourager les gens à sortir de leur zone de confort pour donner vie à leurs propres rêves.

La baignade est douce et l'eau tiède, presque chaude. Je me laisse flotter sur le dos. Mes yeux se perdent dans l'immensité du ciel. Mon cœur est rempli d'émerveillement et de gratitude. La soirée se termine assez tôt. Marie-Claire insiste pour me laisser sa chambre et s'installe sur le divan du salon. Je suis toujours gênée d'occuper un lit pendant que son propriétaire va dormir dans une autre pièce.

6 juillet

Ce matin, Marie-Claire me transmet les salutations d'une amie qui souffre d'un cancer et qui me suit sur mon périple. Penser que des personnes sont avec moi alors que je marche toute seule me fascine et me rappelle l'importance d'y mettre une intention. Que cette dame soit gravement malade me touche et m'encourage à être encore plus consciente de mon impact possible et invisible. Marie-Claude m'informera bien plus tard de son décès. J'espère que le chemin partagé virtuellement ensemble lui aura fait du bien.

Marie-Claire m'accompagne jusqu'au chemin des Pères. Une dernière marche m'attend et ça me fait tout bizarre. Pour mon plus grand bonheur, la température est plutôt fraîche et mon point d'arrivée, l'Abbaye de Saint-Benoît-du-Lac, un lieu très inspirant. Je me réjouis tellement de revoir les gens de mon groupe! La dernière retraite date du mois de mars, quelques semaines seulement avant le début de mon périple.

Le vent souffle très fort et j'aime voir les nuages valser dans le ciel. Le lac Memphrémagog me suit à ma gauche et m'offre ses plus belles vues. Une savonnerie artisanale logée dans une grange toute rénovée m'appelle très fort et il m'est impossible de passer à côté. Une petite halte s'impose et je savoure un goûter en laissant voyager mon regard du jardin vers les champs et le lac. La vue est de toute beauté.

La route s'étire. Je marche en méditation active, rythmant ma respiration et utilisant mon mantra favori « mer-ci, mer-ci, mer-ci ». La température bondit dès que le soleil perce les nuages. À l'approche d'Austin, j'entrevois l'Abbaye au loin, nichée dans sa verdure luxuriante. Encore un petit effort, deux kilomètres et me voilà arrivée entre ses murs frais.

Me voilà incrédule à l'idée que ma marche prend fin et si enchantée de revoir enfin les amis du groupe.

Durant les prochaines quarante-huit heures, je vais méditer deux fois par jour pendant une heure ou plus si le cœur m'en dit. Rien d'autre à faire que des échanges au fil des rencontres, des siestes et du silence. Rien à expliquer. Rien à livrer. Que ça fait du bien!

7 juillet

La vie est douce à l'Abbaye, d'autant plus que je suis hébergée dans le bâtiment principal avec tous les autres. Je savoure le plaisir d'être parmi eux car, malgré toutes mes rencontres, je viens de vivre trois mois en solitaire. La goinfre en moi se réjouit secrètement de se remplir la panse comme je l'ai fait lors de mon dernier séjour. Les mets sont cependant bien décevants. Que s'est-il passé depuis mon dernier séjour? Je fais spontanément un retour involontaire à la frugalité.

Marches, rencontres, repos, exercices d'étirement devant le soleil couchant… Il y a beaucoup d'humour dans notre groupe. On ne se prend pas trop au sérieux. Je m'amuse beaucoup en leur compagnie et me sens privilégiée. Même si nous ne nous voyons qu'aux trois ou quatre mois lors de nos retraites je suis heureuse d'avoir ces personnes autour de moi.

Il reste neuf jours jusqu'au mariage et la fin de mon périple. Je laisserai alors toute cette aventure se déposer. Elle continuera sous une autre forme, sans les marches quotidiennes, sans sac à dos et, surtout, sans cette recherche du gîte quotidien. Dans ma nouvelle vie de nomade, je continuerai néanmoins à changer d'environnement, à me déposer pour quelques temps et à rester ouverte aux signes indicateurs de la suite du chemin. Telle est la décision que mon cœur a prise.

8 juillet

Je me promène en solitaire et me délecte des premières framboises, un moment de fête à chaque année. Généreuse nature! Que j'aime savourer ces fruits sauvages gorgés de soleil sur place, directement du plant, en évitant tant bien que mal les épines des branches qui griffent comme des pattes de chats.

J'ai un échange intéressant avec Denys, un nouveau venu dans le groupe. Il vient d'enterrer son père et a fait une halte pour partager avec nous. Un calme et une sérénité étonnants émanent de lui. Il est complètement en paix avec le départ de son papa, ce qui me surprend et m'inspire.

La fin du séjour approche. Il a passé en un clin d'œil. Je manquerai malheureusement le concert offert cet après-midi car Mireille et Michel m'offrent un *lift* et me laisseront à Chambly. C'est le lieu d'entreposage de ma voiture et leur geste règle une des questions de mon casse-tête. Ils forment un couple uni, éveillé et inspirant depuis je ne sais pas combien de temps. Je veux profiter de leur présence et me laisser contaminer par eux. Après tout, former un couple heureux fait partie de mes intentions et aspirations.

Ils me déposent devant une méga-épicerie près de chez Maude, la gardienne de ma voiture depuis plus de trois mois. Comme nous nous connaissons du monde des affaires, je me sens tout à coup gênée dans mon look de plein air fatigué et avec mes cheveux éclaircis par le soleil qui n'ont pas vu de ciseaux depuis quatre mois. La pression de l'image qui me saute en pleine figure! Ne m'étais-je pas promise de m'en libérer? Heureusement, mon hésitation ne dure pas. Nos retrouvailles sont très chaleureuses et la gentillesse de Maude fait le reste.

Que ça me fait bizarre de retrouver ma petite voiture, ce lien avec ma vie d'avant. Tenir les clés dans ma main après tous ces mois est encore plus bizarre. Déposer mon sac à dos dans mon véhicule est, par ailleurs, carrément surréaliste. Je me sens en décalage non pas d'horaire mais de vie.

La batterie a tenu le coup mais un pneu s'est dégonflé. Maude fait venir l'assistance routière. En attendant, elle me pose une question à laquelle je peine à répondre. « Qu'est-ce qui t'a manqué le plus? » Sur le coup, rien ne me vient en tête si ce n'est le défi de trouver une halte au quotidien mais, comme j'ai toujours trouvé, je n'ai finalement pas souffert d'un manque.

Il est formidable de penser que je n'ai manqué de rien, même pas ma direction. Si la connexion « moi avec moi » et « moi avec plus grand que moi » a été comme la couverture du réseau de mon cellulaire, soit intermittente, j'ai toujours fini par la retrouver et je m'imagine que ma vie continuera ainsi. Avec une connexion s'améliorant au fil du temps, je l'espère.

Maude souligne le caractère unique de mon pèlerinage. Le fait de garder ma voiture à l'œil tous les jours en sortant de sa chambre était sa contribution à mon aventure. Émouvant!

Bon retour dans la réalité, Heidi! Ma voiture est toujours officiellement remisée et les assurances sont suspendues. Comme c'était trop compliqué à régler à distance, je prends une chance et demande une protection universelle avant de prendre la route.

Mauvaise surprise : la voiture fait un bruit d'enfer qui me semble venir des roues, surtout au freinage. J'arrête ou je continue? Je pèse spontanément sur le gaz en direction de la grande ville, avec ce boucan d'enfer à chaque fois que je freine. Tac - tac - tac - tac... tout en faisant confiance de toutes mes forces que rien de fâcheux ne va m'arriver. J'arrive à Montréal saine et sauve.

Je vais passer les deux prochains jours à Montréal. Ce soir, je serai chez Jessica, la complice de mon voyage éclair à Paris et qui était présente lors de mon déjeuner de départ. Elle n'arrive que vers vingt et une heure trente. J'ai donc le temps de visiter son quartier. Je me retrouve au milieu de beaucoup d'immeubles, beaucoup de personnes, beaucoup de rues, beaucoup de bruit, beaucoup de voitures et beaucoup de beaucoup.

Je contacte mon ancien voisin Sylvain pour avoir son opinion sur les tac-tac-tac de ma voiture. Il sera chez lui demain matin et m'offre, par le fait même, de m'installer mes pneus d'été, entreposés chez lui. J'avais oublié ce détail. Mon anxiété se dégonfle. Merci Sylvain d'être là et de me rassurer!

À travers les rangées de maisons, j'aperçois les dernières lueurs du coucher de soleil. Je m'accroche à ce bout de nature comme une somnambule. La pulsion de la grande ville, le décalage et le choc du retour pèsent lourd sur mon cœur.

Jessica arrive. Je sors mon sac à dos du siège arrière de ma voiture, avec toujours cette sensation bizarre dans le cœur, avant de me diriger vers elle. Dans ma tête et dans mon corps je suis encore quelque part ailleurs, à pied, dans une campagne verdoyante. Je reçois les salutations exubérantes de Jessica. Elle parle en superlatifs et avec des mots d'amour à profusion. C'est son style et sa façon de montrer son grand cœur.

Nous partageons un dessert et préparons son lit qu'elle insiste vouloir me prêter gracieusement. Elle s'installe sur son divan et s'endort aussitôt. De mon côté, le sommeil se fait attendre et je me réveille au milieu de la nuit pour plusieurs heures. Étonnant le calme qui règne dans cette chambre au milieu de cette grande ville.

9 juillet

C'est seulement aujourd'hui que je réalise que je suis dans l'appartement qui a vu naître mon projet en novembre dernier. Jessica en était bien consciente. Sans même le réaliser ni l'avoir programmé, je viens de boucler une boucle.

Retourner dans la vie « civile » est un grand pas qui me demande du courage. Je m'attelle au dé-remisage de la voiture qui se déroule en quelques clics sur le site web du bureau des autos. Je prends ensuite contact avec les assurances : pas de réponse, j'attends et j'attends. Je vais m'en occuper plus tard.

Sylvain est le premier sur ma tournée de visites du jour. Revenir dans la rue où j'ai habité pendant seize ans me fait tout drôle. Il est là et m'accueille chaleureusement. Après un essai routier, il me rassure et me confirme son diagnostic de la veille, quand je l'ai appelé au téléphone : « Ça va passer! ». Il s'occupe ensuite de l'installation de mes pneus d'été. J'apprécie tellement son aide et souhaite à chaque femme célibataire un ami généreux et habile comme lui.

Le deuxième arrêt est prévu chez Élise pour récupérer mon ordinateur portable et peut-être mes bagages. Je n'ai aucune idée de tout ce qui est entreposé chez elle, la liste étant sur mon portable et le portable étant entreposé… chez elle. Ça sera également un premier contact depuis notre mésentente en Charlevoix. A-t-elle digéré la chose? Au téléphone, j'ai cru comprendre que non. Et moi, où en suis-je dans cette relation? Nous sommes amies depuis vingt ans et notre amitié a traversé plusieurs défis au fil du temps. Il est possible qu'elle en soit néanmoins changée à jamais.

Comme elle a des visiteurs, nous remettons la discussion à une autre fois.

À la vue des bagages que j'ai chez elle, je comprends que je vais devoir les rassembler dans un seul lieu d'entreposage. Une autre affaire à organiser! Être nomade me paraît compliqué depuis mon arrivée en ville alors que je vise la plus grande simplicité possible. J'ai un mouvement de découragement et repars avec juste mon porte-document contenant le portable et mon grand portemonnaie. Que ça fait bizarre de tenir ce grand machin-là dans ma main! Sur le périple je transportais (ça fait drôle d'utiliser le passé…) cartes et argent dans une petite pochette.

Je prends la route en direction de Lachine. Le trafic avance bien, malgré l'heure de pointe, mais c'est me réjouir trop vite. Une heure de bouchon suit avec, en prime, mon GPS qui m'envoie dans un labyrinthe de détours au milieu des chantiers de construction à faire du slalom entre les cônes orange. Ce n'est pas la fin du monde même si mon cœur a augmenté sa cadence depuis que je suis en milieu urbain.

Ma visite chez Judith la joyeuse et l'enthousiaste, elle aussi présente lors de mon déjeuner de départ, vaut bien ce désagrément. Elle a cette chance de vivre au bord d'une interminable promenade qui borde le fleuve Saint-Laurent. J'ai toujours envie de voir cette femme même si, dans les faits, ça n'arrive pas souvent. C'est donc la fête pour moi aujourd'hui, fête doublement appréciée par les retrouvailles avec « mon » fleuve.

Ma marche en solitaire dans la douce soirée me fait le plus grand bien. Tant de stimuli m'assaillent depuis mon arrivée en ville. Les reflets dans l'eau changent de couleur avec le coucher de soleil, une vraie splendeur. Il m'est facile d'enfiler les dix mille pas que je me promets de faire tous les jours. Je constate qu'échanger des sourires avec des inconnus réussit même en ville! Contempler la belle soirée, remercier la vie, m'arrêter pour écouter un groupe de musiciens très touchant, je me sens le cœur rempli de gratitude.

De retour chez Judith, je me retire dans ma petite chambre après quelques échanges. Il fait très chaud. J'ai envie de pipi et crains de réveiller la maisonnée en allant aux toilettes. J'attends, j'attends et mon sommeil attend aussi.

10 juillet

Je me réveille avec des sensations de lendemain de veille[61] alors que je n'ai pas bu. La chaleur et l'odeur des animaux sont pesants et un mal de tête se pointe qui dégénère en migraine. Trop de stimulations pour mon pauvre petit cerveau. Judith travaille, heureusement. J'attends que ça se passe, incapable de penser ni d'aller marcher.

Je laisse passer les heures et une impression de plus en plus forte monte en moi : je fais une réaction allergique à la ville. Je veux sortir d'ici!

On dirait que mon cri muet a été entendu. Au téléphone avec Catherine, elle me propose son chalet dans les Laurentides. Une magnifique place en pleine nature au bord de l'eau. Youpi. Youpi. Youpiiii! Cette annonce me ramène instantanément à la vie. J'organise mon emploi du temps pour y aller dès ce soir. Ma migraine lâche dès lors son emprise et je me sens soudainement beaucoup mieux.

J'attends le retour de Judith. Elle me propose d'assister à ma fameuse vidéo *live* sur Facebook. Depuis mon arrivée à

---

[61]Lendemain de veille, au Québec : lendemain d'une soirée bien arrosée d'alcool, lendemain de cuite

Montréal, j'ai remis ce rendez-vous hebdomadaire avec les gens qui me suivent. Qu'ai-je à leur partager d'intéressant? En présence de Judith, tout s'éclaircit et devient facile. Elle est une intervieweuse expérimentée avec un grand cœur. Et d'une telle folie! Nous sommes installées dans le parc en face de chez elle, au bord du fleuve, les cheveux au vent. Ma joie de vivre revient instantanément.

C'est ainsi que prend fin mon séjour chez Judith. La revoir m'a fait un bien fou. Nous nous quittons et je me lance dans le trafic en pleine heure de pointe en direction de Côte-des-Neiges pour aller chez mon fils. Il est en train de souper. Les dernières journées ont été très épuisantes pour lui à travailler avec un groupe de très jeunes enfants dans des chaleurs accablantes allant jusqu'à quarante degrés et sans air climatisé. Une situation intenable qui lui demande toute son énergie. Il est visiblement claqué et son diabète nécessite qu'il mange au plus vite. Que sa mère revienne d'une aventure de plusieurs mois est tout à fait secondaire, du moins pour le moment.

On les aime, nos jeunes! S'il y a une chose qu'ils nous enseignent, c'est bien de se respecter sans compromis, ce qui demande une bonne dose de détachement lorsqu'on est placé de l'autre côté de la rencontre. Non, tes attitudes et comportements ne réussiront pas à m'atteindre, cher fils! Par ma vigilance, je réussis à rester zen.

Un peu plus tard, son énergie et son taux de glycémie étant revenus à la normale, il m'annonce de belles nouvelles. Après cinq ans de hauts et de bas, il est enfin reçu comme éducateur spécialisé en petite enfance et a même une permanence sur l'équipe volante. Une première dans sa vie. Il est fier d'avoir persévéré. Et sa mère donc! Je l'ai soutenu comme j'ai pu durant toutes ces années. Il est même revenu vivre chez moi, le temps de sa formation. Les efforts ont finalement porté leurs fruits. Il y aura des célébrations, c'est certain!

La nuit est déjà tombée lorsque je me mets en route en direction des Laurentides. Je me retrouve dans le deuxième bouchon de circulation de la journée pendant une autre heure. Pas grave, c'est pour une bonne cause, la mienne!

En arrivant au chalet, en pleine nuit, mon cœur explose de joie. Je danse pieds nus, traverse la grande aire ouverte en sautillant, je jubile, tout en moi déborde. Quel immense cadeau tu me fais, Catherine! Mille mercis!

J'écoute le calme tellement bienfaisant et réparateur après le brouhaha de la ville.

Savourer la beauté des lieux. Prendre le temps. Marcher pieds nus dans ton magnifique chalet. Admirer la nature luxuriante. Plonger dans l'eau du lac. Écouter les sons de la nature. Savourer chaque pas. Immense gratitude que tu m'aies offert ton refuge dans cette belle nature, Catherine!

Il me reste à préparer le lit, à me coucher et à lire un peu. Je suis libre et je suis au paradis!

Les bras de Morphée m'accueillent pour un sommeil profond et réparateur.

11 juillet

Avant même de me lever, je replonge dans ma lecture. Après toutes ces pérégrinations, au début pendant des semaines dans le froid et, à la fin, dans la canicule, savourer la vie à l'intérieur dans cette beauté m'est si doux. Comme le chalet est généreusement vitré, je trône au milieu de la nature luxuriante tout en restant confortablement au frais à l'intérieur. Je ne fais pas un *Bed-In* mais un *Chalet-In*. Juste me préparer mon café MOI-MÊME est un immense plaisir.

Catherine m'a demandé d'arroser ses fleurs fraîchement plantées. Je vais ensuite me promener dans la forêt et cueille de petites fraises. En fin de journée, je nage dans le lac et le traverse presque au complet avant de terminer avec un sauna. Pas d'efforts! Mon corps a besoin de répit et de se la couler douce.

Je visionne un spectacle de Lise Dion[62] sur mon cellulaire et n'arrête pas de glousser de rire. Je savoure ces moments de bonheur.

Je me couche tard. J'entends le chant des huards avant de me laisser glisser dans le sommeil pour une deuxième bonne nuit.

12 juillet

La *Dolce Vita* continue. Je n'écris même pas. Juste ÊTRE et contempler la beauté me remplit. Je retourne me baigner et traverse le lac au complet mais ne fais pas de sauna ensuite. Le strict minimum. La journée passe, les secondes, minutes et heures s'égrènent une à une. Je suis tellement bien! Même si ça fait longtemps que je ne lis plus de bouquins traitant de la guerre, je tombe sur un livre de Sébastien Japrisot, un auteur encore jamais lu, *Un long dimanche de fiançailles*. Je suis surprise de me laisser absorber par l'histoire en sautant volontairement les pages évoquant les horreurs de la guerre.

J'ai rendez-vous demain matin chez ma coiffeuse mais je n'ai pas envie de quitter le paradis. J'annule. Tant pis pour mon allure au mariage. Je serai au naturel, comme d'habitude.

---

[62]Humoriste bien connue au Québec.

13 juillet

La matinée se déroule lentement. Je contemple cette magnifique nature pour encore quelques heures. Je fais un peu de rangement, lave et prépare le lit pour les prochains visiteurs. Nouvel arrosage des fleurs. Catherine s'annonce pour la fin d'après-midi, dommage car on se manque de peu. Le moment du départ approche. Je me prépare un lunch et dis adieu au paradis à regret mais tellement remplie de gratitude pour ce séjour-cadeau si précieux.

J'ai un gîte à trouver pour les deux prochaines nuits. J'irai ensuite chez Maryse dans Lanaudière. Demander à dormir chez quelqu'un ici, dans cette ville où j'ai habité si longtemps, en plein été et à la dernière minute, me paraît plus difficile encore que d'habitude. En fait, je n'ai même pas encore essayé.

Je veux tout d'abord récupérer une robe d'été et une paire de sandales pour le mariage, dans une de mes boîtes entreposées chez Sophie sur la Rive-Sud. J'ai donc l'ile de Montréal au grand complet à traverser. Arrivée sur l'île, je fais un arrêt chez Élise et l'heure de pointe s'installe dans le temps de le dire. J'annule ma visite chez Sophie et me console de trouver une robe ailleurs. Au pire, je me présenterai dans mes vêtements de pèlerine. Juste y penser m'amuse. De toute façon, aucun code rigide n'est demandé pour le mariage *cool* de Jeanne et Pierre-Luc.

Dans la vie, lumière et ombre se donnent la main. Lors de mon arrêt chez Élise, je sens, à l'atmosphère chargée, que tout n'est pas réglé, que le temps a besoin de prendre son temps. Le moment viendra où nos cœurs pourront à nouveau s'ouvrir et recevoir l'autre, avec amour, peu importe la poursuite ou non de notre relation d'amitié.

Un de nos leitmotivs, à Élise et moi, a toujours été : « Que le meilleur soit! ». Je l'affirme ici haut et fort, même si j'ai un pincement au cœur.

Ah le fameux lâcher prise…

Il est grand temps de m'organiser une halte pour ce soir mais je continue à procrastiner. Me voyant un peu coincée, Élise m'offre de dormir sur son divan. Sa voix est hésitante. Dans les circonstances, je préfère m'abstenir et décline son invitation.

En cherchant un truc dans ma voiture, j'ai une idée-flash. Plutôt que de demander à gauche et à droite, je dormirai dans la voiture, voilà tout. Car oui, J'AI UNE VOITURE, petite, mais quand-même! Le fait de prendre cette décision me soulage d'un poids très inconfortable. L'aventurière intuitive vient de trouver une solution inusitée qui l'enchante. Vivre l'aventure dans sa propre ville, c'est un peu comme faire du camping dans sa propre cour.

Un dernier essai pour loger chez mon fils reste lettre morte. Je refuse d'aller dans les émotions négatives. Demain, j'irai chez Maryse dans sa belle campagne, un peu plus vite que prévu. Je trouverai sans doute un vêtement qui fera l'affaire pour le mariage dans sa garde-robe bien garnie.

Je me dirige vers la Bibliothèque nationale. Grace à Sébastien Japrisot, j'ai retrouvé le plaisir de me faire raconter une bonne histoire. Quelle richesse, cette institution, avec sa section allemande qui me permet de fouiner dans les œuvres écrites dans ma langue maternelle.

La dernière marche d'une douzaine de kilomètre m'amène à travers la ville jusque chez Élise où ma voiture est stationnée. Je m'arrête dans un resto rapide pour recharger le téléphone, écrire un peu et faire un brin de toilette. Il est plus de vingt-trois heures. La fatigue commence à se faire sentir. Il est temps d'aller se coucher. Je déplace la voiture à la recherche d'un bout de rue sans lampadaires. Mission impossible. Tant pis.

Je m'installe sur le siège arrière, ouvre un peu la fenêtre, me façonne un oreiller avec du linge mou, tire la couverture que je garde dans le coffre pour les en-cas et me roule en boule.

Les gouttes d'une pluie fine tambourinent sur le toit et me chantent une douce berceuse.

CHAPITRE 3
LE CADEAU DE LA VIE

La fin de toutes nos quêtes sera d'arriver là où nous avons commencé et de connaître cet endroit pour la première fois.
T. S. Eliot

Le plus grand voyageur n'est pas celui qui a fait dix fois le tour du monde mais celui qui a fait une seule fois le tour de lui-même.
Gandhi

15 juillet 2018

Un peu fébrile et en même temps très heureuse, j'arrive au point de rencontre du mariage à la marina de Longueuil. Ma robe virevolte fémininement autour de mes jambes (merci Maryse!). Quelle délicieuse sensation après ces mois passés dans des vêtements utilitaires de plein-air. Les sandales légères (re-merci Maryse!) laissent respirer mes pieds et bouger mes orteils. Quelles impressions jouissives après ces mois d'enfermement dans mes souliers de randonnée, même à trente-cinq degrés à l'ombre.

Je me tiens un peu à l'écart des petits groupes qui commencent à se former. À première vue, je ne connais personne jusqu'à ce qu'arrive mon amie Geneviève qui se dirige tout droit vers moi en pointant mes sandales : elle porte exactement les mêmes! Loin d'être de la dernière mode, la coïncidence est encore plus étonnante et nous fait bien rigoler. La glace est cassée. Ma nervosité tombe et je commence à échanger avec d'autres invités, connus et inconnus, et me sens juste bien.

Jeanne et Pierre-Luc arrivent tels des rayons de soleil. Ils sont tellement beaux et touchants, sans flafla et solennels en même temps, entourés de leurs familles et amis avec leur fille au milieu. Comme il l'avait annoncé, Pierre-Luc porte un bermuda, chic tout de même, et Jeanne est vêtue d'une belle robe soleil fleurie.

L'heure de départ en bateau sonne et nous voguons tous ensemble en direction d'une île minuscule au cœur du Saint-Laurent, juste assez grande pour nous recevoir et nous offrir air marin, bruits de vaguelettes, coucher de soleil et une vue époustouflante sur Montréal.

La cérémonie est joyeuse et touchante. Elle sent le bonheur, l'amour et l'humour. Lorsque les deux amoureux se lisent leurs vœux, mes yeux débordent. Je n'ai pas prévu de mouchoir et me voilà en train de tenter de camoufler mes reniflements. Heureusement, le célébrant - le frère du marié - détend l'atmosphère avec son humour et nous fait bien rire. Aujourd'hui, la vie à son meilleur s'est donnée rendez-vous.

Je revois enfin Catherine, assise à ma table, avec d'autres amis et des contacts d'affaires. Ils me posent des questions sur mon aventure. Ils lèvent même leur verre, debout, pour me féliciter. Surprise, cette reconnaissance me fait rougir et me touche.

S'ensuivent des partages et un succulent repas couronné par le gâteau d'un grand chef et neveu de Pierre-Luc. L'admiration du coucher de soleil, d'autres échanges, la musique, la danse pieds nus sur le gazon…

Devant mes yeux intérieurs s'imprime le sourire radieux et omniprésent de Jeanne, la mariée. Celui de Pierre-Luc n'est pas en reste. Ils en disent davantage que mille mots. Je vous souhaite tout le bonheur du monde! Vous m'avez accueillie pour ma première halte et voilà que je commence ma nouvelle aventure de si belle façon avec vous. Je suis remplie de reconnaissance d'avoir pu être des vôtres.

Le mariage, ce symbole si puissant d'union. S'unir à soi, s'unir à un autre être et s'unir au monde.

Le mariage, ce symbole d'engagement par excellence, l'engagement envers soi, envers l'autre, envers l'amour. La volonté de faire rayonner cet amour pour toujours. Quelle noble mission que j'endosse à mon tour et à ma façon.

****

Quatorze semaines, soixante et une maisons visitées, mille trois cent trente-deux kilomètres de marche à pied, cinq cent vingt-cinq kilomètres en auto-stop, un genou en compote, des anxiétés, la fatigue, des remises en question et d'innombrables moments de joie, des rencontres mémorables et des moments magiques, tel est le bilan de mon projet d'aventurière intuitive, « Du bonheur au suivant! ».

En fin de compte, je savoure avec émerveillement le défi relevé et la certitude d'avoir vécu une expérience qui me nourrira à vie. Partir comme si j'avais vingt ans, retrouver mon cœur d'enfant et une fraîcheur d'âme, c'est le plus beau cadeau que la vie (et moi-même!) pouvait m'offrir.

J'ai dit oui au risque. J'ai dit oui à l'inconnu. Sans regrets.

Ce périple marque un AVANT et un APRÈS dans ma vie. Il souligne mon choix de cocréer. De plonger dans l'inconnu. De capter. D'oser. De célébrer. Maintenant. Complètement.

Il fait preuve de ma foi en la vie.

Lentement, des prises de conscience émergent, les pépites d'or et les autres, les diamants bruts un peu moins digestes. Le miroir est là et je ne veux pas me mentir. J'embrasse la lumière et l'ombre. L'écriture m'accompagne en amie fidèle pour absorber ce choc du retour, cet espace du vide et de ses possibilités. Un espace qui demande à être exploré mais pas trop vite! Durant les derniers mois, ma vie a été rythmée par mes marches et un feu roulant de nouvelles rencontres, d'expériences, de circonstances et de lieux. Elle m'appelle maintenant au calme, à la contemplation, à l'intériorité.

En pleine canicule, je me dépose dans l'atelier entouré de verdure et dans la maison accueillante de Maryse. Ma guitare m'a attendue patiemment. Un à un, je trouve de nouveaux repères : la rivière en bas de la côte, le café sympa nouvellement ouvert dans le village voisin, le parc du village, la bibliothèque de Joliette. Et le magnifique parc riverain Base-de-Roc avec ses kilomètres de sentiers ombragés longeant la rivière l'Assomption où je peux même faire trempette.

Habituée à m'adapter continuellement et sur le court terme, la cohabitation qui s'amorce avec Maryse nous amènera à explorer un nouveau territoire relationnel.

Je m'ennuie de l'énergie de toutes ces belles personnes rencontrées sur mon périple. Une partie de moi voudrait juste sauter dans la voiture et refaire le trajet pour reconnecter avec chacune. L'autre partie de moi sait que ça ne serait plus pareil. On ne peut pas vivre deux fois la même expérience. Dans un contexte changé je risque d'être déçue. J'attends un peu avant de sentir un réel désir de rencontre.

Dans un coin de l'atelier gît mon sac à dos. Affaissé et éventré de son contenu, il a un air tristounet et semble se demander si et quand il pourra reprendre du service.

Je l'ignore, cher sac! Je ne veux pas te faire de fausses promesses et ce ne sont pas les idées qui manquent. La seule chose que je peux t'assurer, c'est que je suis devant une page blanche remplie de possibilités et qu'être la propriétaire d'un beau sac à dos comme toi, prêt à entrer en fonction, est vraiment stimulant.

****

Est-ce possible? Alors que je me suis efforcée, pour ne pas dire acharnée, pendant tant d'années, à trouver ma place au soleil avec mon entreprise de coaching, me voici devant une belle et grande surprise.

J'ai laissé marcher mes bottines sur un petit bout de cette Terre, dans la plus simple expression, dépouillée, à la merci de bonnes âmes rencontrées en chemin voulant bien m'accueillir. J'ai répondu OUI à un rêve devenu ce projet un peu fou. Me voilà témoin d'un impact encore jamais connu auparavant. À communiquer ma réalité du moment, mes joies tout autant que ma vulnérabilité et mes bas-fonds, je réalise à quel point je rejoins le cœur des gens sans même m'en rendre compte.

Pas besoin d'être parfaite!

Pas besoin d'attendre un meilleur moment!

Juste suivre ce que le cœur chuchote!

Les gens me disent que mon périple les inspire. Il leur sert de bougie d'allumage pour partir à la rencontre de leurs propres aspirations et rêves. Mon but derrière le but est plus qu'atteint! Les répercussions sur la vie des gens arrivent à mes oreilles, régulièrement, et c'est à chaque fois tellement renversant que j'en ai des larmes aux yeux. Mon cœur vibre et chante. Il me confirme que c'était la bonne chose à faire de partir comme je l'ai fait même si, à première vue et pour plusieurs personnes, ça n'avait aucun bon sens.

N'est-ce pas, chère tête?

Me voilà confirmée dans ma mission, celle d'inspirer les gens à sauter dans l'inconnu, sans filet. À suivre le fil rouge de leur cœur, de leur âme, de leur intuition. Sans attendre. C'est un privilège que de leur donner un exemple concret pour prouver qu'il est possible de réaliser ses rêves même dans des conditions loin d'être idéales. Peut-être se réalisent-ils justement GRÂCE à ces conditions adverses? J'y suis arrivée tout simplement en posant des gestes inspirés par mon cœur, au quotidien, sans trop me questionner (enfin, souvent...) et en cultivant le bonheur, résolument.

En bonus, j'ai reçu le cadeau suprême, celui de retomber en amour avec la vie, avec MA vie.

De quelle couleur sera ma prochaine étape? Je l'ignore. Plusieurs secteurs sont en mouvement : entreprise, finances, habitat, amour, santé... Ma tête, plus discrète mais toujours fidèle au poste, ne manque pas de me souligner. Elle y tient, à ses jugements.

Mon cœur voit au-delà des apparences. Je jouis d'une liberté et d'une qualité de vie exceptionnelles. Je me sens habitée d'une grande richesse. Au fond de moi, je sais que je n'ai pas à m'en faire. Aucun des dossiers n'est fermé. Rien n'est coulé dans le ciment. Je suis prête à vivre d'autres petites et grandes aventures. Que le meilleur soit, rien de moins!

Chaque jour me donnera ses réponses. Les yeux de mon cœur voient au-delà des peurs et balaient un panorama de trois cent soixante degrés de possibilités que je ne saisis pas encore.

« Du bonheur au suivant! ». Émerveillement et gratitude. Douceur et tendresse. Le cadeau du moment présent.

« Chère vie, que veux-tu que je fasse? Je suis à ta disposition, merci de me guider. Je te promets de t'écouter toi et non ma tête! »

Je ferai ensuite comme pendant le pèlerinage : saisir les signaux, sentir la vibration de mon corps et poursuivre mon chemin, un pas à la fois.

« Mer-ci, mer-ci, mer-ci! »

C'est le début de ma nouvelle vie. Sans la connaître, je suis déjà en amour avec elle.

Mes talents sont là, prêts à servir plus que jamais. Je veux les faire circuler et apporter mon grain de sel à ce monde en trouvant mon souffle dans les choses simples de la vie. Je suis loin d'avoir terminé mon périple sur Terre.

En fait je ne fais que commencer.

ÉPILOGUE

J'avais vingt-cinq ans. De retour d'un périple autour du monde depuis quelque temps, je vivais ma première vraie relation de couple. Une relation dans laquelle je me sentais heureuse et vibrante. Une première tant attendue après bien des histoires sans issue et sans lendemain. Peu de temps après le début de ce bonheur, surprise, je me suis retrouvée enceinte.

À cette époque, j'étais une jeune femme sportive, aventureuse et compétitive, très peu à l'écoute de mon corps. Il était à mon service et m'aidait à atteindre des buts sportifs bien précis comme gravir des montagnes ou monter les cinq cent trente-quatre marches de la tour de la cathédrale de Berne juste avant l'accouchement, quitte à ce que ce dernier se déclenche sur le parvis. J'avais de la *drive*[63] et je croyais que la maternité ne changerait pas grand-chose à ma vie.

À partir du quatrième ou cinquième mois de grossesse, le personnel soignant commençait à me demander si je sentais les mouvements du bébé. Je répondais toujours par la négative. Non, je ne sens rien. Jusqu'à ce qu'une sage-femme vraiment sage m'explique à quoi ressemblent ces mouvements. Pour ce faire, son index droit caressait avec une infinie douceur l'intérieur de la paume de sa main gauche.

« Mais c'est ce que je sens dans mon ventre !» me suis-je écriée. En fait, dans mon ignorance, je m'attendais à des signes plus spectaculaires.

C'est la meilleure image que j'ai trouvée pour répondre à la fréquente question « Comment sentir son intuition? ».

---

[63]Avoir de la *drive*, de l'anglais, ici en québécois : être très motivée et énergique

Vous, messieurs, aurez tendance à l'appeler« instinct ». En fin de compte, ça revient au même. C'est un savoir inné qui nous guide, loin du mental.

De nature plutôt discrète, l'intuition n'a rien d'une diva extravertie. Elle ne parle pas assez fort pour couvrir le bruit énervant de notre mental. Ses images ne sont pas stroboscopiques et ses sensations peuvent passer inaperçues dans l'œil du néophyte adepte de grands frissons.

Pourtant, elle est fidèle au poste et émet continuellement les informations et le savoir inné du cœur et de l'âme. C'est un vrai GPS, précis et fiable. Elle peut nous guider par des mots qui accrochent l'oreille, par un pressentiment, par des images intrigantes, furtives ou fortes, ou encore par des sensations chargées d'une grande intensité vibratoire dans les environs du cœur, du plexus solaire ou du ventre. Ou par tout ça ensemble.

Nous avons tous déjà capté ses messages. Nous disons souvent « Je le savais! » lorsqu'un pressentiment se confirme, lorsque nous savons d'emblée qui nous appelle sans regarder l'afficheur du téléphone, par exemple. Combien de fois nous sommes-nous mordus les doigts, coincés dans une situation vraiment fâcheuse, à défaut d'avoir écouté notre petite voix ou notre pressentiment et d'avoir suivi notre intuition?

Grâce à notre libre arbitre, nous restons heureusement maîtres de notre navire et pouvons choisir d'accepter, ou pas, le chemin indiqué par notre intuition. Reste ensuite à assumer les conséquences de nos choix dans l'espoir de ne pas avoir à les regretter.

La réponse intuitive passe par le corps et les sensations. Elle s'accompagne parfois de peurs (« je ne peux pas faire ça, c'est trop gros, c'est impossible ») que nous pouvons confondre avec de l'anxiété pure. Dans ces moments, nous sommes portés à la chasser alors qu'il est important de rester aligné avec elle même si son message donne le vertige, même si le chemin indiqué semble inaccessible et demande une bonne dose de courage! À d'autres moments, sa sage guidance nous fait reculer devant des situations néfastes. Parfois aussi, la réponse intuitive est douce, apaisante et calme, comme un long fleuve tranquille qui apaise, soulage et fait du bien.

La guidance intuitive réjouit notre cœur et fait du sens, profondément même si elle nous mène dans une direction opposée à notre mental. Même si elle répond à une autre question que celle que nous nous sommes posée. Elle est gorgée de la vie qui émet ses pulsations à l'intérieur de nous. Son chemin est souvent voilé par nos habitudes bien ancrées, la routine et la peur de l'inconnu. Ce sont la foi, la confiance et la soif de vivre qui nous poussent à la suivre. Parfois même malgré nous.

Y goûter, c'est l'adopter.

C'est ça ou tomber malade, c'est ça ou avoir un accident, c'est ça ou vivre un choc, une perte, une dépression ou une désillusion paralysante.

Prenez soin de votre corps. Donnez-lui du répit et de la quiétude. Ressentez-le, écoutez-le, aimez-le, appréciez-le, remerciez-le. Vous commencerez alors à capter de plus en plus ses messages. Lorsque ça se produira, votre cœur sautera de joie. Il vous dira quand avancer et quand reculer. À chaque pas.

Aussi simple que ça.

ANNEXES

Les deux questions

Pour augmenter la place du bonheur, j'ai pris l'habitude de poser deux questions à mes hôtes. Voici une sélection de réponses. Certaines ont été nommées plusieurs fois.

Pour toi le bonheur, en un mot, c'est…?

- ~ Être
- ~ Le confort
- ~ Ma conjointe
- ~ La connexion
- ~ La liberté
- ~ La satisfaction
- ~ L'amour
- ~ Le rire
- ~ La complicité
- ~ La vie
- ~ Cheminer
- ~ Être bien avec soi
- ~ L'équilibre
- ~ Le banc sur ma terrasse
- ~ Être bien dans mon environnement
- ~ Oh merde! (dixit le monsieur avant de prendre la fuite)
- ~ La plénitude
- ~ La poésie
- ~ Être bien avec soi-même.
- ~ Être dehors
- ~ Se contenter de ce qu'on a
- ~ Être dans le moment présent
- ~ Le bien-être intérieur
- ~ La fluidité et l'absence de contraintes financières
- ~ La bienveillance
- ~ La simplicité et la sérénité
- ~ Le moment présent
- ~ Accueillir ce qui est
- ~ Le vélo
- ~ La légèreté
- ~ La joie, le plaisir
- ~ Et vous?
- ~ …
- ~ …

Suite - Quelques réponses tirées de ma page Facebook…

~ Être en silence, et des enfants qui rient
~ Vivre dans la gratitude
~ L'amour inconditionnel
~ Moment présent
~ Légèreté
~ Espoir
~ Simplicité
~ L'amour de soi
~ Rire et sourire à la vie
~ Paix
~ Sentir la plénitude
~ Partager son âme
~ Respiration
~ Conscience du moment présent
~ La nature
~ C'est le pèlerinage de toute une vie
~ Les contacts avec les autres
~ L'équanimité
~ C'est entendre son propre cœur et celui de l'autre
~ Gratitude
~ Le vrai bonheur vient de l'intérieur
~ Amour et harmonie avec la vie
~ L'équilibre
~ …

La plus belle histoire de ta vie c'est ...?

- ~ L'arrivée de mon fils
- ~ La naissance de ma fille
- ~ La veille de ma première exposition, où je réalise que c'est bien mon œuvre qui est devant moi
- ~ Avant notre retour au Québec, mon mari a consulté une voyante, qui, entre autres, a prédit un montant d'argent. Une fois de retour, une tante de mon mari nous a donné beaucoup d'argent
- ~ Commencer comme vacher, et de famille pauvre, avec un père décédé jeune, et devenir propriétaire, et bâtir ce que j'ai réussi à bâtir (une immense ferme)
- ~ Mon changement spirituel qui a changé ma vie
- ~ L'allaitement de mon enfant
- ~ L'accueil chez-moi d'une fille en soins palliatifs, pour permettre à ses parents de préparer la fête de Noël
- ~ La naissance de ma première fille, je voulais une fille
- ~ Ma rencontre avec ma conjointe
- ~ Ma rencontre avec toi, Heidi
- ~ Le jardin
- ~ Notre partage d'hier au bord du lac
- ~ Et la vôtre?
- ~ ...

TÉMOIGNAGES

J'ai eu la chance d'être présente lorsque l'idée du pèlerinage a été lancée… à la blague… Mais avec un sérieux qui laissait peu de doute sur la réalisation de la « folie » que Heidi vient de ressentir au plus profond de son être.

Ce matin du 31 mars 2018, nous étions quelques privilégiés à être au Pacini, rue St-Denis à Montréal, pour le départ de son pèlerinage. Je la regardais fascinée et intriguée de voir cette femme, de 20 ans mon ainée, vendre presque tout et partir à l'aventure. Mettre l'action à la vision.

Heidi est une battante, une intuitive, une femme vraiment inspirante. La voir partir le cœur léger et l'esprit libre est une image que je garderai très longtemps dans mon esprit.

Merci et bravo Heidi!

Judith

Lorsque j'ai vu Heidi environ un mois avant la date prévue de son départ, je me demandais bien si elle allait réussir à partir le jour voulu. Il lui restait tellement de choses à faire! Décider si elle sous-louait ou laissait son appartement, vendre, donner ce qu'elle n'avait plus besoin, trouver un ou des endroits où entreposer ce qu'elle gardait, amener son auto en lieu sûr, finir sa paperasse, etc. etc.

Et... un jour à la fois, elle a réussi à finaliser le tout, déjeuner avec la *gang* qui l'a supportée et partir la journée prévue.

Moi qui ai tendance au perfectionnisme, j'ai vu que tout n'a pas besoin d'être parfait pour fonctionner, que le projet peut se réaliser même s'il y a des choses qui ne vont pas exactement comme prévu. Merci Heidi pour ce rappel.

Élise

Je l'avoue, j'ai été sceptique jusqu'au moment de ton départ. Jamais je n'aurais eu le courage de me lancer dans un tel périple. Il n'y avait que toi pour penser à une telle aventure, la planifier, l'organiser et la réaliser. Ta douce folie intuitive, ta détermination, ta capacité de t'engager et ton désir sincère d'aider les gens à être plus heureux, comme tu l'as fait avec moi à travers le coaching, ne connaissent ni limites ni frontières. Je suis heureux d'avoir fait partie du départ et de la conclusion de ton formidable pèlerinage.

Pierre-Luc

Je suis bien heureuse d'avoir été au départ de ta grande aventure et d'avoir marché les premiers kilomètres avec toi. Quel courage, ce dépouillement et cette lancée dans le vide! Cette journée, j'étais très émerveillée par ta force intérieure, ton enthousiasme, et la portée de ton projet. Aller semer du bonheur! Libre, excitée et sans souci pour la suite comme une fille de 20 ans qui part à l'aventure avec son sac à dos. Une belle leçon que l'âge ne doit jamais être un frein. Tant qu'il y a de la vie, on vit nos passions, on suit notre instinct et on chemine vers de nouvelles aventures.

Jeanne

Plus qu'un livre, il s'agit ici du plus beau cadeau que l'on puisse se faire : oser partir à l'aventure à la découverte des autres pour mieux faire celle de soi.

Carl

Je viens de raccrocher avec Heidi. Elle est pleine d'énergie, malgré la température, les douleurs ici et là et les nuits dans des lits différents!

Depuis le tout début, son aventure me laisse béate... Un désir de partir, d'être en mouvement, d'aller à la rencontre des gens. Désir auquel elle choisit de donner de la place, beaucoup de place, malgré les incertitudes, les implications, l'inconnu.

Je ne suis pas surprise que l'aventure s'avère être positive. Elle suit son rêve! Tantôt, elle me parlait des gens magnifiques qu'elle a rencontrés à ce jour. Ceux qui lui ouvrent la porte de leur maison, de leur centre de ressourcement, de leur garderie!

Elle m'a parlé de grandes tablées et de repas sur le coin de la table, de lits douillets et de lits de fortune, de fous rires et de yeux pleins d'eau...

Ce que j'ai entendu, lors de notre conversation, c'est son émerveillement et sa gratitude. Émerveillement et gratitude, Heidi, comme lorsque tu es allée en Suisse! Comme à Paris! La même énergie, la même magie!

Tu sèmes et tu récoltes. Au passage, ce que tu peux m'inspirer, et je suis certaine de ne pas être la seule!

Gros gros becs, bonne marche et à bientôt!

Catherine

Une phrase de toi qui m'a marquée... qu'est-ce que je pourrais faire qui te ferait du bien? Ce que ton passage a éveillé chez moi, c'est qu'il faut faire confiance à la vie, que nous n'avons pas besoin de donner matériellement pour être généreux, mais le fait d'enseigner nos connaissances fait de nous des personnes très généreuses. Que nous pouvons nous adapter à beaucoup de choses, quel que soit notre âge, et qu'il n'est jamais trop tard pour écouter notre petite voix. J'ai vraiment hâte de lire ton livre car tu es une personne inspirante. Moi et Dany parlions encore de toi ce week-end à des amis. La porte est toujours grande ouverte pour toi!

Mélanie

Heidi, il reste un vent bienfaisant de douceur et de réconfort de ton bref passage chez moi… je suis si heureuse de t'avoir hébergée une nuit… Tu as repris la route ce matin avec encore plein de semences de bonheur dans ton packsac… Puisse la lumière t'envelopper et te guider toujours.

Marie-AnneXXX

Rencontrer Heidi m'a permis de voir à quel point on peut oser prendre sa vie en main et faire confiance à son destin sans se soucier du reste. Suivre son chemin là où il nous mène. Faire le constat que chaque petit geste est apprécié à sa pleine valeur, que nous prenons parfois pour acquis. Donner au suivant, quelle belle façon d'aider son prochain sans attendre de retour.

Chemin faisant, Heidi a laissé sur son passage plusieurs questionnements sur notre rapport à la matérialité, nos réels besoins dans la vie, un éclairage nouveau sur la spiritualité et le fait de trouver les réponses en soi. Au final, chaque personne croisée sur son chemin lui a apporté une réflexion nouvelle sur les concepts de l'échange et de l'acceptation de l'autre. Ce fut de même pour moi lors de nos échanges avec Heidi.

Merci pour cette belle rencontre et réflexion.

Lucie

Quel plaisir ce fut de recevoir Heidi lors de son périple. D'avoir pu partager avec elle un bout de ce bonheur au suivant. Jamais je n'aurais cru que d'accepter une telle visite aurait impacté ma vie d'une telle façon. Mais depuis, à son exemple, je m'aventure... Intuitivement... Un peu et beaucoup!

Connaître son histoire, sentir Heidi la vivre de façon si passionnée et si simple à la fois, c'est comme si tout à coup, pour moi, s'ouvrait à nouveau une foule de possibilités. Je dis à nouveau, puisque depuis quelques années, dû à une maladie chronique invalidante, j'en étais venue à penser que mes choix de vie, mes rêves... Tout cela était bien limité.

Mais cette rencontre, non seulement inopinée, est celle d'une femme qui n'a pas hésité à se délester de ses biens, à relever ce défi seule, faire un bilan de sa vie, de sa carrière, affronter ses peurs pour accomplir un grand rêve. Tous ces pas qu'elle a faits, avant même de commencer cette grande marche, ou pour pouvoir faire cette marche qui lui tenait tant à cœur, ces pas là, moi, me tricotaient l'esprit. Mon petit cerveau qui travaille à se remettre en marche lui aussi, à s'engager envers moi-même, à se rappeler qu'il est possible, qu'ELLE a pu, que JE pouvais.

[....]

Heidi... Merci d'être entrée dans ma maison, d'avoir fait ces pas avec moi.

Juliette xox

Ce que je retiens de ton passage ici chez nous en Beauce... c'est l'ouverture que tu portes en toi et ce dans le non jugement! Tout ton corps sait attendre l'autre!

Ta présence est apaisante. La simplicité, la légèreté avec laquelle tu choisis de voyager est inspirante... quel chemin d'avoir pu partager avec toi… j'ai moins peur de mon aujourd'hui!

Merci d'être qui tu es… tu nous as fait du bien! Grande joie de pouvoir partager à nouveau!

RenéeXXX

Je crois que ce qui te démarque de la foule, et c'est ce qui me touche chez toi et résonne en moi, c'est un mouvement puissant qui accompagne toutes les articulations à sortir d'une inertie, dont la matière humaine est porteuse (…) et dans laquelle, même si on a pas de modèle, on n'est pas obligé de s'enliser!

L'exemple que tu es me réjouit et me reflète cette phrase « Ils ne savaient pas que c'était impossible, alors ils l'ont fait ».

Défier des croyances, des lois, des chiffres, des statistiques... ce sont toutes des propositions de saut quantique... qu'à ta manière et à la mienne nous accompagnons pour entrer dans le nouveau... dans ce chemin sans chemin de l'intérieur...

Je suis heureuse que tu sois passée chez moi pour t'offrir ma solidarité et ma sororité afin de créer du frais, du nouveau, né de l'instant. Bravo et merci de me tenir au courant!

À bientôt! Je t'embrasse,

Marie-Claire☆

COORDONNÉES

Vous êtes intéressé à une conférence d'inspiration pour un de vos évènements? Ou à un coaching individuel (professionnel ou personnel)? Ou encore à une causerie dans un groupe privé? Vous n'avez qu'à prendre contact avec moi via heidi.spuhler@gmail.com.

Page Facebook : Heidi l'aventurière intuitive
https://www.facebook.com/Heidilaventuriereintuitive

Site web : https://heidicoaching.com

Made in the USA
Columbia, SC
21 August 2021

44109088R00152